无机化学实验

张 雷 刘松艳 李 政 张 颖 主编

科学出版社
北 京

内 容 简 介

本书共 32 个实验,根据实验内容的特点和要求分成:导言、基础知识和实验操作技能、无机化学实验和设计性实验共 4 章。结合各类实验特点,在部分实验中编入了实验录像截图,以加强教学效果。同时,在部分实验中编写了自学导读,扩展了实验原理及应用,帮助学生在掌握实验的操作过程中更深刻地体会原理在实践中的应用,提高对理论基础的掌握,达到学以致用的效果。附录包括各种常用数据表,供读者查阅。本书的特点是突出能力培养,注重加强启发性、思考性及培养学生举一反三的分析问题和解决问题的能力,并且结合了各专业特点。

本书可作为综合性、师范类、医药类和农林类院校本科生的无机化学实验教材,也可供相关教师和科研人员参考。

图书在版编目(CIP)数据

无机化学实验/张雷等主编. —北京:科学出版社,2017.9
ISBN 978-7-03-054286-1

Ⅰ.①无… Ⅱ.①张… Ⅲ.①无机化学–化学实验–教材 Ⅳ.①O61-33

中国版本图书馆 CIP 数据核字(2017)第 209993 号

责任编辑:陈雅娴 高 微 / 责任校对:王 瑞
责任印制:张 伟 / 封面设计:迷底书装

科学出版社 出版
北京东黄城根北街 16 号
邮政编码:100717
http://www.sciencep.com

北京建宏印刷有限公司 印刷
科学出版社发行 各地新华书店经销

*

2017 年 9 月第 一 版 开本:720×1000 1/16
2022 年 5 月第七次印刷 印张:12
字数:242 000
定价:38.00 元
(如有印装质量问题,我社负责调换)

前　言

　　本书是吉林大学"十三五"规划立项教材。
　　随着科技的进步及化学教育的变革，化学实验项目内容不断更新。为适应新形势下的教学要求，编者从2014年开始编写无机化学实验教材，并应用于同年秋季学期教学，使用对象为吉林大学生命科学学院、环境科学与工程学院、临床医学院等12个学院30多个专业的本科生。经过三年的教学检验和修改完善，本书于2017年正式出版。
　　本书基于医学、药学、生命、环境和农学等多学科化学教学特点，结合各专业实验教学大纲的要求，倡导绿色化学环境保护，精心编写每个实验项目，尽量做到实验内容与理论知识紧密联系。本书对实验基本操作练习、实验技能训练、学生守则和安全规则等进行了详细介绍，在实验内容编写上打破常规实验教材的编写模式，内容新颖。本书的特点如下：

　　（1）精选玻璃仪器和电子仪器使用的相关内容，着重训练一年级本科生的动手能力，为后期专业知识学习打下良好基础。

　　（2）对经典实验的药品用量反复试验、计算和验证，在不影响实验效果的前提下最大限度地减少药品用量，符合绿色化学发展理念。

　　（3）在实验顺序的安排方面，尽量适应大多数专业的理论学习顺序，使学生能够更好地掌握理论基础，提高学习效率。

　　（4）实验内容参照专业论文的形式编写，以提高学生的科研和写作能力。

　　（5）每个实验都附有实验装置、关键操作的实景照片和简要说明，使学生在预习实验时能够身临其境，预知实验的原理和操作中的注意事项，提高预习效果。

　　（6）每个实验最后附有思考题、注意事项、数据处理和自学导读，使学生在预习的过程中能够很好地掌握实验原理和操作技术，并进一步了解实验内容可能的实际应用。

　　（7）录制了与本书配套的光盘，介绍相关实验内容和仪器使用，实验录像配套性强，直观、新颖，特别适用于缺乏实验经验的一年级本科生，有利于学生快速进入实验状态。

　　本书主编为张雷、刘松艳、李政、张颖，编者有王志才、权新军、金为群、王宝珍、许迪欧、邸建城、胡滨、张海燕、路航、赵淑洁、张天斌。各位编者有多年无机化学及实验的教学经验，在实验教学和教材编写过程中，反复对药品计量、仪器使用方法、实验原理等进行修改和完善，付出了辛勤工作。全书由张雷统稿。

在本书编写过程中得到了"吉林大学'十三五'规划教材建设项目"的支持，科学出版社的编辑给予帮助和支持，在此表示诚挚的谢意！

愿本书能够给更多学生和从事无机化学实验教学的工作者带来帮助。

由于编者水平所限，书中难免有疏漏和不妥之处，望读者批评指正。

编 者

2017 年 4 月

目　录

前言
第1章　导言 ··· 1
  1.1　无机化学实验学习目的 ··· 1
  1.2　无机化学实验的学习方法 ··· 1
  1.3　无机化学实验的成绩评定 ··· 2
  1.4　无机化学实验学生守则 ··· 2
  1.5　实验室安全守则和意外事故处理 ··· 3
第2章　基础知识和实验操作技能 ··· 6
  2.1　无机化学实验常用仪器介绍 ··· 6
  2.2　无机化学实验基本操作技术 ··· 9
  2.3　无机化学实验常用仪器使用方法 ·· 19
第3章　无机化学实验 ·· 33
  实验 1　硫酸亚铁铵的制备 ··· 33
  实验 2　溶液的配制与酸碱滴定 ··· 38
  实验 3　消毒液中过氧化氢含量的测定 ······································· 43
  实验 4　电解质溶液 ··· 48
  实验 5　醋酸解离度和解离常数的测定 ······································· 51
  实验 6　碳酸饮料中柠檬酸含量的测定 ······································· 54
  实验 7　三氯化六氨合钴（III）的制备和组成的测定 ··························· 57
  实验 8　化学反应速率与活化能的测定 ······································· 62
  实验 9　缓冲溶液的配制与性质 ··· 67
  实验 10　碘酸铜溶度积的测定 ·· 72
  实验 11　吸附与胶体 ··· 79
  实验 12　葡萄糖酸锌片中葡萄糖酸锌含量的测定 ······························ 83
  实验 13　磺基水杨酸铁（III）配合物组成和稳定常数的测定 ····················· 89
  实验 14　重铬酸钾法测定亚铁盐中铁的含量 ·································· 93
  实验 15　氯化铵生成焓的测定 ·· 97
  实验 16　水汽化过程热力学函数的测定 ····································· 102
  实验 17　生物体中几种元素的定性鉴定 ····································· 105

实验 18	复方氢氧化铝片剂中铝、镁含量的测定	109
实验 19	饲料中钙和磷含量的测定	115
实验 20	蛋壳中碳酸钙含量的测定	118
实验 21	分光光度法测定水和废水中总磷	122
实验 22	p 区元素（一）	125
实验 23	p 区元素（二）	132
实验 24	d 区元素（一）铬、锰	137
实验 25	d 区元素（二）铁、钴、镍	142
实验 26	ds 区元素化合物的性质	147
实验 27	氧化还原反应	152

第 4 章　设计性实验　158

实验 28	大豆中钙、镁、铁含量的测定	158
实验 29	食盐中碘含量测定	163
实验 30	虾皮、海带、紫菜等海产品中钙、镁、铁含量的测定	164
实验 31	茶叶中微量元素的鉴定与分析	165
实验 32	蔬菜、果汁中维生素 C 含量的测定	166

参考文献　167

附录　168

附录 1	化合物的摩尔质量	168
附录 2	常用弱酸和弱碱的解离常数（298K）	172
附录 3	常用配位化合物的稳定常数	174
附录 4	常见难溶化合物的溶度积常数	179
附录 5	不同温度下水的饱和蒸气压和密度（1atm）	182
附录 6	特殊试剂的配制	184

第1章 导　　言

1.1　无机化学实验学习目的

化学是一门实践性很强的自然学科，化学实验教学在高等学校本科教学中占有极大的比例和重要的地位。引导学生重视大学化学实验，启迪学生的学习方法，训练学生的基础操作，培养学生的学习兴趣和良好的科研作风，为以后其他实验课的学习打下扎实的基础。

无机化学实验的学习目的是：

（1）学生通过观察实验现象，直接获取大量的化学事实，经过思考、归纳和总结，从感性认识上升到理性认识，加深对无机化学基本理论的理解，并进一步用于指导实验。

（2）学生经过严格的训练，能较规范地掌握基本操作技术，正确使用各类仪器，培养独立操作能力和准确取得实验数据的能力。

（3）通过综合性实验，学生掌握正确记录、处理数据和表达实验结果的方法，训练对实验现象进行分析判断、逻辑推理和得出结论的能力，培养分析和初步解决实际化学问题的能力。

（4）通过设计性实验，学生逐渐能自己动手查找资料、设计方案、实施试验、观察现象、获取数据、分析问题、解决问题，提高学生的综合素质和独立工作的能力。

（5）培养学生实事求是的科学态度、勤奋好学的思想品质、一丝不苟的工作作风、条理整洁的实验习惯、相互协作的团队精神、勇于开拓的创新意识，为今后的科研工作奠定良好的基础。

1.2　无机化学实验的学习方法

要达到上述学习目的，必须有正确的学习方法。无机化学实验课的学习大致可分为以下3个步骤。

1. 课前预习

实验课前必须做好预习，预习时应做到以下几点：

（1）深入、仔细地阅读实验的有关章节，参阅有关教材和参考资料，查阅有关数据。

（2）明确实验的目的要求，弄懂实验原理，熟悉实验内容和步骤，了解实验所涉及的基本操作和仪器的正确使用方法。

（3）明确实验时应注意的操作事项和安全注意事项。

（4）掌握实验数据的处理方法，并能初步解答实验教材中提出的思考题。

（5）写出实验预习报告。

2. 实验过程

（1）认真听实验课前指导教师对本次实验内容的讲解，并及时做好记录。

（2）实验过程中应认真操作，仔细观测实验现象并及时记录，如数据、颜色、物态、温度、压力等。

（3）实验中应勤于思考，努力自己解决问题，也可向指导教师请教。

（4）实验中有异常情况或发现有疑问的现象时，应仔细分析和检查原因，也可重做或进行空白实验、标准实验或自行设计实验来核对。

3. 实验结束

（1）做好实验室安全和卫生工作后，方可离开。

（2）及时、认真、独立地完成实验报告。

1.3 无机化学实验的成绩评定

学生实验成绩的评定是对学生实验综合素质和能力的全面考查，主要依据如下几个方面：

（1）平时成绩。主要从预习情况（如预习报告、实验课讨论、提问等考查学生对实验基础知识和基本原理的掌握和熟练情况）和实验过程中的实验态度（如严谨求实、勤于思考、条理整洁、团队协作、遵守规章等）来评定成绩。

（2）报告成绩。包括实验报告的书写，实验结果如实验现象、原始数据记录、实验结果的精密度、准确性评价，运算技能、有效数字、图表技术的掌握等方面来评定成绩。

（3）期末成绩。实验课结束后，进行综合的实验课笔试或者进行实验技能、实验操作考核。分值比例视具体情况而定。

1.4 无机化学实验学生守则

（1）为使实验获得良好的效果，实验前必须预习。阅读实验教材、理论教材和参考资料中的有关内容；明确实验目的；了解实验原理和操作方法；明确实验时应注意的安全知识；在预习的基础上，写好预习笔记。

（2）实验开始前要检查实验所需的药品、仪器是否齐全，如有缺少或破损应立即报告教师补领。如人为破损，必须及时登记补领并且按照规定赔偿。爱护实验仪器和实验设备，公用仪器和临时供用的仪器用毕应清理整洁，并立即送回原处。

（3）实验过程中严格遵守操作规程，积极思考，接受教师指导。注意节约用水、用电及所用试剂。

（4）遵守纪律，不准到处乱走，保持实验室安静和整洁。实验结束后，经教师检查允许后方能离开实验室。不得迟到早退，不得无故缺席，否则教师按照规定计分处理。

（5）实验中的废弃物和碎玻璃等放入台面小垃圾盒里，待实验结束后，集中倒入垃圾桶。酸性废液、氧化性废液及其他废液倒入指定废液桶中，按照规定集中处理。切勿倒入水槽，以防腐蚀下水管道，污染环境。

（6）实验时仔细观察，准确如实地记录实验现象和结果，按格式要求写出实验报告，按时交给教师批阅。

（7）实验结束后，把所有仪器洗净并整齐地放回实验柜内，存放有序。实验台保持洁净，试剂架试剂摆放整洁，水池内不得有杂物和废纸，水池内壁不得有药品液痕，用抹布擦干净。最后关好电源、水龙头、煤气阀门。

（8）每次实验后由学生轮流值日，负责打扫和整理实验室，并检查水、电、煤气、门窗是否关紧，经教师检查合格后在值日记录本上签字，方可离开。

（9）严格遵守使用易燃、易爆及有毒药品等的安全规则。有毒药品用完后要回收或销毁，及时清理有毒物的桌子，擦净地面并洗净双手。

（10）如果发生意外事故，应保持镇静，不要惊慌失措；遇有烧伤、烫伤、割伤时应立即报告教师，及时救治。

1.5 实验室安全守则和意外事故处理

1.5.1 实验室安全守则

进行无机化学实验，经常要用水、电、煤气，各种仪器，易燃、易爆、腐蚀性以及有毒的药品等，因此实验室安全极为重要。如果不遵守安全规则而发生事故，不仅会导致实验失败，还会伤害人的健康，并给国家财产造成损失。相反，若在思想上充分重视安全工作，在行动上做到认真预习，掌握实验中的安全注意事项，集中精力进行实验，严格遵守操作规程，便能避免事故的发生。现将实验室安全守则介绍如下：

（1）不能在实验室内饮食、喝水、吸烟。实验结束必须洗净双手方可离开实验室。

（2）水、电、煤气一经使用完毕应立即关闭。实验结束后，值日生和最后离开实验室的人员应再一次检查它们是否被关好。

（3）绝不允许任意混合各种化学药品，以免发生事故。

（4）浓酸、浓碱具有强腐蚀性，切勿使其溅在皮肤或衣服上，尤其注意保护自己的眼睛。稀释时（特别是稀释浓硫酸），应将它们慢慢注入水中，绝不能按相反的顺序进行。

（5）一些有机溶剂（如乙醚、乙醇、丙酮、苯等）极易挥发和引燃，使用时必须远离明火，用后要立即塞紧瓶塞，放于阴凉处。

（6）加热时，操作要严格遵守操作规程。

（7）制备实验如果产生具有刺激性、恶臭和有毒气体时，必须在通风橱内进行。

（8）实验室内任何药品不得进入口中或接触伤口，有毒药品如重铬酸钾、可溶性钡盐、铅盐、砷的化合物、氰化物等更应特别注意。

（9）有毒废液不得倒入水槽，以免与水槽中的残液作用而产生有毒物质。

（10）实验室电器设备的功率不得超过电源负载能力。电器设备使用前应检查是否漏电，常用仪器外壳应接地。使用电器时，要通读仪器使用说明书，掌握电器的正确使用方法，注意安全，不能用湿手接触电器插头。

1.5.2 意外事故处理

万一实验中发生了事故，绝对不能惊慌，除及时报告教师外，还应立即采取适当的处理措施。现对实验中一般伤害的救护和灭火常识进行介绍。

实验室中要准备简易药箱，根据受伤情况可进行如下处理：

（1）割伤：先取出伤口内异物，然后在伤口上抹上红药水或撒上消炎粉并用纱布包扎。

（2）烫伤：在受伤处可抹烫伤药、万花油、黄色苦味酸溶液，也可用浓高锰酸钾溶液润湿烫伤处至皮肤呈棕色，不要用凡士林、油脂涂伤口，也不能用水冲洗。

（3）受酸腐蚀：先用大量水冲洗，再用饱和碳酸氢钠溶液（或稀氨水）冲洗，最后用水冲洗。酸液溅入眼内也可用此法处理。

（4）受碱腐蚀：先用大量水冲洗，再用乙酸溶液（$20g·L^{-1}$）冲洗，最后用水冲洗。碱液溅入眼内，可用硼酸溶液冲洗，然后用水冲洗。

（5）吸入刺激性、有毒气体：根据吸入气体的性质，可采用不同的方法处理。如吸入溴蒸气、氯气、氯化氢气体时，可吸入少量乙醇和乙醚混合的蒸气。吸入硫化氢气体而感到不适时，应立即到室外吸入新鲜空气。

(6) 毒物进入口内：将 5~10mL 约 5%硫酸铜溶液加入一杯温开水中，内服后用手指伸入咽喉部，以促使呕吐。

(7) 若遇水银温度计破损时，应立即向教师报告，集中收集，并用硫粉处理。

若伤势较重，经上述简单处理后，应立即送医院救护。

1.5.3 灭火常识

1. 起火原因

(1) 可燃物质（如纤维制品、乙醚、乙醇等）因接触火焰或处于较高温度而燃烧。

(2) 可自燃物质（如白磷）因接触空气或长时间的氧化作用而燃烧。

(3) 由于化学反应（如金属钠与水反应）而引起燃烧或爆炸。

(4) 电火花引起燃烧。

2. 灭火措施

万一起火，绝对不能慌乱，应根据起火的原因及火场情况，立即采取如下措施。

(1) 报警：若火势较大，应立即向消防部门报警。

(2) 防止火势扩大：立即关闭煤气和停止加热，切断电源，移去一切可燃物质等。

(3) 扑灭火焰：物质燃烧除需要空气外，还要有一定的温度，故灭火的原则一是降温，二是使燃烧物与空气隔绝。为此，根据起火原因，可选如下的灭火方法：

(ⅰ) 一般起火可用泡沫灭火器喷射起火处，但此法不适用于电器火灾。

(ⅱ) 金属和有机溶剂着火时，可用二氧化碳灭火器、四氯化碳灭火器或 1211 灭火器灭火。

(ⅲ) 电器设备起火时，可用二氧化碳灭火器、四氯化碳灭火器或 1211 灭火器喷射燃烧物以灭火。

(ⅳ) 实验人员衣服着火时，切勿惊慌乱跑，应立即脱下衣服或用石棉布覆盖着火处，或就地卧倒打滚，使火焰熄灭。

第 2 章 基础知识和实验操作技能

2.1 无机化学实验常用仪器介绍

无机化学实验常用仪器如表 2-1 所示。

表 2-1 无机化学实验常用仪器

仪器	规格	用途	注意事项
锥形瓶 conical flask	玻璃质，规格以容量（mL）表示	反应容器，振荡方便，适用于滴定操作	可作为反应容器，但是不能直火加热
吸量管 移液管 pipette	玻璃质，移液管为单刻度，吸量管有分刻度。规格以容量（mL）表示	用于精确移取一定体积的液体	不能加热。用后应洗净，置于吸管架上，以免污染
量筒 measuring cylinder	玻璃质，规格以容量（mL）表示	用于度量一定体积的液体	不能加热；不能量取热的液体；不能用作反应容器
铁架台 iron stand	铁制品	用于固定或放置反应容器铁圈，还可代替漏斗架使用	使用前检查旋钮是否可旋紧，使用时仪器的重心应处于铁架台底盘中部

续表

仪器	规格	用途	注意事项
药匙 spatula	由牛角或塑料制成,有长短各种规格	用于取用固体药品,视所取用量的多少选用药匙两端的大小勺	不能取用灼烧的药品,用后应洗净擦干备用
坩埚 crucible	质地有瓷、石英、铁、镍、铂及玛瑙等,规格以容量(mL)表示	用于灼烧固体,随固体性质之不同而选用	可直接灼烧至高温
坩埚钳 crucible tongs	金属(铁、铜)制品,有长短不一的各种规格。习惯上以长度(cm)表示	夹持坩埚加热,或往热源(煤气灯、电炉、马弗炉)中取放坩埚	使用前坩埚钳尖应预热,用后坩埚钳尖应向上放在桌面或石棉网上
容量瓶 volumetric flask	玻璃质或者塑料质,规格以刻度所示的容量(mL)表示	用于配制准确浓度的溶液	不能加热,不能用毛刷洗刷。瓶的磨口瓶塞配套使用,不能互换
碱式滴定管 basic buret / 酸式滴定管 acidic buret	玻璃质,分酸式和碱式两种。管身颜色为棕色或无色。规格以刻度最大标度(mL)表示	用于滴定,或用于量取准确体积的液体	不能加热及量取热的液体,不能用毛刷洗涤内管壁。酸、碱管不能互换使用。酸管的活塞配套使用,不能互换
称量瓶 weighing bottle	玻璃质,分高型和矮型。规格以外径(mm)×瓶高(mm)表示	用于准确称取一定量的固体样品	不能直接用火加热。盖与瓶配套,不能互换
吸滤瓶 filter flask	玻璃质,规格以容量(mL)表示	与布氏漏斗配套使用,用于无机物制备中晶体或粗颗粒沉淀的减压过滤	不能用火直接加热

续表

仪器	规格	用途	注意事项
布氏漏斗 buchner funnel	瓷质，规格以容量（mL）或斗径（cm）表示	与吸滤瓶配套使用，用于无机物制备中晶体或粗颗粒沉淀的减压过滤	不能用火直接加热
蒸发皿 evaporating basin	瓷质，也有玻璃质。规格以容量（mL）或口径（cm）表示	用于蒸发浓缩液体。随液体性质不同可选用不同质地的蒸发皿	能耐高温但不宜骤冷。蒸发溶液时一般放在石棉网上，也可直接火上加热
比色管 colorimetric tube	玻璃质，规格以容量（mL）表示。管口与塞子之间为磨口	配制溶液后，比较溶液颜色	配好溶液后放在试管架上比较颜色
试剂瓶 reagent bottle	玻璃质，带有磨口塞或胶塞，有棕色和无色瓶体。规格以容量（mL）表示	用于盛放固体或液体药品溶液	不能加热。瓶塞不能互换。盛放碱液时要用胶塞，防止玻璃瓶塞被腐蚀黏牢
普通试管 test tube 离心试管 centrifugal test tube	玻璃质。无刻度的普通试管以管口外径（mm）×管长（mm）表示。离心试管以容量（mL）表示	用作少量试剂的反应容器，便于操作和观察。也可用于少量气体的收集。离心试管主要用于沉淀分离	普通试管可直接用火加热。加热时应用试管夹夹持。加热后不能骤冷。离心试管只能用水浴加热
点滴板 spot plate	透明玻璃质、瓷质，按孔穴的多少分为四穴、六穴、十二穴等	用作同时进行多个不需分离的少量沉淀反应的容器，根据生成的沉淀以及反应溶液的颜色选用黑、白或透明点滴板	不能加热；不能用于含氢氟酸溶液和浓碱液的反应
双顶丝　铁夹 flask clamp clamp regular holder	铁制品，也有用铝或铜制成的	用于固定或放置反应容器，夹烧瓶、冷凝管等	使用前检查旋钮是否可旋动。使用时仪器的重心应处于铁架台底盘中部

续表

仪器	规格	用途	注意事项
蝴蝶夹（燕夹）double-buret clamp	铁制品，也有用铝或塑料制成的	用于固定酸式、碱式滴定管	使用前检查旋钮是否可旋动
试管架 test-tube rack	有木质、铝质和塑料质等。有大小不同、形状不一的各种规格	盛放试管	加热后的试管应用试管夹夹好置于架上

2.2 无机化学实验基本操作技术

2.2.1 常用玻璃仪器的洗涤和干燥

1. 仪器的洗涤

为了避免杂质混入反应中，实验时必须用清洁的玻璃仪器。最简单又常用的清洗玻璃仪器的方法是用毛刷、试剂刷、烧瓶刷和去污粉刷洗器壁，直到玻璃表面的污物除尽为止，最后用自来水清洗。每次实验结束后应立即清洗使用过的仪器，不清洁的仪器放置一段时间后，挥发性溶剂逸去，就会变得更难洗涤。常用的洗涤剂有重铬酸钾和浓硫酸配成的洗液。例如，20.0g $K_2Cr_2O_7$ 溶于 40.0mL 水中，将 360.0mL 浓 H_2SO_4 慢慢加入 $K_2Cr_2O_7$ 溶液中（千万不能将水或溶液加入浓 H_2SO_4 中），边倒边用玻璃棒搅拌，注意不要溅出，混合均匀并冷却后，装入洗液瓶备用。新配的洗液呈红褐色，有很强的氧化能力。它对玻璃器皿侵蚀作用小，洗涤效果好。一般将需要洗涤的仪器放入洗液中浸泡超过 10min，取出后用水冲净即可。用过的洗液如果不显绿色（Cr^{3+}的颜色），能够倒回原瓶再次使用。洗液有强烈的腐蚀作用，使用时必须小心，防止溅到皮肤或衣服上。

2. 仪器的干燥

可根据不同的情况，采用下列方法将洗净的仪器一起干燥。
（1）晾干：把洗净的仪器倒置在干净的实验柜内或仪器架上晾干。
（2）吹干：用吹风机或气流干燥器吹干仪器。
（3）烘干：将洗净的仪器放进电烘箱（图 2-1）烘干，放入烘箱前应尽量把水沥干，放置仪器时，仪器口应朝下。

图 2-1 电烘箱

（4）有机溶剂快速干燥：通常将少量与水互溶的易挥发有机溶剂（如乙醇、丙酮等）倒入已控去水分的仪器中摇洗，控净溶剂（溶剂要回收），然后用吹风机吹，开始用冷风吹 1~2min，当大部分溶剂挥发后吹入热风至完全干燥，再用冷风吹残余的蒸气，使其不再冷凝在容器内。此法要求通风好，防止中毒，不可接触明火，以防有机溶剂爆炸。

2.2.2 常用玻璃仪器的使用方法

在实验室里常用量筒、移液管、滴定管及容量瓶来量液体的体积。

1. 量筒的使用方法

在实验过程中，如果对液体体积的准确度要求不高时，可用量筒量取液体。读数时，视线应与液体的凹液面最低点保持水平。

2. 移液管的使用方法

在实验过程中，可以用移液管准确地量取溶液的体积，其种类很多，有吸量管，也有刻度移液管、大肚移液管、奥托移液管、自动移液管等。使用时，要先检查移液管的尖嘴是否破损，如有破损则不能使用，否则影响量取液体体积的准确性。然后洗涤，先用自来水洗 3 次，蒸馏水洗 3 次，直至整个内壁和其下部的外壁不挂水珠，用滤纸将尖端内外的水吸去，再用少量被移取溶液润洗两三次，以确保移取溶液的浓度不变。如果使用前移液管内壁有油污，用自来水很难洗去时，要用洗液来润洗（洗时不要用毛刷，以防被腐蚀），洗液用量为移液管容积的 1/10~1/2 即可。移取溶液时，一般用右手的拇指和中指捏住移液管颈刻线上方，使移液管插入溶液的液面 2cm 以下，并随试剂瓶内液面下降而下降（插入不要太深，会使管外沾附溶液过多，影响量取溶液体积的准确性，太浅往往会产生空吸）。左手拿洗耳球，先把球内空气压出，然后把球的尖端接在移液管上端管口，慢慢地松开左手指使溶液吸入管内（不要用力过猛，以防溶液吸入洗耳球中）。待溶液上升到刻度标线上方 2~3cm 时，迅速用右手食指（不要用大拇指）按住移液管上端管口，将移液管持直，并移出液面，使管尖端靠着盛溶液的器皿内壁，略微放松食指并用拇指和中指轻轻转动移液管，让溶液慢慢流出，使液面平稳下降，直到管口液体的弯月面与刻线相切（注意：视线、液面、刻线均应在同一水平面上），立即压紧管口（图 2-2）。若管尖端挂有液滴，可使管尖端与溶液器壁接触一圈使液滴落下，把移液管移出溶液器皿中，用干净滤纸片擦去管下端外部的溶液，移至干净的接收器皿（如锥形瓶）中，并使管尖端靠在容器壁，放开食指，让液体自由流出。待管内溶液不再流出后，稍停片刻，使移液管内壁和尖端的液滴流出，再把移液管拿开。如果移液管未注明"吹"字，那么残留在管尖端的溶液不能吹入锥形瓶中，因为在校正移液管时已经考虑了末端所保留溶液的体积。实验中，要尽量使用同一支移液管吸取同一种溶液，如果要移取另一种溶液时，一定要再次洗涤和润洗，以免带来误差。实验完毕，用自来水、蒸馏水分别洗干净移液管，留待下次使用。

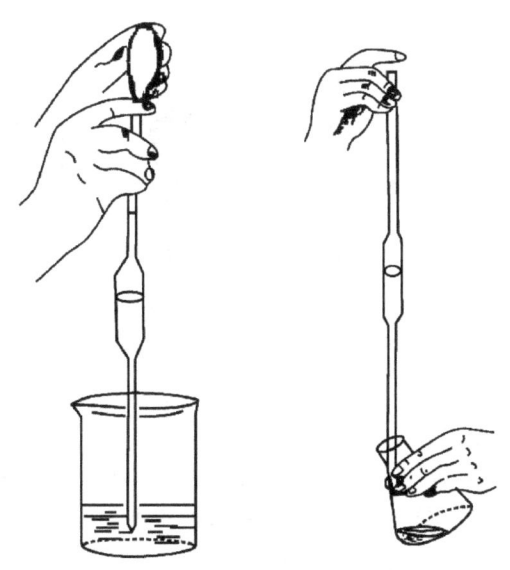

(a) 移液管吸取液体操作　　　　(b) 移液管放出液体操作

图 2-2　移液管的正确使用方法

3. 容量瓶的使用方法

容量瓶是常用配制准确浓度溶液的一种容量器皿。它是一个细长颈梨形平底瓶，带有磨口玻璃塞。在其颈上有一刻线，在指定温度下，当溶液充满至弯月面与刻线相切时，所容纳的溶液体积等于瓶上标示的体积。它主要用来配制或稀释溶液，通常有不同体积的各种规格。

使用前，要检查是否漏液。在瓶中加满水至刻度位置，塞紧磨口塞，擦干外壁，左手食指尖顶住瓶塞柄，右手五指尖托住瓶底，将瓶倒立，观察 1~2min，看是否有漏水、渗水的现象。如果不漏水，即可使用；如果漏水，则说明塞子和瓶不配套，不能使用。

先用自来水、后用蒸馏水洗两三次，直至内壁不挂水珠为止。使用时，先将药品在小烧杯中溶解后，一手拿烧杯一手拿玻璃棒伸入容量瓶上部进行引流。倒完溶液后，用少量蒸馏水洗涤小烧杯三四次，洗涤液也全部转移到容量瓶中，然后继续加蒸馏水直至容量瓶容积的 2/3 时，轻轻水平摇动使之均匀。再加蒸馏水至离刻度线下方 1cm 左右，用洗瓶的尖嘴慢慢加蒸馏水至弯月面与刻度线相切。塞紧瓶塞并用手指压住瓶盖，另一手指尖托住瓶底缘。将瓶倒置 180°并摇晃，再倒转过来，使气泡上升到顶部（图 2-3）。如此反复多次，使溶液充分混合均匀，后静置备用。用移液管移取容量瓶中的溶液时，不要将未润洗的移液管伸入容量瓶中，润洗时，要将容量瓶中的溶液倒入润洗过的小烧杯中进行洗涤。润洗三次后，再将移液管直接伸入容量瓶中量取溶液。

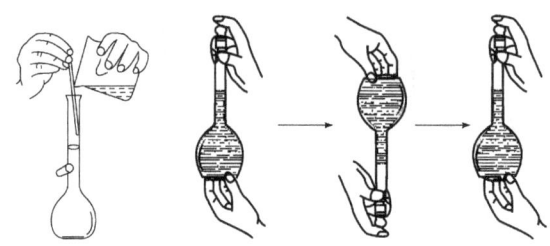

图 2-3　容量瓶的正确使用方法

4. 酸碱滴定管的使用方法

1）酸式滴定管的使用方法

（1）试漏：酸式滴定管用来装酸性溶液和氧化性溶液，它的下端有玻璃活塞开关。使用前，先检查活塞转动是否灵活，然后检查是否漏水。方法是，先将活塞关闭，在滴定管内充满水，打开活塞使尖口端充满水，关闭活塞，将滴定管夹在滴定管夹上，放置 2min，观察管口及活塞两端是否有水渗出，将活塞转动 180°再观察。若前后两次均无水渗出，活塞转动灵活，即可使用。否则应将活塞取出，重新涂抹凡士林后再使用。先把活塞取出，用滤纸将活塞及活塞槽内的水擦干净。用玻璃棒蘸少许凡士林涂在活塞的孔两侧，涂上薄薄的一层，以免凡士林堵住活塞孔，然后用橡皮筋把活塞缠好。

（2）洗涤：用自来水、蒸馏水（少量多次）、被装入的溶液润洗两三次。操作时，两手平端滴定管，慢慢转动，使液体流遍全管，并从滴定管下端流净，以除去管内残留的水分。装入标准溶液时，应直接倒入，不得借用任何其他器皿，以免浓度发生改变或造成污染。

（3）排气泡和调零点：注意检查滴定管尖嘴内有无气泡，否则在滴定过程中气泡逸出，影响溶液体积的准确度。排气泡时应使溶液快速流出，以冲出气泡，并且调节溶液的弯月面与零刻度线相切。注意：每次滴定完都要重新补充溶液，并且调零点或者零刻度线附近开始下一次滴定，以确保每次使用滴定管的同刻度溶液进行滴定。

（4）滴定方法：用左手控制滴定管的活塞，大拇指在前，食指和中指在后，其他两手指略微弯曲，轻轻向内扣住活塞（图 2-4）。转动活塞时，要注意勿使手心顶着活塞，以防活塞被顶出，造成漏液。右手持锥形瓶，边滴定边摇动锥形瓶，使瓶内溶液混合均匀，反应及时进行完全。摇动时应做同一方向的圆周运动（图 2-5）。刚开始滴定时，溶液滴出的速度可以稍快些，但不能使溶液呈流出状放出。临近终点时，滴定速度要减慢，应一滴或半滴地加入。滴一滴，摇一摇，并以洗瓶吹入少量蒸馏水洗锥形瓶内壁，使附着的溶液全部落下，然后，再半滴半滴地加入，直到滴定至准确到达终点为止。要熟练掌握半滴技术。半滴的滴法是将滴定活塞稍稍转动，使半滴溶液悬挂于管口，将锥形瓶内壁与管口相接触，使液滴慢慢靠落下来，并以蒸馏水冲下。注意：滴定结束后，进行重复 2 次滴定时，应再重新注入标准溶液，使每次的初读数相同，也就是使用滴定管的同一段刻度溶液。实验结束之后，管内剩下的溶液应弃去，不要再倒回原瓶，以免沾污瓶内的溶液，然后洗净滴定管，倒夹在滴定管夹上，以备后用。读数时应读出小数点后两位，第二位为估读数（图 2-6）。

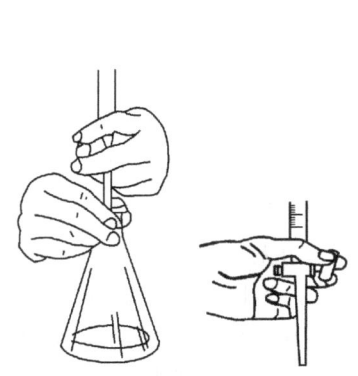 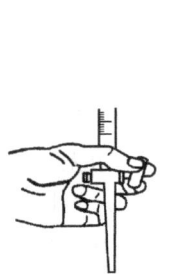 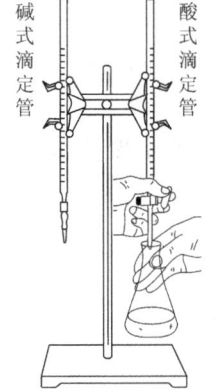 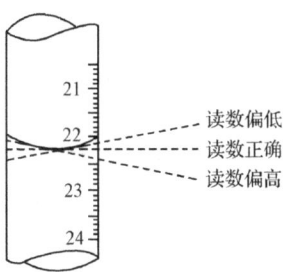

图 2-4 酸式滴定管操作方法　　图 2-5 酸式滴定管的放置　　图 2-6 滴定管读数方法

2）碱式滴定管的使用方法

（1）试漏：碱式滴定管一般用于碱性标准溶液的滴定，其管端下部连有橡皮管，管内装一玻璃珠控制开关（图 2-7）。其准确度不如酸式滴定管，主要由于橡皮管的弹性会造成液面的变动。具有氧化性的溶液或其他易与橡皮发生作用的溶液，如高锰酸钾、碘、硝酸银等不能使用碱式滴定管。使用前，应检查橡皮管是否破裂或老化及玻璃珠大小是否合适，装满水后无渗漏才可使用。

（2）洗涤：方法同酸式滴定管。

(3) 排气泡和调零点：可将橡皮管弯曲向上（图2-8），然后捏开玻璃珠，气泡即可被溶液排出，使尖嘴处充满液体，然后调零点。

(4) 滴定方法：左手握管，拇指在前，食指在后，其他三个手指辅助夹住出口管。用拇指和食指捏住玻璃珠所在的部位，向右边挤橡胶管，使玻璃珠移至手心一侧，溶液即可从玻璃珠旁边的空隙流出（图2-9）。注意不要用力捏玻璃珠，不要使玻璃珠上下移动，也不要捏玻璃珠下面的橡胶管，以免空气进入而形成气泡，影响读数。操作过程中要边滴定边摇动锥形瓶。读数时视线应与液面的弯月面下沿相切。滴定过程与酸式滴定管一致。

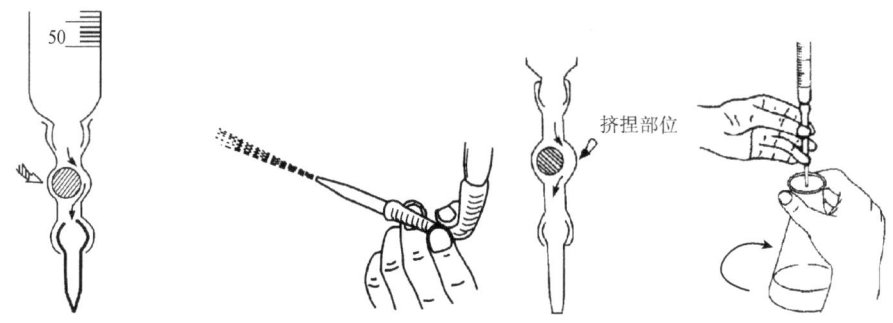

图2-7 碱式滴定管的构造　　图2-8 碱式滴定管排气方法　　图2-9 碱式滴定管操作方法

目前，实验室越来越多地使用聚四氟乙烯滴定管，也就是用聚四氟乙烯材料来代替酸式滴定管下面的玻璃活塞。聚四氟乙烯具有除熔融的碱金属外几乎不受任何化学试剂腐蚀的特点，可以用于装碱性化学液体。例如，在浓硫酸、硝酸、盐酸甚至在王水中煮沸，其质量及性能均无变化，也几乎不溶于所有的溶剂，只在300℃以上稍溶于全烷烃。因此，聚四氟乙烯滴定管既可以装酸溶液也可以装碱溶液来进行滴定操作。使用方法如同酸式滴定管的使用方法，如果在使用过程中有漏液现象，可以调节塞子侧面的螺帽，但是不能涂油，因为涂油后过一小段时间，塞子转不动，打不开。

2.2.3 沉淀的过滤和洗涤

1. 沉淀的过滤

当进行固液分离时，常用过滤和离心分离操作。过滤分为常压过滤、减压过滤和热过滤。

（1）常压过滤（图2-10）：操作时，取一张圆形滤纸，先对折成半圆形，再对折成四层，把四层滤纸的一、三层展开成圆锥形放入漏斗中，使滤纸紧贴在玻璃漏斗的内壁上。滤纸的边缘要低于漏斗口5mm，剪去多余的部分。如果滤纸的角度与漏斗的角度有出入，可以改变折叠的角度来调整。

用手指压住滤纸三层处，用水湿润滤纸，赶去滤纸与漏斗壁之间的气泡，使滤纸紧贴在漏斗壁上。过滤时，把漏斗管口的斜面背后紧贴烧杯的内壁，让滤液沿烧杯内壁流下。左手

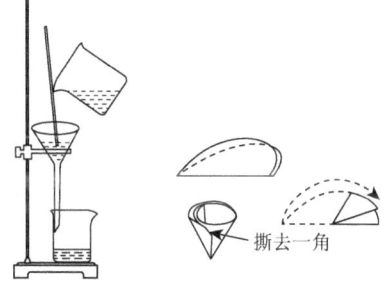

图 2-10　常压过滤

持玻璃棒，棒的一端轻轻靠在漏斗中三层滤纸处。右手拿烧杯，沿玻璃棒把烧杯内的上层清液慢慢倒入漏斗中，使液面低于滤纸边缘 5mm 处。当上层清液快倒完时，把沉淀倒入漏斗中，这样可以加速过滤。然后用同样的操作把少量水倒入漏斗中，洗涤沉淀几次。如果沉淀不需要，就不必倒入漏斗中。

（2）减压过滤（图 2-11）：又称抽滤。利用真空泵抽走空气，使吸滤瓶内压力减小，在布氏漏斗内的液面和吸滤瓶内形成压力差，提高了过滤速度。减压过滤操作时，在吸滤瓶上装布氏漏斗，使漏斗管口的斜面对着吸滤瓶的支管。把连接水泵的橡皮管接在吸滤瓶的侧面管口。将圆形滤纸放在布氏漏斗里，其直径应略小于布氏漏斗内径并能够把全部瓷孔盖住。使用时，先将滤纸润湿贴紧，再打开泵开关，以防止抽破滤纸。注意：滤液不得超过吸滤瓶的侧面小孔处。滤液过多时，拔掉橡皮管，把滤液从吸滤瓶上方管口倒出，再重新抽滤。

（3）热过滤（图 2-12）：热过滤适用于溶液中的溶质在温度下降时很容易析出结晶，而又不希望过滤时留在滤纸上的溶液过滤。热过滤要用保温漏斗。保温漏斗是铜质的，使用时放在支架或铁圈上。它的夹层与支管连通，内盛热水，用来加热夹层里的水。过滤时在夹层里注入热水，放上玻璃漏斗，随即在支管处加热，漏斗里的水煮沸时就能用于过滤了。热过滤选用的玻璃漏斗的颈部越短越好，以免滤液在颈内停留时间过长，降温时析出结晶而堵塞漏斗。

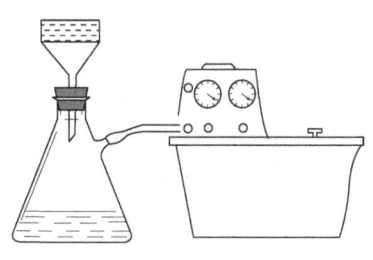

图 2-11　减压过滤

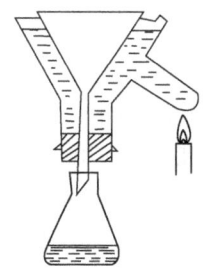

图 2-12　热过滤

（4）离心分离：方法简单方便，它适用于溶液和沉淀都很少的分离。做试管实验都采用这种分离方法。将有沉淀和溶液的离心试管或小试管放在离心机的套管中，为了平衡，几个试管要放在对称的位置上，如果只有一个试样，则在相对位置放一支等量水的试管。然后将离心机盖盖好，变速器放在低挡，以后逐渐加速。受离心作用，试管中沉淀聚在管底，上面是澄清溶液，可使固液分离。

2. 沉淀的洗涤

对沉淀进行洗涤，其目的在于将沉淀表面所吸附的杂质和残留的母液除去。洗涤开始时，一般采用倾泻法，即加适量洗涤液于沉淀的烧杯中，充分搅拌，待放置澄清后，将上层清液以倾泻法过滤。倾泻时，每次都应该尽可能完全将上层清液倒出，同时尽量使沉淀留在烧杯中，然后再加入少量洗涤液至装有沉淀的烧杯中，如此重复进行倾泻洗涤，可使沉淀洗净。当洗涤若干次后，将沉淀转移到滤纸上。

洗涤沉淀时应注意，既要将沉淀洗净，又不能用太多的洗涤液，否则将增加沉淀的溶解而造成沉淀损失，为此必须用"少量多次"的洗涤原则以提高洗涤效率，即总体积相同的洗涤液应尽可能分多次洗涤，每次只用少量，且每次应使漏斗中的洗涤液尽量流尽后再加入下一份洗涤液。

2.2.4 实验数据处理

在化学实验中常需要进行许多定量测定，并由测定的数据经过计算而得到实验的结果。

实验结果的准确度都有一定的要求，在测定过程中，除了选用合适的仪器和正确的操作方法之外，还需要科学地处理实验数据，使实验的测定结果与真实值尽可能相符。因此，掌握以下概念，并把它们应用于实验数据的分析和处理是十分必要的。

1. 准确度与误差

分析结果的准确度是指测定值与真实值的相符程度，测定值与真实值之间的差值称为误差。准确度的高低常以误差的大小来衡量，即误差越小，准确度越高，误差越大，准确度越低。误差可分别表示为绝对误差和相对误差。

绝对误差（E）是指测定值（X）与真实值（T）之间的差值。相对误差（E_r）是指绝对误差占真实值的百分数，即

$$E = X - T, \quad E_r = \frac{E}{T} \times 100\%$$

绝对误差和相对误差都有正负之分,误差为正值,表示测定值比真实值偏高;误差为负值,表示测定值比真实值偏低。当绝对误差相等时,测定的数值越大,则相对误差越小。这说明用相对误差表示测定结果的准确度较用绝对误差更能反映误差的程度。

2. 精密度与偏差

精密度是指在相同条件下多次重复测定结果彼此符合的程度。精密度的大小用偏差表示。偏差反映了测定数据的波动性,偏差越小说明精密度越高。偏差是指各次测定值与多次测定的平均值的差值。需要注意的是,精密度高说明测定结果的稳定性好,它是准确度高的前提,但并不等于准确度就高。

3. 误差的来源及减免方法

1) 误差的来源

根据误差的性质和产生的原因,误差可分为系统误差和偶然误差。

(1) 系统误差:是由分析时某些固定的原因造成的,当测定条件一定时,其测定值会重复出现,使分析结果规律性地偏高或偏低。系统误差产生的原因主要是方法误差、仪器和试剂误差、操作误差。

(2) 偶然误差:也称随机误差,是指测定值随各种因素随机变化而引起的误差。因此,偶然误差完全是偶发性的,无规律可循的。例如,分析过程中测定温度、湿度、气压以及仪器工作电压等的微小波动都可产生偶然误差。

在分析过程中,未按照操作规程操作以及粗心大意而加错试剂、看错刻度、溅出溶液、计算错误等造成的误差称为过失误差,属于过失行为,所得的数据或结果应弃去。

2) 误差的减免方法

提高分析结果的准确度,就是要消除或减小误差。通常采用以下方法消除和减小系统误差和偶然误差。

(1) 对照实验:是检验有无系统误差最有效的方法。常将已知准确含量的标准试样按与试样同样的测定方法进行分析,将其实测含量与标准含量进行对照比较,以确定该分析方法是否存在系统误差。若有,则可用所测标准试样的误差值对试样测定值进行校正,从而使测定结果更接近真实值。通过对照实验可确定选择何种分析方法。

(2) 校正仪器:分析测定中,具有准确体积和质量的仪器,如滴定管、移液管和分析天平的砝码等,都应进行校正,以消除仪器不准引起的系统误差。

(3) 空白实验:由试剂、蒸馏水及实验器皿引入的杂质所造成的系统误差,一般可用空白实验来加以校正。空白实验是指在不加试样的情况下,按试样分析规程在同样的操作条件下进行的测定,所得结果称为空白值。从试样的测定值中扣除空白值,就得到比较准确的分析结果。

(4) 减小测量误差:一般分析的试样称量绝对误差为±0.0002g,为减小相对误差,试样的质量不宜过小,这就是选用一级标准物质时应尽量选用摩尔质量较大的物质的原因。为使滴定管读数造成的相对误差小于0.1%,消耗标准溶液的体积必须在20.00mL以上。

(5) 偶然误差的减免方法:增加平行测定次数,可以减小偶然误差。对同一试样,通常要求平行测定3~5次,以获得较准确的分析结果。

4. 有效数字及运算规则

1) 有效数字的意义和位数

有效数字是指实际能够测量到的具有实际意义的数字,包括所有的准确数字和与其邻位的可疑数字。有效数字保留的位数应根据分析方法与仪器的灵敏度来决定,使测得的数值中只有最后一位是可疑的。例如,在分析天平上称取1.5000g试样,这不仅表明试样的质量是1.5000g,还表明称量误差在±0.0002g以内。如果将其质量记录成1.5g,则表示该试样是在台秤上称量的,其称量误差为±0.2g。又如,常量滴定管的读数误差为±0.02mL,因此其读数应记录到小数点后的第二位,如滴定时用去某标准溶液20.10mL,既不能记为20.1mL,也不能记为20.100mL。显然,在分析测定中应保留的有效数字位数不是人为规定的,而是由测定方法及仪器的灵敏度决定的。

一般来说,数字中出现的1~9都是有效数字,而0则不一定,当0作定位时不是有效数字,否则就是有效数字。例如数字0.03030,第一个"3"前两个0仅用于定位,不是有效数字,而其后两个0是有效数字,故此数为四位有效数字。

2) 有效数字的运算规则

(1) 有效数字的取舍:在定量分析中,测定数值中只含一位可疑数字,但经过运算后便可出现多位可疑数字,因而与准确数字不相邻的可疑数字必须弃去。弃去其最高位可疑数字时应遵循"四舍六入五成双"的规则,即尾数≤4时,弃去;尾数≥6时,进位。所弃去的最高位可疑数字等于5时,看其后有无非0值,有则相当于6,进位;无则执行"五成双"原则,进位或弃去以使其前一位保留的可疑数字为偶数。例如,0.246、0.266、0.26501、1.650、1.65、1.55,若均保留两位有效数字时,则分别为0.25、0.27、0.27、1.6、1.6、1.6。

(2) 有效数字的运算:几个数相加减时,以绝对误差最大的数即小数点后位数最少的数的可疑数字所在分位为基准确定保留小数的位数。例如,0.0121、25.64和1.05782这三个数相加,其中25.64小数点后位数最少,其可疑数字0.04所在百分位的绝对误差最大，应以其为基准将以上三数先修约成 0.01、25.64、1.06，然后相加得 26.71，为四位有效数字。

几个数相乘除时，应以相对误差最大的数为基准确定保留整个数字的位数。有效数字位数越少，相对误差越大。因而，通常是按有效数字位数最少的数的位数为基准来保留其他数的位数，然后进行乘除。例如，0.0121、25.64 和 1.0578 这三个数相乘，应先将每个数修约为三位有效数字后再相乘，即 $0.0121 \times 25.6 \times 1.06 = 0.328$，最后结果仍保留三位有效数字。

在数字处理过程中，有时对中间结果的数值多保留一位有效数字，得到的最后结果仍应保留应有的有效数字的位数。

使用计算器进行计算时，习惯上并不对每步数据进行修约，而是连续传递未修约的计算结果，但最终计算结果应按有效数字的运算规则保留合理的位数。

2.3 无机化学实验常用仪器使用方法

2.3.1 酸度计的使用

1. 仪器的结构

概述：PB-10 型酸度计是数字显示玻璃膜电极 pH 测量仪（图 2-13），广泛应用于科研、教学、工业、农业等许多学科和领域，用于精密测量各种溶液的 pH。

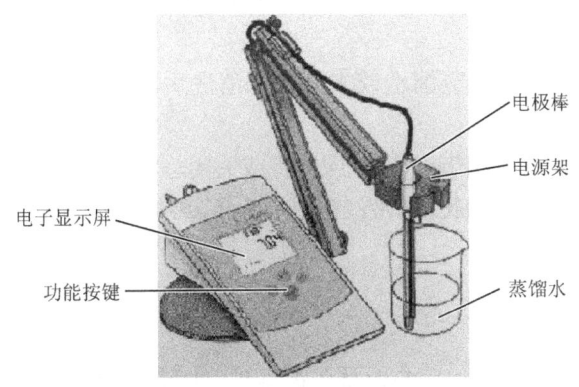

图 2-13 PB-10 型酸度计

2. 使用和维护

1）准备

（1）电极接到仪表的 BNC 插头，连接温度传感器到"ATC"。

（2）用变压器把仪表连接到电源。

（3）按 pH/mV 键设置 pH 模式。

2）校准

（1）按 SETUP 键，显示屏显示 Clear buffer，按 ENTER 键确认，清除以前的校准数据。

（2）按 SETUP 键，直至显示屏显示缓冲液组"1.68，4.01，6.86，9.18，12.46"或所要求的其他缓冲液组，按 SETUP 键确认。

（3）将复合电极用蒸馏水或去离子水清洗，滤纸吸干后浸入第一种缓冲液（6.86），待数值达到稳定并出现"S"时，按"STANDARDIZE"键，仪器将自动校准，如果校准时间较长，可按"ENTER"键手动校准。作为第一校准点数值被存储，显示"6.86"。

（4）用蒸馏水或去离子水清洗电极，滤纸吸干后浸入第二种缓冲液（4.01），待数值达到稳定并出现"S"时，按"STANDARDIZE"键，仪器将自动校准，如果校准时间较长，可按"ENTER"键手动校准。作为第二个校准点被存储，显示（4.01，6.86）和信息"%Slope××Good Electrode"。××显示测量的电极斜率值，如该测量值在 90%～105%范围内，可接受。如果与理论值有更大的偏差，将显示错误信息（Err），应清洗电极，并按上述步骤重新校准。

（5）重复以上操作，完成第三点（9.18）校准。

3）测量

用蒸馏水或去离子水清洗电极，滤纸吸干后将电极浸入待测溶液。

待数值达到稳定，出现"S"时，即可读取测量值。

4）保养

测量完成后，电极用蒸馏水或去离子水清洗后，浸入 3mol·L^{-1} KCl 溶液中保存。

测量完成后，不用拔下变压器，应待机或关闭总电源，以保护仪器。如发现电极有问题，可用 0.1mol·L^{-1} HCl 溶液浸泡电极 0.5h，再放入 3mol·L^{-1} KCl 溶液中保存。

2.3.2 分光光度计的使用

1. 概述

分光光度计用于有色溶液的定量比色分析，是根据朗伯-比尔定律设计的。表示式为

$$A = \lg \frac{1}{T} = \lg \frac{I_0}{I_t} = \varepsilon l c$$

式中：A 为吸光度；T 为透光率；I_0、I_t 分别为入射光强度和透射光强度；l 为液层厚度；c 为溶液浓度；ε 为摩尔吸光系数（L·mol^{-1}·cm^{-1}），它与入射光的波长以及

溶液的性质、温度等有关。ε 的物理意义是当入射光波长、溶剂、吸光物质种类和溶液的温度一定时，ε 在数值上等于厚度为 1cm、浓度为 $1mol·L^{-1}$ 溶液的吸光度。分光光度计的种类、型号繁多，但从其结构来讲，都是由光源、单色器、吸收池、检测器、显示器五大部分组成。下面以 722N 型可见分光光度计为例简单介绍其原理和使用方法。

2. 722N 型可见分光光度计的结构

722N 型可见分光光度计采用光栅自准式色散系统和单光束结构光路，使用的波长范围为 330～800nm。其结构如图 2-14 所示。

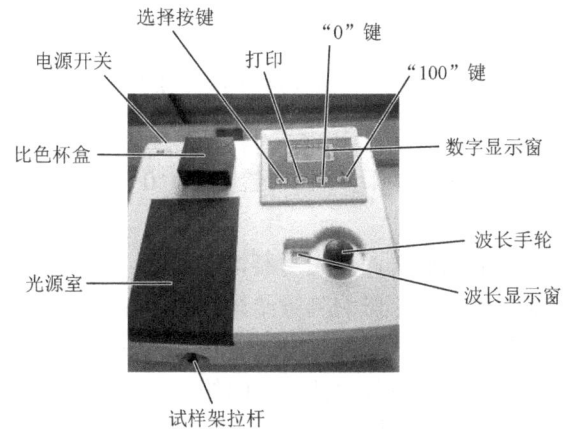

图 2-14　722N 型可见分光光度计结构示意图

722N 型可见分光光度计的光学系统示意图如图 2-15 所示。

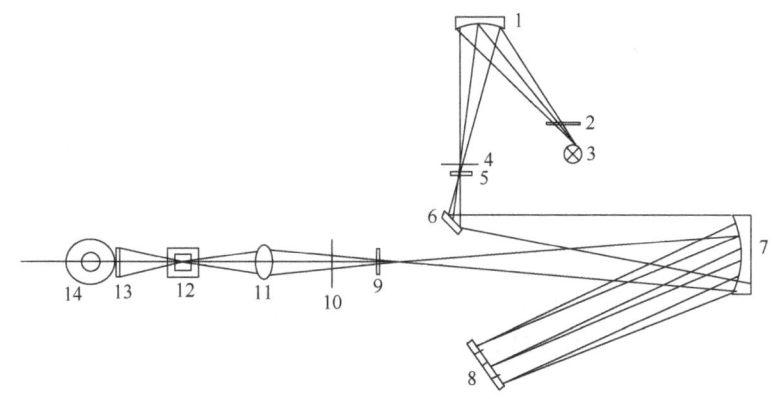

图 2-15　722N 型可见分光光度计的光学系统

1. 聚光透镜；2. 滤光片；3. 钨灯；4. 进狭缝；5. 保护玻璃；6. 反射镜；7. 准直镜；8. 光栅；9. 保护玻璃；10. 出狭缝；11. 聚光透镜；12. 吸收池；13. 光门；14. 光电管

钨灯发出的光经滤光片选择、聚光透镜聚光后从进狭缝投向单色器，进狭缝正好处在聚光透镜及单色器内准直镜的焦平面上，因此进入单色器的复合光通过平面反射镜反射及准直镜准直变成平行光射向色散元件光栅，光栅将入射的复合光通过衍射作用按照一定顺序均匀排列成连续单色光谱。此单色光谱重新回到准直镜上。由于仪器出射缝设置在准直镜的焦平面上，从光栅色散出来的光谱经准直镜后利用聚光原理成像在出狭缝上，出狭缝选出指定带宽的单色光通过聚光镜落在试样室被测试样中心，试样吸收后透射的光经光门射向光电管阴极面，由光电管产生的光电流经微电流放大器、对数放大器放大后，在数字显示器上直接显示出试样溶液的透光率、吸光度或浓度数值。

3. 722N 型可见分光光度计的使用方法和注意事项

（1）开启电源，指示灯亮，选择按键置于"T"位置，波长调置为测试用波长。

（2）打开试样室（关门自动关闭），按下透光率"0"键，使数字显示为 000.00，预热。

（3）吸收池不能用毛刷刷洗，要先用蒸馏水冲洗，再用待测溶液润洗 3 次，以免待测溶液的浓度发生改变，影响测量结果。

（4）预热后，将干净的吸收池用待测溶液润洗两三次，装液至吸收池 2/3 处，用擦镜纸将吸收池外部擦净。将吸收池放在暗箱中，光面对着光路。

（5）盖上试样室盖，将装有参比溶液的吸收池置于光路中，按透光率"100"键，使数字显示为"100.00"。

（6）连续几次调"0"和"100"。注意：打开暗箱盖调"0"，关上暗箱盖调"100"。

（7）将待测溶液推入光路中，将选择按键置于"A"，数字显示即为试样的吸光度。

（8）浓度的测量：选择按键由"A"至"c"，将已标定浓度的溶液推入光路中，调节浓度按键，使得数字显示为标定值，将待测溶液推入光路，显示数字即为相应浓度值。

（9）在测量过程中，应经常用参比溶液调节"0"和"100"，以校正仪器。

（10）每台仪器所配套的吸收池不能与其他仪器上的吸收池单个调换。

（11）仪器数字显示背部带有外接插座，可输出模拟信号。插座 1 脚为正，2 脚为负接地线。

（12）若大幅度改变测试波长，需要等待数分钟后才能正常工作。因波长由长波向短波或反向移动时，光能量急剧变化，光电管受光后响应迟缓，需要一段光响应平衡时间。

（13）测量时，根据溶液的浓度酌情选用不同光径长度的吸收池，尽量使吸光度值控制在 0.2～0.7 范围内，这样可得到较高的准确率。

（14）仪器连续使用时间不宜过长，以免光电管疲劳。

（15）吸收池用完后，应及时洗净擦干，放回盒内。

（16）使用过程中，非测定时，应打开吸收池暗箱盖，使光路断开。

（17）仪器使用完毕后应用防尘布罩住，并放入硅胶等干燥剂保持干燥。

2.3.3 电导率仪的使用

1. 概述

DDS-11C 型电导率仪是一种数字显示台式电导率仪，仪器广泛应用于科研、生产、教学和环境保护等许多学科和领域，用于测量各种液体介质电导率。当配以 0.1、0.01 规格常数的电导电极时，仪器可以测量高纯水电导率。

2. 仪器结构

DDS-11C 型电导率仪结构示意图如图 2-16 所示。

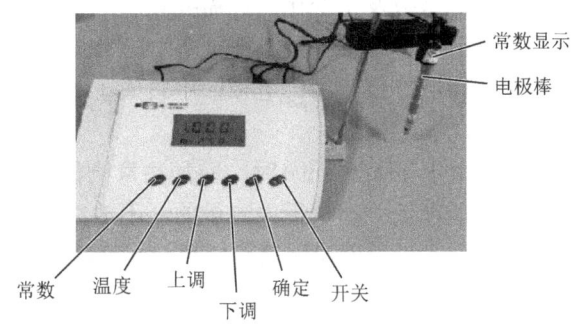

图 2-16 DDS-11C 型电导率仪结构示意图

3. 使用和维护

1）使用操作

（1）常数校正：同一规格常数的电极，其实际电导池常数的存在范围 $J_{实}=(0.8\sim 1.2)J_0$。为消除实际存在的偏差，仪器设有常数校正功能。

操作：打开电源开关，按下"常数"键，同时配合"上调"键、"下调"键，使仪器显示电导池实际常数（系数）值。即当 $J_{实}=J_0$ 时，仪器显示 100.0；$J_{实}=0.95J_0$ 时，仪器显示 95.0；$J_{实}=1.05J_0$ 时，仪器显示 105.0（表 2-2）。

表 2-2　仪器显示值与实际值的对应关系

规格常数 J_0	$J_实 = 0.95J_0$		$J_实 = 1.05J_0$	
	$J_实$	常数校正显示	$J_实$	常数校正显示
0.01	0.0095		0.0105	
0.1	0.095	95.0	0.105	105.0
1	0.95		1.05	
10	9.50		10.5	

电极是否接上，仪器量程开关在何位置，不影响进行常数校正。

新电极出厂时，其 $J_实$ 一般标在电极相应位置上。

（2）测量：经校正后，仪器可直接测量液体电导率。将测量开关置于"测量"挡，选用适当的量程挡将清洁干燥的电极插入待测溶液中，仪器显示该待测溶液在溶液温度下的电导率。

2）仪器维护和注意事项

（1）电极应置于清洁干燥的环境中保存。

（2）电极在使用和保存过程中，因受介质、空气侵蚀等因素的影响，其电导池常数会有所变化。电导池常数发生变化后，需要重新进行电导池常数测定。仪器应根据新测得的常数重新进行"常数校正"。

（3）测量时，为保证样液不被污染，电极应用去离子水（或二次蒸馏水）冲洗干净，并用适量样液冲洗。

（4）当样液介质电导率小于 $1\mu S \cdot cm^{-1}$ 时，应加测量槽作流动测量。

（5）选用仪器量程挡能在低一挡量程内测量的，不放在高一挡测量。在低挡量程内，若已超过量程，仪器显示屏左侧第一位显示 1（溢出显示）。此时，选择高一挡测量。

2.3.4　电子分析天平的使用

电子分析天平是一种精确的称量仪器。电子分析天平的种类很多，结构虽然不同，但是操作是相同的。本节介绍的是 FA2004A 型电子分析天平。

1. 仪器结构

FA2004A 型电子分析天平和电子台秤结构示意图如图 2-17 所示。

2. 仪器的使用方法

（1）调水平：调整地脚螺栓高度，使水平仪内空气气泡位于圆环中央。

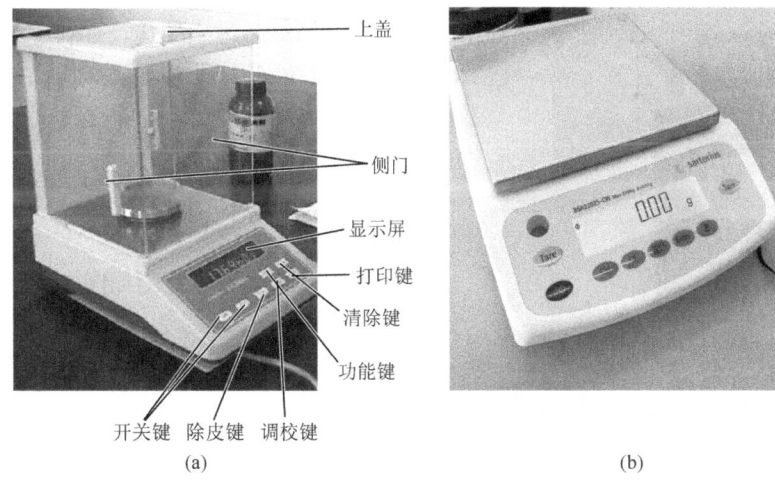

图 2-17 FA2004A 型电子分析天平（a）和电子台秤（b）结构示意图

（2）开机：接通电源，按开关键"ON"，直至全屏自检。

（3）预热：天平在初次接通电源或长时间断电之后，至少需要预热 30min。为取得理想的测量结果，天平应保持在待机状态。

（4）校正：首次使用天平必须进行校正，按校正键，天平将显示所需校正码质量，放上砝码直至出现"g"，校正结束。

（5）称量：使用除皮键，除皮清零。放置样品进行称量。

（6）关机：天平应一直保持通电状态（24h），不使用时将开关键关至待机状态，使天平保持保温状态，可延长天平使用寿命。

3. 注意事项

（1）称量前检查天平是否处于水平位置。

（2）天平不能称量热的物体，有腐蚀性物质和吸湿性物质必须放在称量瓶内称量。

（3）称量完毕，检查天平内外是否清洁、干燥等，最后关上天平门，罩好天平罩，切断电源，并填写天平使用记录，方可离开。

2.3.5 微波消解仪的使用

消解仪是一种常用的样品前处理设备，可以应用于消解、萃取、蛋白质水解等多种分析化学的样品前处理工作中。就消解而言，微波增强化学技术消解速度快，处理样品比采用一般电加热板方法快 10～100 倍，消解效果好，微波加热的同时采用高压密封罐，样品消解彻底，对于难溶样品效果尤其明显。样品在密闭的消解罐中消解，大大减少了易挥发元素的损失，因此分析结果更准确。另外，微波消解使用的试剂少，减少了样品的空白值和背景。整个消解过程在密闭条件

下进行，酸试剂不会污染环境，有利于环境保护和人体健康。节能效果非常显著，相比传统方式节能80%左右。同批次处理样品的平行性、重复性好，避免了人为操作引起的误差。

1. 仪器结构

微波消解仪的结构示意图如图 2-18 所示。

图 2-18 微波消解仪的结构示意图

2. 使用方法

1）主控罐组装和连接规程（图 2-19）

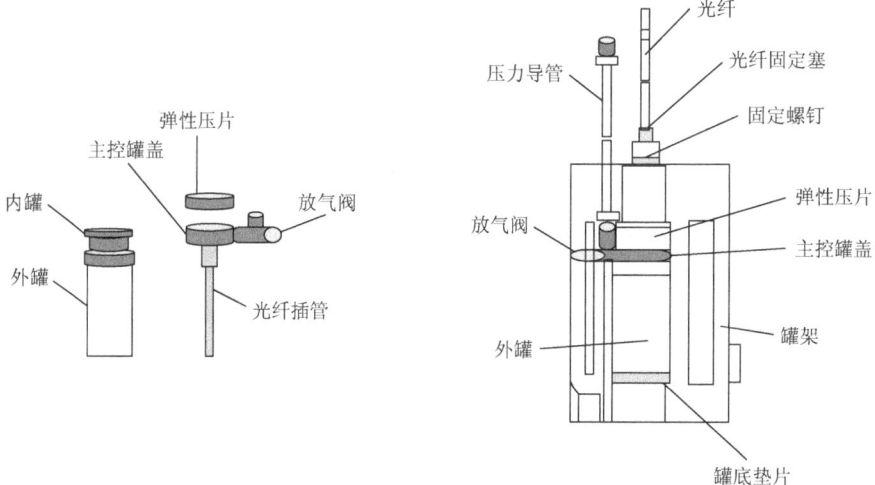

图 2-19 微波消解仪主控罐的结构示意图

将光纤插管有螺纹的一端慢慢插入罐盖底部的螺母孔中并旋紧，握住罐盖轻轻活动光纤插管，确认是否牢固，不能感觉到光纤插管松动，否则会引起漏气。

称取样品并将其放在内罐中，样品必须放在内罐底部，这样可以保证样品完全浸没在酸中，内罐内壁上不要残留样品。

向内罐中加入酸溶液，浸没样品，如果可以看到剧烈反应，要待反应平息后再盖罐盖。

注意：一些未知成分样品或者容易被氧化和高活性的有机物如醇类、酮类、二醇类，应先敞口放置预消解 15min。

把罐盖盖在内罐上，将棕色的弹性压片盖在罐盖上。注意，主控罐的罐盖中央有小孔，放气阀处有压力导管接口，切勿与标准罐混用。

将放气阀拧到罐盖的放气口上，用力拧紧，确保不会漏气。将内罐插到一个干净并且干燥的外罐内,然后把整套组件安装到罐架上,旋转组件使放气阀朝向罐架的前面(有标记),对准固定螺钉下端与弹性压片的卡槽,用手拧紧罐架上的固定螺钉,然后用力矩扳手旋紧到有"咔咔"声响时立刻停止。注意:确定预设力矩扳手为"8N·m"。罐架底部必须有垫片才可使用。

将光纤穿过光纤固定塞约10cm,将光纤穿过罐架螺钉,然后慢慢地沿着光纤往下移动固定塞,并轻轻地把它压到螺钉中间的小孔中。

将转盘通过仪器底部的曲轴安装到位,将压力传感器与仪器顶部的压力接口连接并拧紧,然后将主控罐罐架上的固定柱插入转盘上标有"1"的卡槽内,连接温度传感器到炉腔顶部的光纤温度传感器接口,再将压力传感器拧紧到主控罐罐盖的压力接口上,让转盘旋转2~3圈以确保两个传感器不会缠绕。

2)标准罐组装

称量并将样品放入内罐中,确保酸将样品覆盖,若有剧烈反应,需要敞口预消解15min。把罐盖盖在内罐上,将棕色的弹性压片盖在罐盖上。将放气阀拧到罐盖的螺杆上,用力拧紧,确保不会漏气。将内罐插到一个干净并且干燥的外罐内,然后把整套组件安装到罐架上,使放气阀朝向罐架的前面。注意:罐架底部必须有垫片才可使用。用预设的"8N·m"力矩扳手拧紧罐架固定螺钉。重复步骤组装剩余的标准罐。通过将罐架上的固定柱插入转盘的固定槽,将标准罐装载到转盘,尽量让消解罐对称放置。

3)冷却及打开消解罐

微波消解仪的软件系统包含一个冷却步骤,当温度高于80℃时有风机进行强制风冷,当温度低于80℃时,风机停转,即可打开消解罐。注意:最好不要将消解罐放入水中冷却,如果将其浸在水中,在下次使用之前必须将其放入烘箱烘干数小时。

先将标准罐从转盘取下放在通风橱中,再取主控罐。取主控罐时先将光纤温度传感器从炉腔顶部的接口中拔出,然后一只手抓紧罐架对准仪器的通风口,另一只手逆时针慢慢旋转放气阀释放内部压力,不要快速连续旋转放气阀,否则会导致气体从放气阀螺纹排出。待泄压完全,将压力导管与罐盖断开连接,拿出主控罐(注意:用手护住光纤温度传感器以避免与腔体上壁碰撞),然后取出光纤。用扳手拧开罐架的固定螺钉,取下容器组件,小心取下外罐,然后轻轻取下罐盖。标准罐也要在通风橱中泄压,一只手抓紧罐架,另一只手逆时针慢慢旋转放气阀释放内部压力(放气阀要向内,不可对准操作人员)。注意:从罐架取下内罐及相关部分前要确保完全泄压,否则会导致酸液喷溅,伤及实验者。不要倾翻取出内罐,避免内容物洒出。

4)清洗和检查规程

内罐的聚四氟乙烯材料在320℃以上时会变软,在消解过程中不允许达到这么高的温度（本仪器允许设定最高温度为 250℃，建议消解用酸为 HNO_3 时设置温度不超过 210℃）。内罐清洗程序需要根据分析检测的级别（%，ppm，ppb，ppt）进行选择。常量元素分析实验时，内罐使用后用 5% HNO_3 溶液浸泡，然后水洗、去离子水冲洗，风干。

罐架不要与酸滴长时间接触，罐架应该在每次用完后用热的肥皂水清洗，并用水冲洗干净，完全干燥。

外罐每次消解完全后用湿毛巾擦干。如果发现掉皮或任何损坏必须更换。要确保消解前外罐和隔热板是干燥的。不要在水中浸泡外罐，吸附的水会在加热过程中破坏复合层。注意：消解罐的寿命由于使用条件和操作者规范的不同而不同。每次使用后都要检查磨损情况。

消解完成后，待温度降到 80℃ 以下时即可把标准消解罐从仪器中取出，在通风橱内打开消解罐，要先拧开放气阀，泄压完成后，再打开罐盖，打开时必须戴防腐蚀手套、护目镜和口罩。主控罐按照规范步骤操作。将消解好的样品转移到容量瓶中，冲洗两三次消解罐罐盖，清洗液一起转入容量瓶中定容待测（有些样品需要赶酸，赶酸方法为：样品放在电加热板蒸发至黏稠状，然后定容）。

2.3.6　移液器的使用

移液器是用来替代移液管的称量仪器。Sartorius 手持式移液器是一种通用型移液器，用于精确地取样并分配液体体积。基于空气置换原则进行操作，并使用一次性吸头。

1. 仪器结构

Proline 单道移液器结构示意图如图 2-20 所示。

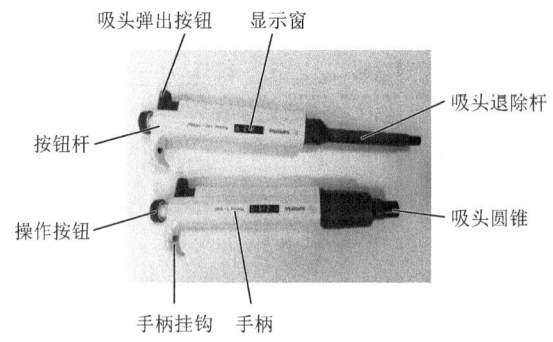

图 2-20　Proline 单道移液器结构示意图

2. 使用方法

1）量程设置

手柄的显示窗可清楚地显示移液器所移液量。移液量通过顺时针或逆时针旋转操作按钮来设置（仅限可调式移液器），如图 2-21（a）所示。设置量程时，确保旋转到所需要的量程；数字清晰显示在显示窗中；所设量程在移液器量程范围内。勿将按钮旋出量程，否则会卡住机械装置，损坏移液器。

2）密封与弹出吸头

安装吸头前确保移液器吸头圆锥清洁。牢牢按压移液器圆锥上的吸头以确保其密封完好。当吸头与黑色吸头圆锥之间形成可见密封环时，表示已密封完好。每个移液器均配有吸头喷射器以帮助消除污染带来的安全威胁。用力向下按动弹出器方能推出吸头[图 2-21（b）]，确保将吸头丢弃至适当的废物容器中。

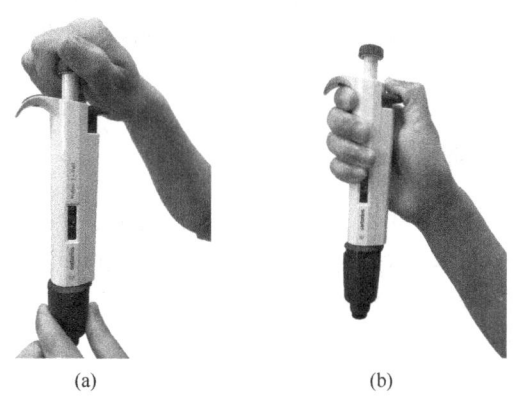

图 2-21 Proline 单道移液器操作示意图

3）移液技术

首先确保移液器、吸头浸液体的温度相同，确保吸头与吸头圆锥连接牢固，然后吸液时移液器保持垂直，吸头浸入液面下仅几厘米即可。始终用拇指控制按钮运动，以保证连贯一致。

将操作按钮按压至第 1 停点，将吸头置于液体表面以下（2~3cm），并将操作按钮平缓地释放至原点（图 2-22）。仔细提出吸头并在容器壁停靠一下，以去除多余液体。轻按按钮至第 1 停点，液体即被排出。稍停片刻，继续按操作按钮至第 2 停点（吹出）。这一步骤将排空吸头，保证液体准确转移。松开操作按钮使其回到原点。如需要，更换吸头，继续移液。

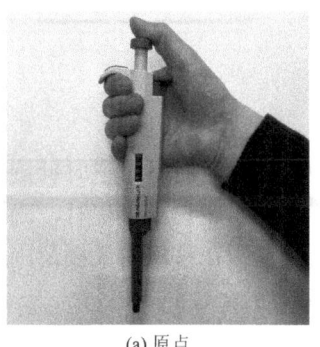 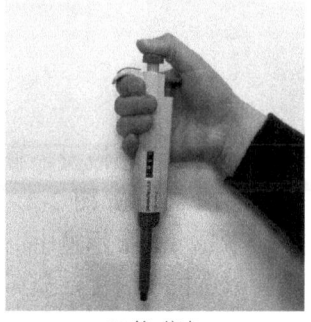 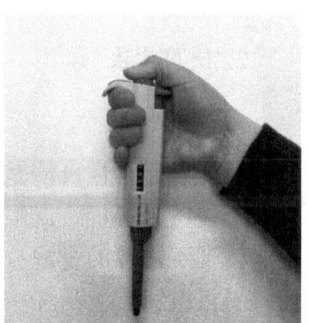

(a) 原点　　　　　　　　(b) 第1停点　　　　　　　　(c) 第2停点

图 2-22　Proline 单道移液器操作示意图

4) 实验室内日常维护和保养

移液器不使用时，应竖直挂在移液器架上。每天应检查移液器的清洁度，使用乙醇（70%）、异丙醇（60%）或中性清洁剂和柔软的无绒布对移液器外表面进行清洁和消毒。用湿布轻轻清洁移液器表面。特别注意保护吸头圆锥，必要时需更换吸头圆锥过滤器。

2.3.7　箱式高温电阻炉的使用

箱式高温电阻炉额定温度为 1000~1700℃，适用于金属材料、陶瓷材料的烧结，某些单晶体的热处理，耐火材料的高温重烧收缩的检测和研究。在医药行业用于药品的检验、医学样品的预处理等，在分析化学行业用于水质分析、环境分析等领域的样品处理，也可以用来进行石油分析。

1. 仪器结构

SX-G13133 型节能箱式高温电阻炉结构如图 2-23 所示。

2. 使用方法

（1）开机顺序：打开控制箱上的空气开关，同时仪表显示灯亮。输入控温程序曲线（详细操作参照仪表操作部分），按下加热启动键，控制回路接触器吸合，按住仪表上的向下键 2s，SV 显示"Run"，进入仪表自动控制状态。

（2）关机顺序：程序运行结束后，仪表处于"stop"的基本状态。若中途需停止运行控温程序，按仪表的向上键、停止键使仪表处于"stop"的基本状态，按下红色加热关闭键使控制回路接触器断开，关闭空气开关，切断电源，工作结束。

（3）接通电炉控制箱侧面的空气开关，对温度调节控制仪进行程序设置。程序设置时必须注意：该电炉的升温速率 500℃以下，$\leqslant 5℃\cdot min^{-1}$；500～800℃，$\leqslant 10℃\cdot min^{-1}$；800℃以上，$\leqslant 5℃\cdot min^{-1}$。电炉使用时炉温不得超过额定温度，长期使用一般应比额定温度降低 50～100℃，以免损坏加热元件及内炉衬。

（4）温度调节控制仪设定后，按加热启动键，接通加热器的电源。该电阻炉工作时，控制面板上的电流表显示的数值是电热丝的工作电流。电阻炉正常升温过程中，炉温不得超过额定温度，以免损坏加热元件及内炉衬。

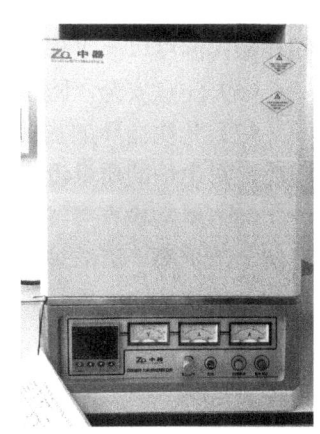

图 2-23　SX-G13133 型箱式高温电阻炉的结构示意图

（5）当电炉温度到达设定温度后，由于温控系统 P.I.D 的作用，炉温会自动地稳定在一个相对稳定的数值上。

（6）禁止向炉膛内直接灌注液体及熔解金属，炉膛内的纤维板材上不准直接放置金属等材料，以免损坏炉膛。经常清除炉膛内的杂物，以保持炉膛内的清洁。

（7）由于纤维炉膛强度较低，打开或关闭炉门时，务必轻开轻关，以避免冲撞损坏炉门，取放被加热工件时应轻拿轻放，以避免损坏炉口。在高温时应减少打开炉门的次数，避免纤维板材在急冷急热状态下发生损坏。在使用过程中，纤维炉膛、炉口有时可能出现细小裂纹，但不会影响电炉使用。

（8）实验结束后，按"加热断"按钮，切断电炉加热元件的电源，再关闭空气开关，切断电炉总电源。

3. 使用注意事项

（1）为确保使用安全，必须加装地线，并良好接地。

（2）电炉加热时，炉外壳也会变热，工作环境要求无易燃易爆物品和腐蚀性气体，且容易散热。

（3）电炉使用完毕，勿切断电源，使其自然降温。待温度降至 200℃以下时，方可开炉门。不应在高温时立即打开炉门，以免炉膛突然受冷碎裂，如急用，可先开一条小缝，让其降温加快。待降至室温后方可切断电源。

（4）新炉内的耐火材料含有一定水分，第一次使用或长期停用后再次使用时应先烘炉，200～600℃逐渐升温，时间 4～5h，防止炉膛受潮后因温度急剧变化而破裂，首次使用通过烘烤还可使加热元件生成氧化层。

（5）使用时，炉膛温度不得超过最高炉温，以免烧毁电热元件，也不要长时间在额定温度以上工作。

（6）注意安全，防止烫伤。

（7）几次循环加热后，电炉的绝缘材料可能出现裂纹，这些裂纹是热膨胀引起的，对电炉的质量没有影响。

（8）经常检查接线头和温控仪指针的运作状况。至少一个月检测一次按钮，清洁一次炉膛。清洁炉膛需在不通电情况下进行。

第 3 章 无机化学实验

实验 1 硫酸亚铁铵的制备

一、实验提要

（1）目的：熟练掌握减压过滤、蒸发、结晶和干燥等基本操作；了解复盐的一般制备方法；掌握目测比色法检验产品质量方法。

（2）方法：采用稀硫酸还原铁粉制得硫酸亚铁，再加入硫酸铵制得复盐。

（3）结论：可证实通过减压过滤、蒸发、结晶和干燥等基本操作能够得到硫酸亚铁铵。

二、实验原理

硫酸亚铁铵[$FeSO_4·(NH_4)_2SO_4·6H_2O$]俗称莫尔盐，是常用的还原剂，为浅蓝色单斜晶体，溶解度较小。硫酸亚铁铵在空气中比一般亚铁盐稳定，不易被氧化，能溶于水，不溶于乙醇。在定量分析中，硫酸亚铁铵可用于制备Fe^{2+}的标准溶液。

1. 制备方法

将还原铁粉溶于稀 H_2SO_4 溶液中生成 $FeSO_4$

$$Fe + H_2SO_4 \rightleftharpoons FeSO_4 + H_2\uparrow$$

$FeSO_4$ 与等物质的量的$(NH_4)_2SO_4$ 在水溶液中相互作用，生成复盐 $FeSO_4·(NH_4)_2SO_4·6H_2O$。

$$FeSO_4 + (NH_4)_2SO_4 + 6H_2O \rightleftharpoons FeSO_4·(NH_4)_2SO_4·6H_2O$$

2. 产品检验及纯度检测

该产品中有 SO_4^{2-}、Fe^{2+} 和 NH_4^+，还可能含有微量 Fe^{3+}。SO_4^{2-} 可用 $BaCl_2$ 检验其存在，Fe^{2+} 和 NH_4^+ 可用 NaOH 溶液检验，反应方程式如下：

$$Ba^{2+} + SO_4^{2-} = BaSO_4\downarrow$$

$$Fe^{2+} + 2OH^- = Fe(OH)_2\downarrow$$

$$4Fe(OH)_2 + O_2 + 2H_2O \xrightarrow{\triangle} 4Fe(OH)_3\downarrow$$

注意：$Fe(OH)_2$ 溶于浓碱溶液中生成$[Fe(OH)_6]^{4-}$配离子。

$$NH_4^+ + OH^- \xrightarrow{\triangle} NH_3\uparrow + H_2O$$

Fe^{3+} 采用目测比色法检验其含量，从而确定产品的纯度。

$$Fe^{3+} + 6SCN^- \rightleftharpoons [Fe(SCN)_6]^{3-n}$$

三、仪器与药品

仪器：电子台秤，循环水真空泵，恒温水浴箱，电加热板，布氏漏斗，吸滤瓶，蒸发皿，锥形瓶（250mL），量筒（10mL、100mL），比色管（25mL），烧杯（100mL），试管。

药品：铁粉（s），H_2SO_4（3.0mol·L^{-1}），$(NH_4)_2SO_4$(s)，$BaCl_2$（0.10mol·L^{-1}），KSCN（1.0mol·L^{-1}），C_2H_5OH（无水），$Fe_2(SO_4)_3$(s)，NaOH（2.0mol·L^{-1}），pH 试纸。

四、实验步骤

1. 硫酸亚铁的制备

称取 1.0g 铁粉，置于洁净的锥形瓶中，再加入 3.0mol·L^{-1} H_2SO_4 溶液 8.0mL，在通风橱内水浴 70～80℃ 加热，使铁粉与 H_2SO_4 溶液充分反应。在加热过程中经常摇动锥形瓶，以加快反应速率（如图 3-1 中操作），并适当地加入少量的蒸馏水，以补充蒸发掉的水分，防止 $FeSO_4$ 晶体析出。待反应基本完成（不再产生气泡）后，再加入 3.0mol·L^{-1} H_2SO_4 溶液 0.5mL，使溶液 pH 在 1 左右（防止 Fe^{2+} 被氧化成 Fe^{3+}）。趁热减压过滤。滤液立即转移至蒸发皿中。布氏漏斗（图 3-2）的瓷孔应被滤纸全覆盖，不得使沉淀透过。

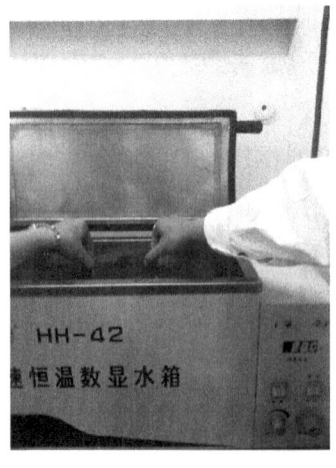

图 3-1 水浴反应装置图

图 3-2 布氏漏斗的正面图示

2. 硫酸亚铁铵的制备

称取$(NH_4)_2SO_4$固体2.3g，加到上述$FeSO_4$滤液中，电加热板300℃加热，搅拌，待$(NH_4)_2SO_4$全部溶解后，停止搅拌，当溶液微沸时，降至150℃继续加热蒸发浓缩至表面出现晶膜后，停止加热。放置，使溶液慢慢冷却，得$FeSO_4 \cdot (NH_4)_2SO_4 \cdot 6H_2O$晶体。待冷却至室温后，减压过滤，并用少量无水乙醇洗涤晶体两次。取出晶体用滤纸吸干，观察晶体的形状和颜色，称量，计算产率。产品晶体颜色如图3-3所示，彩图见书后附图1。

注意：电加热板的升温速度要慢，出现晶膜后应立即关掉电加热板开关，不要触摸电加热板以免烫伤。

3. 产品检验

1）SO_4^{2-}、Fe^{2+}、NH_4^+的检验

称取0.4g产品，置于小烧杯中，加蒸馏水溶解，配制成10.0mL溶液。量取2.0mL上述试液于一试管中，加入1滴$0.10mol \cdot L^{-1}$ $BaCl_2$溶液。若有白色沉淀生成，说明产品中有SO_4^{2-}存在。

图3-3 产品晶体颜色形状

量取5.0mL上述试液于另一试管中，加入$2.0mol \cdot L^{-1}$ NaOH溶液1.0mL。若生成白色胶状沉淀，加热沉淀转化为红棕色，并有氨气放出（使pH试纸变蓝），证明产品中存在Fe^{2+}和NH_4^+。

2）Fe^{3+}的痕量分析

称取1.0g产品置于25.00mL比色管中，用15.0mL不含O_2的蒸馏水溶解（将去离子水事先用小火煮沸10min，除去所溶解的O_2，盖好表面皿后冷却备用），加入$3.0mol \cdot L^{-1}$ H_2SO_4溶液1.0mL和$1.0mol \cdot L^{-1}$ KSCN溶液1.0mL，再加不含O_2的蒸馏水稀释至25.0mL摇匀。与下列Fe^{3+}的标准溶液比较颜色，确定试样中Fe^{3+}含量符合哪一级试剂的规格。

Ⅰ级试剂含Fe^{3+} $0.05mg \cdot g^{-1}$；Ⅱ级试剂含Fe^{3+} $0.1mg \cdot g^{-1}$；Ⅲ级试剂含Fe^{3+} $0.2mg \cdot g^{-1}$。标准溶液颜色如图3-4所示。

Fe^{3+}标准溶液的配制（可由实验室配制）：按上面Ⅰ级、Ⅱ级、Ⅲ级试剂的要求，分别准确称取一定量分析纯的$Fe_2(SO_4)_3$固体，置于3支25.00mL比色管

图3-4 Fe^{3+}标准溶液

中,用15.0mL蒸馏水溶解,各加入3.0mol·L^{-1} H$_2$SO$_4$溶液1.0mL和1.0mol·L^{-1} KSCN溶液1.0mL,再加不含O$_2$的蒸馏水稀释至25.0mL,摇匀备用。

五、思考题

(1)制备硫酸亚铁和硫酸亚铁铵溶液时,为什么要保持溶液有较强的酸性?

(2)生成的FeSO$_4$·(NH$_4$)$_2$SO$_4$·6H$_2$O晶体减压过滤时,为什么用少量无水乙醇洗涤两次?能否用水洗涤?

(3)本实验中用什么方法检验产品中Fe^{3+}的含量?

(4)计算硫酸亚铁的理论产量和硫酸亚铁铵的理论产量,并计算产率。

六、自学导读

用于药品称量的仪器分为电子台秤和电子分析天平。本实验所用的称量仪器为电子台秤,使用方法简单易操作,直接称量即可。电子分析天平是一般实验室配备的最常用的仪器,是利用电子装置完成电磁力补偿的调节,使物体在重力场中实现力的平衡,或通过电磁力矩的调节,使物体在重力场中实现力矩的平衡。

自动调零、自动校准、自动去皮和自动显示称量结果是电子分析天平最基本的功能。这里的"自动"严格地说应该是"半自动",因为需要人工触动指令键后方可自动完成指定的动作。随着现代科学技术的不断发展,电子分析天平产品的结构设计一直在不断改进和提高,向着功能多、平衡快、体积小、质量轻和操作简便的趋势发展。但就其基本结构和称量原理而言,各种型号的电子分析天平都是大同小异的。

下面介绍几种最常用的称量方法。

1. 直接称量法

此法用于称量某物体的质量。例如,称量小烧杯的质量;容量器皿校正中称量容量瓶的质量;重量分析实验中称量坩埚的质量等。这种称量方法还适于称量洁净干燥的不易潮解或升华的固体试样。

2. 差减法

此法用于称量一定质量范围的样品或试剂。在称量过程中,样品易吸水、易氧化或易与空气中CO$_2$反应时,可选择此法。

称量步骤如下:从干燥器中取出称量瓶(注意:不要让手指直接接触称量瓶和瓶盖),用小纸片夹住称量瓶盖柄,打开瓶盖,用药匙加入适量试样(一般为称1份试样量的整数倍),盖上瓶盖,将称量瓶置于称量盘,称出称量瓶加试样后的准确质量。将称量瓶取出,在烧杯上方,倾斜瓶身,用称量瓶盖轻敲瓶口使试样慢慢落入容器中,当试样量接近所需量(可从体积上得知)时,一边继续用瓶盖轻敲瓶口,一边逐渐将瓶身竖直,使黏附在瓶口上的试样落下,然后盖好瓶盖,把称量瓶放回称量盘,准确称取其质量。两次质量之差即为试样的质量。按上述方法连续递减,可称取多份试样。有时很难一次得到合乎质量范围要求的试样,可进行两次相同的操作过程。

3. 增量法

此法用于称量固定质量的试剂(如基准物质)或试样。将干燥的小容器(如小烧杯)轻轻放在天平称量盘上,待平衡后按"Tare"键扣除皮重并显示零点。然后打开天平门往容器中缓缓加入试样并观察屏幕,当达到所需质量时停止加样,关上天平门,显示平衡后即可记录所称取试样的质量。

采用此法进行称量,最能体现电子分析天平称量快捷的优越性。这种称量操作适用于称量不易吸潮、在空气中稳定存在的粉末或小颗粒(最小颗粒应小于 0.1mg)样品,便于调节其质量。

4. 减量法

相对于上述增量法而言,减量法是以天平上的容器内试样量的减少值为称量结果。当用不干燥的容器(如烧杯、锥形瓶)称取样品时,不能用上述增量法。为了节省时间,可采用此法:用称量瓶粗称试样后放在电子分析天平的称量盘上,显示稳定后,按"Tare"键扣除皮重并显示零点,然后取出称量瓶向容器中敲出一定量样品,再将称量瓶放在天平上称量,如果所示质量(负数也可)达到要求范围,即可记录称量结果。若需连续称取第 2 份试样,则再按"Tare"键,显示零后向第 2 个容器中转移试样,以此类推。

在使用电子分析天平时的注意事项:

(1)电子分析天平的开机、通电预热、校准均由实验室工作人员负责完成,学生只按"Tare"键,不要触动其他控制键。

(2)开、关天平,放、取被称物,开、关天平侧门,动作都要轻、缓,切不可用力过猛、过快,以免造成天平部件脱位或损坏。

(3)天平的自重较小,容易被碰移位,从而可能造成水平改变,影响称量结果的准确性。所以使用时应特别注意动作要轻、缓,并时常检查水平是否改变。

(4)要注意克服可能影响天平值变动的各种因素,如空气对流、温度波动、容器不够干燥、开门及放置被称物时动作过重等。

(5)对于热的或过冷的被称物,应置于干燥器中直至温度同天平室温度一致后才能进行称量。

(6)天平的前门仅供安装、检修和清洁时使用,通常不要打开。

(7)注意保持天平、天平台和天平室的安全、整洁和干燥。

实验 2　溶液的配制与酸碱滴定

一、实验提要

（1）目的：掌握几种常用配制溶液的方法；掌握酸碱滴定原理和操作；学习容量瓶、移液管、滴定管的使用方法。

（2）方法：采用直接配制法配制 Na_2CO_3 基准溶液，采用间接配制法配制 NaOH 和 HCl 溶液；酸碱滴定法用酸式滴定管，以甲基橙为指示剂，HCl 溶液分别滴定 Na_2CO_3 基准溶液和 NaOH 溶液。

（3）结论：通过实验得到 Na_2CO_3 基准溶液、HCl 和 NaOH 标准溶液。

二、实验原理

溶液是一种或几种物质（溶质）以分子或离子的形式分散在另一种物质（溶剂）中所形成的均匀稳定的体系。

基础化学实验通常配制的溶液有一般溶液和标准溶液。标准溶液是指已知准确浓度的溶液。配制标准溶液的方法有两种。

（1）直接配制法：适用溶质为基准物质，如 Na_2CO_3、$Na_2C_2O_4$ 等。基准物质也称一级标准物质，是能用于直接配制标准溶液或标定溶液浓度的物质。它应具备的条件是组成和化学式完全相符、纯度足够高、储存稳定、参与反应时按反应式定量进行、有较大的摩尔质量。用电子分析天平准确称取一定量的基准物质于烧杯中，加入适量的蒸馏水搅拌溶解后，转入容量瓶，再用蒸馏水稀释至刻度，摇匀。其准确浓度可由称量数据及稀释体积求得。

（2）间接配制法：不符合基准物质条件的试剂，不能用直接配制法配制标准溶液，可先配成近似于所需浓度的溶液，然后用基准物质或已知准确浓度的标准溶液标定它的浓度。

根据反应中酸给出质子的物质的量和碱接受质子的物质的量相等的原则，进行中和滴定，可以求出酸或碱的浓度

$$\frac{c_{酸}}{a}V_{酸}=\frac{c_{碱}}{b}V_{碱}$$

式中：$c_{酸}$、$c_{碱}$ 分别为酸和碱的物质的量浓度；$V_{酸}$ 和 $V_{碱}$ 分别为酸和碱的体积；a、b 分别为反应的酸和碱的化学计量数。在测定中，计量点是靠指示剂变色来确定的。一般碱滴定酸时，常以酚酞为指示剂；酸滴定碱时，常以甲基橙为指示剂。

本实验是以碳酸钠作基准物质,用已知浓度的标准碳酸钠溶液来标定 HCl 溶液的浓度,然后用 HCl 标准溶液测定 NaOH 溶液的浓度。

三、仪器与药品

仪器:电子台秤,电子分析天平,量筒(10mL、100mL),试剂瓶(500mL),洗瓶,酸式滴定管(20mL),容量瓶(250mL),移液管(20mL),锥形瓶(250mL),烧杯(100mL、250mL),洗耳球。

药品:HCl($6mol \cdot L^{-1}$),20% NaOH($200g \cdot L^{-1}$),Na_2CO_3(s,A.R.),甲基橙指示剂($2g \cdot L^{-1}$)。

四、实验步骤

1. 溶液的配制

配制一般溶液所用的仪器主要是台秤、量筒、烧杯和试剂瓶;标准溶液的配制所用的仪器主要是电子分析天平、容量瓶、移液管。

1)$0.1mol \cdot L^{-1}$ NaOH 溶液的配制

用量筒量取 10.0mL 的 20% NaOH 溶液,转入 500mL 试剂瓶中加水稀释至 500mL,塞好瓶塞,充分摇匀,贴上标签备用。

2)$0.1mol \cdot L^{-1}$ HCl 溶液的配制

用量筒量取 9.0mL $6mol \cdot L^{-1}$ HCl,转入 500mL 试剂瓶中加水稀释至 500mL,塞好瓶塞,充分摇匀,贴上标签备用。

3)Na_2CO_3 一级标准物质溶液的配制

用电子分析天平准确称取 1.2000~1.3000g 无水 Na_2CO_3 固体于干燥的烧杯中,加少量蒸馏水使其完全溶解后,转移至 250.0mL 容量瓶中,再用少量水淋洗烧杯和玻璃棒数次,并将每次淋洗液全部转入容量瓶,加蒸馏水至容量瓶体积 2/3 时初步摇匀。最后加蒸馏水稀释至刻度,充分摇匀。计算其准确浓度。

2. 溶液的标定

1)HCl 溶液浓度的测定(用 HCl 溶液滴定 Na_2CO_3 溶液)

取 20.00mL 移液管经检查、洗涤、润洗后,移取 20.00mL Na_2CO_3 溶液于洗净的锥形瓶中,加入 2~3 滴甲基橙指示剂,摇匀(可同时移取三份溶液进行平行实验)。

取 25.00mL 酸式滴定管经试漏、洗涤、润洗、装液、排气、调液面后,滴定 Na_2CO_3 溶液至终点,指示剂由黄色恰好变为橙色并 30s 内不褪色,即为终点。记录滴定管初、终读数(滴定操作如图 3-5 所示)。

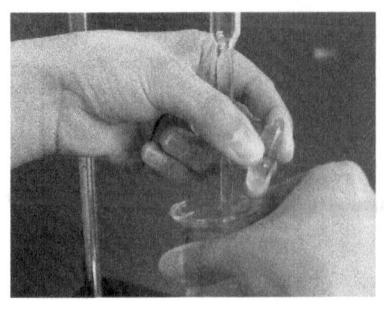

图 3-5 滴定操作

2）NaOH 溶液浓度的标定（用 HCl 溶液滴定 NaOH 溶液）

方法同用 HCl 溶液滴定 Na_2CO_3 溶液，平行三次，记录滴定管读数。

五、实验数据记录

（1）Na_2CO_3 标准溶液的配制。

$m_{Na_2CO_3}$ / g	
$V_{Na_2CO_3}$ / mL	

（2）HCl 溶液浓度的标定。

实验序号	1	2	3
V_{HCl} 初读数/mL			
V_{HCl} 终读数/mL			

（3）NaOH 溶液浓度的标定。

实验序号	1	2	3
V_{HCl} 初读数/mL			
V_{HCl} 终读数/mL			

注：读数时估读到小数点后两位。

六、思考题

（1）滴定管和移液管为什么需要用被装入溶液润洗三次？锥形瓶是否也要润洗？盛放 Na_2CO_3 的锥形瓶是否需要预先烘干？

（2）以下情况对实验结果有什么影响？总结实验过程中还有哪些步骤对结果有影响。

    a. 滴定完后，尖嘴外还留有液滴或尖嘴内留有气泡；

    b. 滴定中用少量蒸馏水淋洗锥形瓶。

（3）接近终点时，用蒸馏水淋洗锥形瓶内壁的作用是什么？加入的水量是否需要准确？对实验结果是否有影响？

(4) 为什么每次滴定的初读数都要从零刻度或零刻度附近开始？第一份滴定完成后，如果滴定管中剩下的溶液还足够做第二份滴定时，是否可以不再添加滴定液而继续滴定第二份？为什么？

(5) 实验过程中倒出的溶液如有剩余，是否可再倒回原瓶？

七、自学导读
滴定分析方法

根据反应的类型分为四类：酸碱滴定法、配位滴定法、氧化还原滴定法和沉淀滴定法。

本实验使用酸碱滴定法，以质子传递反应为基础，用来测定各类酸碱的酸碱度和酸碱的含量，它是滴定分析中最简单的一种滴定方法，但并不是任何一个化学反应都能作为滴定分析反应，只有符合反应定量进行，反应速率快，有适当的指示剂指示终点的反应才能进行分析。如果三点要求能够同时满足，可以采用直接滴定法。直接滴定法是用滴定剂标准溶液直接滴定待测组分的一种方法。

1) 标准溶液的配制

(1) 直接配制法：准确称量一定质量的试剂溶解并稀释至一定体积的容量瓶中，其浓度可以直接计算出来。能够直接配制或用来标定标准溶液的物质称为基准物质。

基准物质必须具备的条件：组成恒定；纯度高；性质稳定；具有较大的摩尔质量；按反应方程式定量进行。

(2) 间接配制法：许多物质如盐酸、氢氧化钠、高锰酸钾、硫代硫酸钠等都不具备作为基准物质的条件，用这些物质配制标准溶液时，先粗略地称取一定质量物质或量取一定体积的溶液，大致配成所需浓度，再用合适的基准物质或标准溶液确定其准确浓度，即通过滴定的数据计算出来。这种确定浓度的过程称为标定。

2) 酸碱指示剂及变色范围

酸碱指示剂一般是弱的有机酸或有机碱，其酸式或共轭碱式具有明显不同的颜色。当溶液的 pH 改变时，指示剂失去质子由酸式转变为碱式，或得到质子由碱式转变为酸式，由于酸碱式结构上的改变，从而引起颜色的变化。

双色指示剂的酸式 HIn 和碱式 In^- 在溶液中达到平衡：

$$HIn \rightleftharpoons H^+ + In^-$$

$$K_a^\ominus = \frac{[H^+][In^-]}{[HIn]} \quad 或 \quad \frac{[In^-]}{[HIn]} = \frac{K_a^\ominus}{[H^+]}$$

一般来说，如果 $\frac{[In^-]}{[HIn]} \geq 10$，即 $pH \leq pK_a^\ominus - 1$，看到的是 In^- 的颜色；如果 $\frac{[In^-]}{[HIn]} \leq 0.1$，即 $pH \geq pK_a^\ominus + 1$，看到的是 HIn 的颜色。当 $\frac{[In^-]}{[HIn]} = 1$ 时，$pH = pK_a^\ominus$，称为

指示剂的理论变色点，此时溶液为 HIn 和 In⁻ 的混合色。因此，当溶液的 pH 由 $pK_a^\ominus -1$ 变化到 $pK_a^\ominus +1$，就能明显地看到指示剂由酸式色变为碱式色，反之亦然。所以，pH = $pK_a^\ominus \pm 1$ 被称为指示剂的理论变色范围。

在实际的酸碱滴定分析中，指示剂的变色范围不是根据 $pK_a^\ominus$ 计算出来的，而是依靠人眼观察出来的。每一种酸碱指示剂变色实际范围并不都是 $pK_a^\ominus \pm 1$，因为人的眼睛对各种颜色的敏感程度不一样。例如，对红色就比对黄色敏感，在黄色中有 1/10 的红色就能看到有红色存在（橙黄），而在红色中要有 1/3 的黄色时才能看到有黄色存在（橙红）。人们将实际目视到的指示剂变色的 pH 范围称为指示剂的变色范围。因此，甲基橙的变色范围不是 2.4~4.4（pH = 3.4），而是 3.1~4.4；甲基红也有类似的情况，变色范围为 4.4~6.2（pH = 5.0）；酚酞的变色范围为 8.2~9.8（pH = 9.1）。由于指示剂的变色范围是由人目视确定的，不同的人对颜色的敏感程度不同，因此不同人得出的结果也略有差别。

滴定时选择指示剂的原则是指示剂的变色点要在滴定的突跃范围内，这样滴定误差就会小于 0.1%。例如，用 0.1mol·L⁻¹ NaOH 溶液滴定 0.1mol·L⁻¹ HCl，滴定突跃 pH 为 4.3~9.7。在计量点前后，NaOH 溶液的加入量仅为 0.04mL（1 滴）即从 19.98mL 滴到 20.02mL，但溶液的 pH 却从 4.3 猛增到 9.7，迅速增大了 5.4 个 pH 单位。这种 pH 的突变称为滴定突跃。突跃所在的 pH 范围称为滴定突跃范围，即滴定曲线中段垂直的部分。理想的指示剂应恰好在反应的计量点时变色，但实际上这样的指示剂是不易得到的，而且也是没有必要的。只要在突跃范围内能发生颜色变化的指示剂，都能满足分析结果所要求的准确度。因此，选择指示剂的原则是指示剂的变色范围应全部或部分落在滴定突跃范围之内，如图 3-6 和表 3-1 所示。

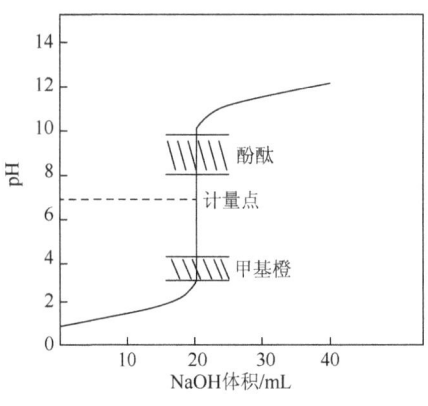

图 3-6 指示剂变色范围

表 3-1 常用酸碱指示剂及变色范围

指示剂	酸式色	过渡色	碱式色	变色范围	pK_{HIn}
甲基橙	红	橙	黄	3.1~4.4	3.4
甲基红	红	橙	黄	4.4~6.2	5.0
酚酞	无色	粉红	红	8.2~9.8	9.1

实验 3 消毒液中过氧化氢含量的测定

一、实验提要

（1）目的：掌握高锰酸钾溶液的配制方法与标定方法；掌握高锰酸钾滴定过氧化氢的原理和方法；了解氧化还原滴定中控制反应条件的重要性。

（2）方法：采用高锰酸钾滴定法测定消毒液中过氧化氢的含量。

（3）结论：根据实验证实消毒液中过氧化氢的含量基本与市售一致。

二、实验原理

过氧化氢又称双氧水，在工业、生物、医药等方面应用十分广泛。纯过氧化氢可为火箭燃料的氧化剂；利用它的氧化性可漂泊毛丝织物；医药上消毒和杀菌；工业利用它的还原性除去氯气；用于软包装纸的消毒、罐头厂的消毒剂、奶和奶制品杀菌、面包发酵、食品纤维的脱色等。过氧化氢可通过与食品中的淀粉形成环氧化物而导致癌性，特别是消化道癌症。

另外，工业过氧化氢含有砷、重金属等多种有毒有害物质，严重危害食用者的健康。过氧化氢仅限于牛奶防腐的紧急措施之用。我国《食品添加剂使用卫生标准》亦规定过氧化氢只可在牛奶中限量使用，且仅限于内蒙古和黑龙江两地，在其他食品中均不得有残留。由于过氧化氢应用广泛，常需要测定其含量。市售的含量一般为30%。

$KMnO_4$试剂中常含有MnO_2等杂质，蒸馏水中常含有微量还原性物质，能与$KMnO_4$作用析出MnO_2。$KMnO_4$标准溶液采用间接配制法配制。使用时要提前配制，避光保存，稳定后用$Na_2C_2O_4$基准物质进行标定。在酸性条件（稀硫酸）反应，温度为70~80℃，该反应为自催化反应，生成的Mn^{2+}为催化剂，$KMnO_4$自身为指示剂，稍过量（10^{-6} mol·L^{-1}）后，滴定终点从无色至粉红色（或浅紫红色）。

$$2MnO_4^- + 5C_2O_4^{2-} + 16H^+ \rightleftharpoons 2Mn^{2+} + 10CO_2 + 8H_2O$$

过氧化氢分子中含氧键在酸性条件下是较强的氧化剂，但遇$KMnO_4$表现为还原剂。在室温酸性条件下，$KMnO_4$氧化H_2O_2，其反应方程式为

$$2KMnO_4 + 5H_2O_2 + 3H_2SO_4 \rightleftharpoons 2MnSO_4 + K_2SO_4 + 5O_2\uparrow + 8H_2O$$

该反应为自催化反应，开始较慢，随着Mn^{2+}的生成反应速率逐渐加快。化学计量点过后，稍过量的$KMnO_4$（约10^{-6} mol·L^{-1}）使溶液呈粉红色，滴定即达到终点，$KMnO_4$为自身指示剂。$KMnO_4$溶液浓度的标定和H_2O_2含量的测定可用下列公式计算

$$c_{\text{KMnO}_4}(\text{mol}\cdot\text{L}^{-1}) = \frac{2}{5} \cdot \frac{m_{\text{Na}_2\text{C}_2\text{O}_4}}{M_{\text{Na}_2\text{C}_2\text{O}_4} V_{\text{KMnO}_4} \times 10^{-3}}$$

$$\rho_{\text{H}_2\text{O}_2}(\text{g}\cdot\text{L}^{-1}) = \frac{5}{2} \cdot \frac{c_{\text{KMnO}_4} V_{\text{KMnO}_4} M_{\text{H}_2\text{O}_2} \times 250.0}{20.00 \times 10.00}$$

式中：$M_{\text{Na}_2\text{C}_2\text{O}_4}$ 为草酸钠的摩尔质量，134.00 g·mol^{-1}；$M_{\text{H}_2\text{O}_2}$ 为过氧化氢的摩尔质量，34.00 g·mol^{-1}。

三、仪器与药品

仪器：电子台秤，电子分析天平，恒温水浴箱，电加热板，酸式滴定管（25mL），移液管（20mL），量筒（10mL、100mL），烧杯（100mL、250mL），棕色试剂瓶（500mL），容量瓶（250mL）。

药品：$KMnO_4(s)$，$Na_2C_2O_4(s)$，H_2SO_4（3mol·L^{-1}），H_2O_2（3%，由市售 30%试剂稀释而成，储于棕色试剂瓶）。

四、实验步骤

1. 0.02mol·L^{-1} $KMnO_4$ 标准溶液配制（两组配制一瓶即可，需提前一周配制）

称取 1.7g $KMnO_4$ 于 250mL 烧杯中，分次加入少量蒸馏水搅拌溶解，上清液转移至棕色试剂瓶中，直至完全溶解，并加蒸馏水稀释至 500mL，摇匀，静置一周，过滤后使用，如图 3-7 所示。

2. 0.02mol·L^{-1} $KMnO_4$ 标准溶液标定

准确称取已于 110℃烘干、质量为 0.1000～0.1200g 的 $Na_2C_2O_4$ 三份，分别置于三个洁净的 250mL 锥形瓶中。加入新煮沸过的室温蒸馏水 40mL 溶解，再加入 10.0mL 3mol·L^{-1} H_2SO_4，水浴加热 70～80℃，2～3min 后，立即趁热用 $KMnO_4$ 滴定至溶液呈微红色，0.5min 内不褪色即为终点。记录 $KMnO_4$ 溶液用量，取平均值后计算 $KMnO_4$ 溶液的准确浓度。

3. H_2O_2 含量的测定

移取 10.00mL H_2O_2 试样于 250mL 容量瓶中，加水稀释至刻度，摇匀。准确吸取稀释后的 H_2O_2 20.00mL 于锥形瓶中，加入 10.0mL 3mol·L^{-1} H_2SO_4，再加入 10.0mL 蒸馏水稀释至总体积为 40.0mL。然后用 $KMnO_4$ 滴定至溶液呈微红色，0.5min 内不褪色即为终点。记录 $KMnO_4$ 溶液用量，平行滴定 3 次。取平均值后，计算出 H_2O_2 溶液的质量浓度 ρ（g·L^{-1}）。滴定后溶液颜色如图 3-8 所示，彩图见附图 2。

图 3-7 KMnO₄ 标准溶液

图 3-8 滴定前后溶液的颜色

五、实验数据记录

（1）KMnO₄ 溶液浓度的标定。

数据	1	2	3
$m_{Na_2C_2O_4}$ /g			
V_{KMnO_4} 初读数/mL			
V_{KMnO_4} 终读数/mL			

（2）H₂O₂ 含量的测定。

数据	1	2	3
V_{KMnO_4} 初读数/mL			
V_{KMnO_4} 终读数/mL			

六、思考题

（1）配制 KMnO₄ 溶液应注意什么？用基准物质 Na₂C₂O₄ 标定 KMnO₄ 时应在什么条件下进行？

（2）在标定时，KMnO₄ 溶液为什么一定要用酸式滴定管？

（3）在标定溶液时，若滴定速度过快，对结果有何影响？

（4）$KMnO_4$ 标定 H_2O_2 时，能否用 HNO_3、HAc 或 HCl 控制反应溶液的酸度？

七、注意事项

（1）有色溶液液面的观察与正确读数。
（2）滴定速度的控制：先慢、中间稍快、后慢。
（3）自身指示剂终点颜色的观察。
（4）恒温水浴箱温度的控制。

八、自学导读

氧化还原滴定法是以氧化还原反应为基础的滴定分析方法。它的应用很广泛，许多物质都能用此方法确定其含量。可用于滴定分析的氧化还原反应必须满足以下三个条件：

（1）氧化还原反应必须能定量地进行完全。其反应的平衡常数 $K^{\ominus}$ 应大于 10^6，若氧化还原反应中电子转移数 $z=1$ 时，两个电对的标准电极电势的差值 $\varphi^{\ominus}$ 应大于 0.36V。

（2）氧化还原反应必须有较高的反应速率。常采用升高温度或加入催化剂等方法来提高反应速率。

（3）必须有适当的指示剂指示氧化还原滴定反应的滴定终点。

本实验为高锰酸钾氧化还原滴定法。高锰酸钾法是以 $KMnO_4$ 为标准溶液在酸性介质中进行滴定的氧化还原滴定法。在酸性溶液中，$KMnO_4$ 是强氧化剂，它被还原成 Mn^{2+}，其半反应式如下：

$$MnO_4^- + 8H^+ + 5e^- \rightleftharpoons Mn^{2+} + 4H_2O \qquad \varphi^{\ominus}(MnO_4^-/Mn^{2+}) = 1.51V$$

在微酸性、中性或弱碱性溶液中，MnO_4^- 则被还原成 MnO_2：

$$MnO_4^- + 2H_2O + 3e^- \rightleftharpoons MnO_2 + 4OH^- \qquad \varphi^{\ominus}(MnO_4^-/MnO_2) = 0.595V$$

相反，如果酸度过高会引起 MnO_4^- 的分解：

$$4MnO_4^- + 12H^+ \rightleftharpoons 4Mn^{2+} + 5O_2\uparrow + 6H_2O$$

因此，被测溶液酸的浓度一般控制在 $0.5\sim1.0\ mol\cdot L^{-1}$ 为宜。常用 H_2SO_4 来调节溶液酸的浓度，而不能用 HNO_3、HAc 或 HCl。因为 HNO_3 有氧化性，可与被测物质反应；HCl 中的 Cl^- 有还原性，可与 MnO_4^- 反应；HAc 的酸度不够。

$KMnO_4$ 标准溶液的配制：$KMnO_4$ 试剂在制备和储存过程中常会含有少量 MnO_2 和其他杂质，不能直接配制标准溶液。同时蒸馏水中常含有少量有机物质能还原 $KMnO_4$，使其浓度在初配期处于变化之中。因此，配制时常将配好的溶液煮沸 1h，并在棕色瓶中放置两三天，使其浓度达到稳定；或用煮沸后冷却的蒸馏水配制 $KMnO_4$ 溶液，置于棕色玻璃瓶中，在阴冷处放置 7~10 天。由于 MnO_2 能催化加速 $KMnO_4$ 的分解，因此必须用烧结玻璃漏斗过滤除去（过滤不能使用滤纸，因其能还原 $KMnO_4$）。待浓度恒定后方可进行标定。标准溶液浓度一般为 $0.02mol·L^{-1}$。

$KMnO_4$ 标准溶液的标定：标定 $KMnO_4$ 溶液常用的一级标准物质为 $Na_2C_2O_4$、$FeSO_4·(NH_4)_2SO_4·6H_2O$、$H_2C_2O_4·2H_2O$、$As_2O_3$ 及纯铁丝等。其中 $Na_2C_2O_4$ 不含结晶水，无吸湿性，易于精制，在 105~110℃烘干至质量恒定即可使用。$KMnO_4$ 与 $Na_2C_2O_4$ 的反应为

$$2KMnO_4 + 5Na_2C_2O_4 + 8H_2SO_4 \rightleftharpoons 2MnSO_4 + 10CO_2\uparrow + K_2SO_4 + 5Na_2SO_4 + 8H_2O$$

这个反应虽然有很大的平衡常数（$K^\ominus = 1.0 \times 10^{338}$），但在常温下动力学上是个慢反应。为了提高反应速率，需将 $Na_2C_2O_4$ 溶液预热到 70~85℃进行滴定。溶液温度也不得高于 90℃，否则将引起 $H_2C_2O_4$ 部分分解：

$$H_2C_2O_4 \rightleftharpoons CO\uparrow + CO_2\uparrow + H_2O$$

由于 $KMnO_4$ 与 $Na_2C_2O_4$ 的反应速率比较慢，开始滴定时一定要缓慢滴加 $KMnO_4$，否则加入的 $KMnO_4$ 未与 $Na_2C_2O_4$ 反应就会在热的酸性溶液中分解，导致结果偏低。一旦有少量的 Mn^{2+} 生成，其催化作用使反应速率大大加快。

$KMnO_4$ 为自身指示剂，而其还原产物 Mn^{2+} 为无色。因此，当用 $KMnO_4$ 溶液滴定 $Na_2C_2O_4$ 溶液达到计量点时，稍过量半滴 $KMnO_4$ 标准溶液就可以使溶液变为淡红色，淡红色在 30s 内不褪色，即指示达到滴定终点。

实验 4　电解质溶液

一、实验提要

（1）目的：了解弱电解质的解离平衡及平衡移动的原理；了解难溶电解质的多相离子平衡及溶度积规则的运用；学习液体及固体的分离以及 pH 试纸的使用等基本操作。

（2）方法：通过溶度积规则对电解质溶液的沉淀生成、沉淀溶解进行验证。

（3）结论：证实电解质的解离平衡及平衡的移动。

二、实验原理

弱酸或弱碱等一类弱电解质在水溶液中是部分解离的，解离出来的离子与未解离的弱电解质分子之间处于平衡状态。例如，一元弱酸 HA 在水溶液中存在下列平衡：

$$HA + H_2O \rightleftharpoons A^- + H_3O^+$$

$$K_{a\,(HA)}^{\ominus} = \frac{(c_{H_3O^+}^{eq}/c^{\ominus}) \cdot (c_{A^-}^{eq}/c^{\ominus})}{c_{HA}^{eq} \cdot c^{\ominus}}$$

浓度为 c 的一元弱酸 HA 和一元弱碱 A^- 溶液的 H_3O^+ 或 OH^- 浓度，可分别按下式近似计算：

$$c_{H_3O^+}^{eq} = \sqrt{\frac{c \cdot K_a^{\ominus}}{c^{\ominus}}}, \qquad c_{OH^-}^{eq} = \sqrt{\frac{c \cdot K_b^{\ominus}}{c^{\ominus}}}$$

在 HA 的水溶液中，如果加入含有相同离子的强电解质，增加了 A^- 或 H^+ 的浓度，都能使 HA 的解离平衡向左移动，降低 HA 的解离度，这种作用称为同离子效应。

在难溶强电解质的饱和溶液中，未溶解的固体与溶解后产生的离子之间存在多相离子平衡。例如，在含有 $BaSO_4$ 沉淀的溶液中，存在下列溶解平衡：

$$BaSO_4(s) \rightleftharpoons Ba^{2+} + SO_4^{2-}$$

$$K_{sp(BaSO_4)}^{\ominus} = (c_{Ba^{2+}}^{eq}/c^{\ominus}) \cdot (c_{SO_4^{2-}}^{eq}/c^{\ominus})$$

利用溶度积规则，可以判断 $BaSO_4$ 沉淀的生成或溶解：

当 $K_{sp(BaSO_4)}^{\ominus} < (c_{Ba^{2+}}^{eq}/c^{\ominus}) \cdot (c_{SO_4^{2-}}^{eq}/c^{\ominus})$ 时，沉淀溶解；

当 $K_{sp(BaSO_4)}^{\ominus} = (c_{Ba^{2+}}^{eq}/c^{\ominus}) \cdot (c_{SO_4^{2-}}^{eq}/c^{\ominus})$ 时，为饱和溶液；

当 $K_{sp(BaSO_4)}^{\ominus} > (c_{Ba^{2+}}^{eq}/c^{\ominus}) \cdot (c_{SO_4^{2-}}^{eq}/c^{\ominus})$ 时，沉淀析出。

如果向难溶强电解质溶液中加入含有相同离子的易溶强电解质,将会使该难溶强电解质的溶解度降低,这种作用也称同离子效应。

若溶液中含有两种或两种以上的离子,都能与加入的某种试剂生成难溶强电解质,则生成沉淀的先后次序取决于所需试剂浓度的大小,需较小浓度的先沉淀,需较大浓度的后沉淀。这种先后沉淀的现象称为分步沉淀。

使一种难溶强电解质转化为另一种更难溶的强电解质,即把一种沉淀转化为另一种沉淀的过程称为沉淀的转化。对于同一种类型的难溶强电解质,溶度积较大的沉淀可转化为溶度积较小的沉淀。

三、仪器与药品

仪器:离心机,离心试管,试管,烧杯(50mL),量筒(10mL)。

药品:NaAc(s),NH_4Cl(s),HCl($0.1mol·L^{-1}$,$2mol·L^{-1}$),HAc($0.1mol·L^{-1}$),NaOH($0.1mol·L^{-1}$),氨水($0.1mol·L^{-1}$,$2mol·L^{-1}$),$Pb(NO_3)_2$($0.1mol·L^{-1}$,$0.001mol·L^{-1}$),KI($0.1mol·L^{-1}$,$0.001mol·L^{-1}$),NaAc($0.1mol·L^{-1}$),$MgCl_2$($0.1mol·L^{-1}$),NaOH($0.1mol·L^{-1}$),NH_4Cl(饱和),Na_2S($0.1mol·L^{-1}$),K_2CrO_4($0.1mol·L^{-1}$),NaCl($1.0mol·L^{-1}$),甲基橙($1g·L^{-1}$),酚酞($1g·L^{-1}$),广泛pH试纸,精密pH试纸(2.7~4.7,3.8~5.4)。

四、实验步骤

1. 测定溶液的pH

用 pH 试纸测试 $0.1mol·L^{-1}$ HCl、$0.1mol·L^{-1}$ HAc、$0.1mol·L^{-1}$ NaOH 和 $0.1mol·L^{-1}$ 氨水溶液的pH,并与计算值进行比较。

2. 同离子效应

(1)取 2.0mL $0.1mol·L^{-1}$ HAc 溶液加入试管中,滴入 1 滴甲基橙指示剂,观察溶液的颜色。然后加入少量 NaAc 固体,观察溶液颜色的变化,并解释上述现象。

(2)取 2.0mL $0.1mol·L^{-1}$ 氨水溶液加入试管中,滴入 1 滴酚酞指示剂,观察溶液的颜色。然后加入少量 NH_4Cl 固体,观察溶液颜色的变化,并解释上述现象。

3. 沉淀的生成和溶解

(1)在试管中加入 1.0mL $0.1mol·L^{-1}$ $Pb(NO_3)_2$ 溶液,再加入 1.0mL $0.1mol·L^{-1}$ KI 溶液,有无沉淀生成?试用溶度积规则进行解释。

（2）用 0.001 mol·L^{-1} Pb(NO$_3$)$_2$ 溶液和 0.001 mol·L^{-1} KI 溶液进行上面的实验，有无沉淀生成？试用溶度积规则进行解释。

（3）在两支试管中分别加入 0.1 mol·L^{-1} MgCl$_2$ 溶液，并逐滴加入 2 mol·L^{-1} 氨水溶液至有白色 Mg(OH)$_2$ 沉淀生成。然后向第一支试管中滴加 2 mol·L^{-1} HCl 溶液，在第二支试管中滴加饱和 NH$_4$Cl 溶液，观察两支试管中的沉淀是否溶解。加入 HCl 和 NH$_4$Cl 对 Mg(OH)$_2$(s) $\rightleftharpoons$ Mg^{2+} + 2OH$^-$ 平衡各有何影响？

4. 分步沉淀

在试管中滴入 2 滴 0.1 mol·L^{-1} Na$_2$S 溶液和 5 滴 0.1 mol·L^{-1} K$_2$CrO$_4$ 溶液，用蒸馏水稀释至 5.0 mL，然后逐滴加入 0.1 mol·L^{-1} Pb(NO$_3$)$_2$ 溶液，观察生成沉淀的颜色。待沉淀沉降后，继续向溶液中滴加 Pb(NO$_3$)$_2$ 溶液，会出现什么颜色的沉淀？试解释上述现象。

5. 沉淀的转化

在离心试管中滴入 5 滴 0.1 mol·L^{-1} Pb(NO$_3$)$_2$ 溶液和 3 滴 1.0 mol·L^{-1} NaCl 溶液，振荡离心试管，待沉淀完全后，离心分离，然后向 PbCl$_2$ 沉淀滴加 3 滴 0.1 mol·L^{-1} KI 溶液，观察沉淀颜色的变化。说明原因，并写出有关的化学反应方程式。

五、思考题

（1）为什么 H$_3$PO$_4$ 溶液显酸性，NaH$_2$PO$_4$ 溶液显弱酸性，Na$_2$HPO$_4$ 溶液显弱碱性，而 Na$_3$PO$_4$ 溶液显碱性？

（2）同离子效应对弱电解质的解离度及难溶强电解质的溶解度各有什么影响？联系实验说明。

（3）沉淀的生成、溶解和转化的条件各有哪些？

实验 5　醋酸解离度和解离常数的测定

一、实验提要

（1）目的：了解 pH 法测定弱酸解离度和解离常数的原理和方法，加深对解离度和解离常数的理解；学习酸度计的使用方法，进一步练习滴定管、移液管等基本操作。

（2）方法：利用酸碱滴定法得到醋酸的准确浓度，再由酸度计测定不同浓度的乙酸溶液的 pH，通过计算得到醋酸的解离度。

（3）结论：此实验方法测得的醋酸解离常数与理论值相符。

二、实验原理

乙酸（醋酸）是弱电解质，在水溶液中存在下列解离平衡：

$$HAc + H_2O \rightleftharpoons Ac^- + H_3O^+$$

$$K_{a\,(HAc)}^{\ominus} = \frac{(c_{H_3O^+}^{eq}/c^{\ominus}) \cdot (c_{Ac^-}^{eq}/c^{\ominus})}{c_{HAc}^{eq}/c^{\ominus}}$$

式中：$K_{a\,(HAc)}^{\ominus}$ 为乙酸溶液的标准解离常数。

利用溶液的稀释定律公式可得解离度 α 与解离常数 $K_{a\,(HAc)}^{\ominus}$ 的关系为

$$K_{a\,(HAc)}^{\ominus} = \frac{(c_{HAc}/c^{\ominus}) \cdot \alpha^2}{1-\alpha}, \quad 其中 \alpha = \frac{c_{H_3O^+}^{eq}}{c_{HAc}}$$

式中：c_{HAc} 为乙酸溶液的浓度，可利用 NaOH 标准溶液进行滴定而得到；$c_{H_3O^+}^{eq}$ 为乙酸解离出的 H_3O^+ 浓度，利用酸度计即可测定。代入式中即可计算出该温度下的不同溶液的解离度和解离常数。

实验中用酸度计测出已知浓度乙酸溶液的 pH，就可以求出它的解离度和解离常数。这种方法为 pH 法。

三、仪器与药品

仪器：酸度计，碱式滴定管（50mL），比色管（50mL），锥形瓶（250mL），移液器（5mL，10mL），移液管（25mL），烧杯（50mL），洗耳球，量筒（25mL）。

药品：NaOH 标准溶液（约 0.5 mol·L^{-1}），HAc（约 0.5 mol·L^{-1}，待标定），酚酞指示剂。

四、实验步骤

1. 测定乙酸溶液的准确浓度

用移液管吸取 20.00mL 乙酸溶液于 250mL 锥形瓶中,加入 2 滴酚酞指示剂,用 NaOH 标准溶液滴定,至溶液呈微红色,且 30s 内不褪色为止。记录所用 NaOH 标准溶液的体积。重复上述操作 2 次,计算 3 次的平均值为乙酸溶液的准确浓度(保留 4 位有效数字)。

2. 配制不同浓度的乙酸溶液

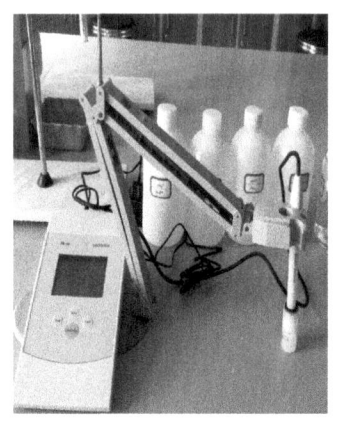

图 3-9　酸度计装置图

用移液管、吸量管准确移取 5.00mL、10.00mL、20.00mL 已标定的乙酸溶液于三支 50mL 的比色管中,用蒸馏水稀释至刻度,摇匀。计算各乙酸溶液的浓度。

3. 测定乙酸溶液的 pH

将上述 3 种不同浓度的乙酸溶液和原液分别倒入 4 个干燥的 50mL 小烧杯中,以从稀到浓的次序分别用酸度计(图 3-9)测定其 pH(准确至 0.01),记录数据和温度,计算电离度和标准解离常数。

五、实验数据记录

(1) HAc 溶液浓度的标定。

数据	1	2	3
V_{NaOH} 初读数/mL			
V_{NaOH} 终读数/mL			

(2) HAc 溶液的 pH。

数据	1	2	3	4
$V_{HAc}+V_{H_2O}$ /mL	5 + 45	10 + 40	20 + 30	原液 50
pH				

六、思考题

（1）用测定数据说明解离度随浓度改变是怎样变化的，而解离常数是一个常数。

（2）用酸度计测定 pH 时操作步骤中需要注意什么？

（3）测定 pH 时，为什么要按从稀到浓的次序进行？

七、注意事项

（1）电极每次使用前应先用蒸馏水冲洗干净，再用滤纸轻轻吸干水分，在清洗和使用中避免任何碰撞，注意保护玻璃膜。

（2）pH 测定由低浓度到高浓度进行。

（3）实验完毕将电极洗净，套入盛有 KCl 饱和溶液的电极套中。

（4）装不同浓度乙酸的烧杯应洁净干燥。

实验6 碳酸饮料中柠檬酸含量的测定

一、实验提要

（1）目的：学会配制和标定溶液浓度的方法；掌握滴定操作并学会正确判断滴定终点；掌握移液管、滴定管和容量瓶的正确使用方法；规范记录数据和数据处理。

（2）方法：利用邻苯二甲酸氢钾作为基准物质对氢氧化钠溶液进行标定，得到标准溶液，再由标准氢氧化钠溶液测定柠檬酸的含量。

（3）结论：此实验方法测得的柠檬酸含量与理论值相符。

二、实验原理

碳酸饮料俗称汽水，是充入二氧化碳气体的软饮料。这类饮料中常添加柠檬酸作酸味剂、螯合剂、抗氧化增效剂等，使其口感爽快柔和，增进食欲、促进消化。由于柠檬酸的含量对食品的味道有很大影响，并且是某些食品品质的一项重要检测指标，因此，对食品中所含的柠檬酸进行定性与定量分析具有重要意义。

柠檬酸是一种较强的有机酸，有三个 H^+ 可以电离，可与碱（如氢氧化钠）发生如下反应：

$$\begin{array}{c} H_2C-COOH \\ HO-C-COOH \\ H_2C-COOH \end{array} + 3NaOH \longrightarrow \begin{array}{c} H_2C-COONa \\ HO-C-COONa \\ H_2C-COONa \end{array} + 3H_2O$$

根据酸碱中和原理，用碱标准溶液滴定试样中的酸时，以酚酞为指示剂。当滴定至终点溶液呈粉红色，且 30s 不褪色时，根据滴定时消耗的标准 NaOH 溶液的体积，可计算试样中柠檬酸的含量。

由于氢氧化钠易吸收水分及空气中的二氧化碳，不是基准物质，因此，不能用直接配制法配制标准溶液，需要使用邻苯二甲酸氢钾（KHP）作为基准物质对其浓度进行标定。邻苯二甲酸氢钾易纯制，无结晶水，在空气中不吸湿，容易保存，摩尔质量大，是一种较好的基准物质。

$$\underset{\text{COOH}}{\underset{\text{COOK}}{\bigcirc}} + NaOH \longrightarrow \underset{\text{COONa}}{\underset{\text{COOK}}{\bigcirc}} + H_2O$$

由于反应产物是邻苯二甲酸氢钾钠盐，在水溶液中显碱性（计量点时溶液显微碱性），可选用酚酞作指示剂。根据指示剂颜色变化，得到滴定邻苯二甲酸氢钾标准溶液所消耗的氢氧化钠溶液的量,就可以标定 NaOH 溶液的准确浓度。

一般市面上的汽水在出厂前都充入了 2~3atm（1atm=1.01325×10^5Pa）的二氧化碳,所以部分二氧化碳会溶于饮料中以碳酸的形式存在,并且在滴定过程中消耗部分氢氧化钠溶液,从而影响柠檬酸的测定。因此,在滴定操作前首先要加热煮沸样品,除去二氧化碳。

氢氧化钠标准溶液的浓度和碳酸饮料中柠檬酸的质量浓度可分别按下列公式计算:

$$c_{NaOH} = \frac{m_{KHP} \times 1000}{V_{NaOH} M_{KHP}}, \quad \rho_{柠檬酸} = \frac{c_{NaOH} V_{NaOH} M_{柠檬酸}}{3 \times V_{饮料}}$$

式中:M_{KHP} 为邻苯二甲酸氢钾的摩尔质量,204.22g·mol^{-1};$M_{柠檬酸}$ 为柠檬酸的摩尔质量,192.14g·mol^{-1};$\rho_{柠檬酸}$ 为饮料中所含柠檬酸的质量浓度,g·L^{-1}。

三、仪器与药品

仪器:电子台秤,电子分析天平,恒温水浴箱,数控超声波清洗器,滴定台,碱式滴定管（25mL）,烧杯（500mL）,量筒（100mL）,试剂瓶（500mL）,移液管（25mL）,锥形瓶（250mL）,容量瓶（250mL）,玻璃棒,pH 试纸。

药品:碳酸饮料（可用七喜、雪碧等无色饮料）,NaOH（200g·L^{-1}）,邻苯二甲酸氢钾,酚酞指示剂。

四、实验步骤

1. 准备待测样品

首先用 pH 试纸检验新开瓶的碳酸饮料的酸度（pH 3~4）,然后将其倒入烧杯中,用玻璃棒搅拌加速 CO_2 气体的溢出,待溶液表面没有气泡后,将其倒入 250mL 容量瓶使液体充满到刻度线。为尽量减少 CO_2 对测量结果的影响,再将容量瓶中的试样倒入干净的烧杯,放入超声波清洗器中至完全排出 CO_2 气体（10~15min,注意调节超声功率,先小后大以免试样逸出）。然后将试样再装回上述容量瓶,用少量蒸馏水洗涤烧杯,并将洗涤液转移至容量瓶中,最后稀释溶液至刻度线,摇匀。再次检验此时溶液的 pH,比较前后两次 pH 试纸颜色的变化。

2. 0.05 mol·L^{-1} NaOH 标准溶液的配制和标定

取 5.0mL 20% NaOH（200g·L^{-1}）溶液,再加水稀释至 500mL,充分摇匀,待标定。

用电子分析天平准确称取 0.2000~0.2500g 邻苯二甲酸氢钾 3 份,分别置于 250mL 锥形瓶中,各加 25.0mL 蒸馏水将其溶解。邻苯二甲酸氢钾溶解速率较慢,还会浮在水面上,尤其是接近液面的杯壁处。可将其置于数控超声波清洗器中加快溶解。然后加入 3~4 滴酚酞指示剂,用 NaOH 溶液滴定,边滴定边摇动锥形瓶使溶液混合均匀。接近终点时,用少量蒸馏水淋洗锥形瓶内壁,然后继续逐滴加 NaOH 溶液,直至溶液呈粉红色,并保持 30s 不褪色,即为滴定终点,记录消耗 NaOH 溶液的体积。再重复上述操作 2 次,取 3 次平行滴定所得的浓度的平均值作为标准溶液的浓度。

3. 柠檬酸含量的测定

准确移取 25.00mL 饮料样品溶液于 250mL 锥形瓶中,加酚酞指示剂 3~4 滴,均匀混合。用 NaOH 标准溶液进行滴定,使溶液颜色由无色变为粉红色,30s 不褪色,准确记录滴定管的读数。滴定后溶液颜色如图 3-10 所示,彩图见附图 3。

重复上述操作 2 次,取平行滴定所得的平均值,计算柠檬酸含量。

图 3-10 滴定后溶液的颜色

五、实验数据记录

(1) NaOH 标准溶液的标定。

数据	1	2	3
m_{KHP}/g			
V_{NaOH} 初读数/mL			
V_{NaOH} 终读数/mL			

(2) 柠檬酸含量的测定。

数据	1	2	3
V_{NaOH} 初读数/mL			
V_{NaOH} 终读数/mL			

六、思考题

(1) 怎样溶解邻苯二甲酸氢钾?
(2) 如果邻苯二甲酸氢钾是一元酸,如何来描述柠檬酸?解释理由。

实验 7　三氯化六氨合钴（Ⅲ）的制备和组成的测定

一、实验提要

（1）目的：学习三氯化六氨合钴（Ⅲ）的制备方法；加深理解配合物的形成对 Co^{3+} 稳定性的影响；学习测定配合物组成的方法。

（2）方法：以活性炭为催化剂，在 $CoCl_2$、$NH_3 \cdot H_2O$、NH_4Cl 溶液中通入空气或加入过氧化氢，制备 $[Co(NH_3)_6]Cl_3$。

（3）结论：20℃时，三氯化六氨合钴（Ⅲ）在水中的溶解度为 $0.26 mol \cdot L^{-1}$，在浓盐酸中析出橙黄色单斜晶体。

二、实验原理

1. 三氯化六氨合钴（Ⅲ）的性质

已知有关电对的电极反应和标准电极电势分别为

$$Co^{3+} + e^- \rightleftharpoons Co^{2+} \quad \varphi^{\ominus} = 1.80V（在酸性介质中）$$

$$[Co(NH_3)_6]^{3+} + e^- \rightleftharpoons [Co(NH_3)_6]^{2+} \quad \varphi^{\ominus} = 0.10V$$

$$O_2 + 2H_2O + 4e^- \rightleftharpoons 4OH^- \quad \varphi^{\ominus} = 0.41V$$

$$H_2O_2 + 2e^- \rightleftharpoons 2OH^- \quad \varphi^{\ominus} = 0.88V$$

可知 Co^{3+} 氧化性很强，不稳定，在酸性溶液中容易被还原成 Co^{2+}，所以钴盐在溶液中都是以 Co^{2+} 形式存在。但当钴离子与氨水生成可溶性氨合配合物后，它们的稳定性发生了变化，$[Co(NH_3)_6]^{2+}$ 变得不稳定，很容易被氧化，以至于空气中的氧就能把 $[Co(NH_3)_6]^{2+}$ 氧化成 $[Co(NH_3)_6]^{3+}$，而 $[Co(NH_3)_6]^{3+}$ 变得相对稳定。

$CoCl_2$ 能与 $NH_3 \cdot H_2O$ 可形成多种配合物，主要有 $[Co(NH_3)_6]Cl_3$（橙黄色晶体）、$[Co(NH_3)_5(H_2O)]Cl_3$（砖红色晶体）、$[Co(NH_3)_5Cl]Cl_2$（紫红色晶体）等。这些配合物的制备条件各不相同，以活性炭为催化剂时，主要产物是三氯化六氨合钴（Ⅲ）；若无活性炭存在，主要产物是二氯化一氯·五氨合钴（Ⅲ）。

2. 三氯化六氨合钴（Ⅲ）的制备

本实验是以活性炭为催化剂，在 $CoCl_2$、$NH_3 \cdot H_2O$、NH_4Cl 溶液中通入空气或加入过氧化氢，制备出[Co(NH$_3$)$_6$]Cl$_3$（$M = 267.5 \text{g·mol}^{-1}$）。其总反应为

$$2CoCl_2 + 2NH_4Cl + 10NH_3 + H_2O_2 \rightleftharpoons 2[Co(NH_3)_6]Cl_3 + 2H_2O$$

20℃时，三氯化六氨合钴（Ⅲ）在水中的溶解度为 0.26 mol·L^{-1}，在浓盐酸中析出橙黄色单斜晶体：

$$[Co(NH_3)_6]Cl_3 \rightleftharpoons [Co(NH_3)_6]^{3+} + 3Cl^-$$

3. 三氯化六氨合钴（Ⅲ）组成的确定

三氯化六氨合钴（Ⅲ）很稳定，不与冷强碱溶液发生反应，但在强碱溶液中煮沸时将发生分解：

$$[Co(NH_3)_6]Cl_3 + 3NaOH \stackrel{\triangle}{=\!=\!=} Co(OH)_3\downarrow + 6NH_3\uparrow + 3NaCl$$

挥发出的 NH$_3$ 用 HCl 标准溶液吸收，再用 NaOH 标准溶液滴定过量的 HCl 溶液。通过计算氨的质量分数，确定中心原子的配位数。

用电导率仪测定一定浓度配合物溶液的电导率，根据公式 $\lambda_m = \dfrac{L}{c}$ 计算摩尔电导 λ_m 值。因在稀溶液中电解质解离出的离子数目与其摩尔电导间存在一定的关系，如 25℃时离子数目与 λ_m 的关系为

离子数	2	3	4	5
$\lambda_m/(\text{S·cm}^2\text{·mol}^{-1})$	118～131	235～273	408～435	523～560

根据 λ_m 值可确定溶液中的离子总数，确定外界 Cl$^-$ 个数，即配合物的类型和组成。

三、仪器与药品

仪器：电子分析天平，电子台秤，电导率仪，恒温水浴箱，循环水真空泵，蒸馏装置，温度计，布氏漏斗，吸滤瓶，容量瓶（100mL），锥形瓶（250mL），碘量瓶（250mL），酸式、碱式滴定管（50mL）。

药品：HCl（浓，6mol·L^{-1}，0.5mol·L^{-1} 标准溶液），NaOH（5.0mol·L^{-1}，0.5000mol·L^{-1} 标准溶液，100g·L^{-1}），H$_2$O$_2$（60g·L^{-1}），氨水(浓)，NH$_4$Cl(s)，CoCl$_2$·6H$_2$O(s)，Na$_2$S$_2$O$_3$(0.1000mol·L^{-1})，淀粉(5g·L^{-1})，KI(s)，活性炭(s)，甲基橙指示剂。

四、实验步骤

1. 三氯化六氨合钴（Ⅲ）的制备

在 250mL 洁净的锥形瓶中加入 CoCl$_2$·6H$_2$O 固体 3.0g、NH$_4$Cl 固体 2.0g 和蒸馏

水 5.0mL。微热溶解后，加入活性炭 0.5g，用水冷却后加入 7.0mL 浓氨水，用冷水继续冷却至 10℃以下，再用滴管慢慢加入 10.0mL 60g·L^{-1} H$_2$O$_2$。然后放入 60℃恒温水浴箱中，恒温加热 20min，并适当轻摇锥形瓶。充分反应后，依次用冷水、冰水冷却后产生沉淀，减压过滤。在干净的小烧杯中先加入 25mL 沸水后，后加入 2.0mL 浓盐酸，再将沉淀和滤纸转入这个烧杯中，待沉淀溶解后趁热减压过滤。将滤液转入洁净的锥形瓶中，慢慢加入 4.0mL 浓盐酸，用冰水冷却，待大量晶体析出后，减压过滤。所得产品放在烘箱中，在 105℃下烘干 20min。严格控制温度，以防产品转化为其他物质。制备流程如图 3-11 所示。

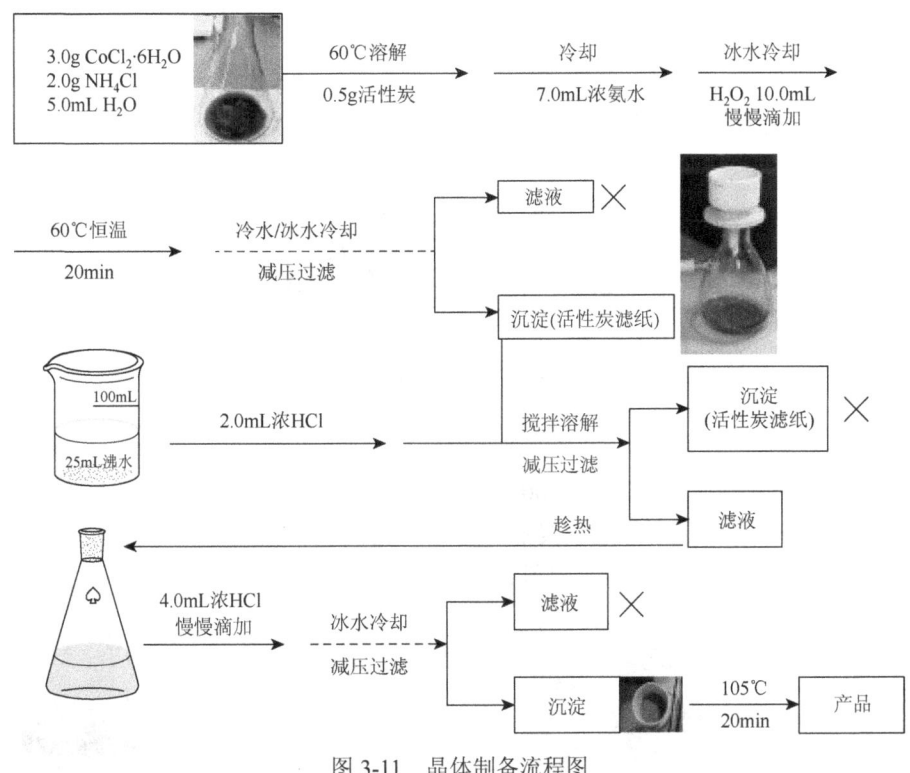

图 3-11　晶体制备流程图

2. 三氯化六氨合钴（Ⅲ）组成的测定

1）Co^{2+}含量的测定

采用氧化还原滴定法：准确称量 0.2000g 上述制备的产品，放入 250mL 洁净的碘量瓶中，加入 50.0mL 蒸馏水溶解，再加入 100g·L^{-1} NaOH 溶液 15.0mL，加热至沸腾 15～20min。冷却后加入 50.0mL 蒸馏水，然后加入 1.0g KI 固体，摇荡使其溶解，再加入 15.0mL 左右的 6mol·L^{-1} HCl 溶液进行酸化，暗处放置 10min。然后用 0.1000mol·L^{-1} Na$_2$S$_2$O$_3$ 标准溶液滴定至浅棕色，加入 1.0mL 新配制的 5g·L^{-1}

淀粉溶液后,再继续滴定至蓝色消失。通过计算得知 Co^{2+} 的含量。

2)配体 NH_3 个数的测定

用电子分析天平准确称取 0.2000g 左右产品,放入洁净的圆底烧瓶中,加入 30.0mL 蒸馏水和 5.0mL 5.0mol·L^{-1} NaOH 溶液。用酸式滴定管放出 0.5000mol·L^{-1} HCl 标准溶液 30.00mL 到洁净的锥形瓶中,以吸收蒸馏产生的游离的 NH_3。按图 3-12 安装蒸馏装置,冷凝管通入冷水,开始加热,保持沸腾状态,蒸馏至溶液黏稠为止。移开锥形瓶,去掉热源,关闭冷凝水,用少量水冲洗冷凝管和下端玻璃管。

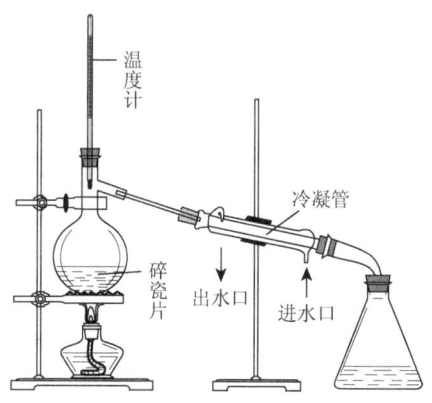

图 3-12 蒸馏装置示意图

以甲基橙为指示剂,用 0.5000mol·L^{-1} NaOH 标准溶液滴定锥形瓶中过量的 HCl 溶液,溶液变为橙色即达到终点。计算 NH_3 的质量分数,确定配体 NH_3 的个数。电导率仪的使用如图 3-13 和图 3-14 所示。

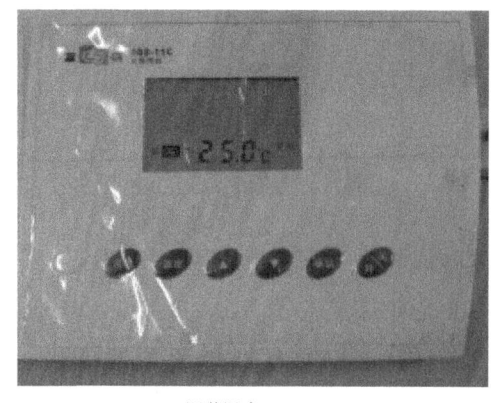
调节温度:25℃
选择K=1.000

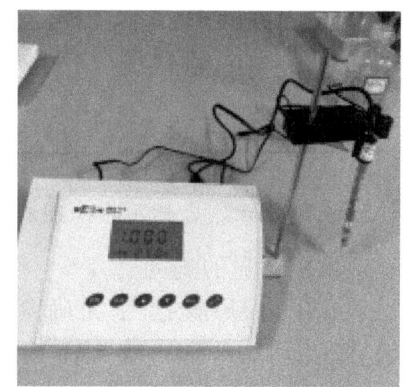
按开关键:开机
连接电导电极

图 3-13 电导率仪的使用 1

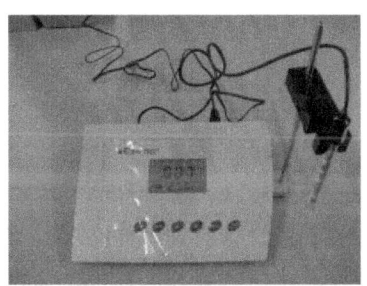 

将电极用蒸馏水洗干净,用滤纸吸干,插入待测液中,轻摇,稳定后屏上所显示数据即为该溶液的电导率值

电极常数确定:0.980 根据电极上的标示调节,按确认键,仪器进入测量状态

图 3-14　电导率仪的使用 2

3）电导法测定外界 Cl^- 个数

准确称取 0.0400g 产品在 100.0mL 洁净的容量瓶中配成溶液,在电导率仪上测定溶液的电导率,根据公式求出 λ_m,查关系表确定离子总数和外界 Cl^- 的个数。根据配合物的配位数和外界离子个数,写出配合物的实验式。

五、思考题

（1）用所学知识解释为什么$[Co(NH_3)_6]^{3+}$比$[Co(NH_3)_6]^{2+}$稳定。

（2）在产品制备过程中,如何加入 H_2O_2 和浓 HCl 溶液?它们各起什么作用?

（3）在产品制备过程中,几次控制温度的目的是什么?

（4）测定溶液电导率时有哪些注意事项?

实验8 化学反应速率与活化能的测定

一、实验提要

（1）目的：了解浓度、温度及催化剂对化学反应速率的影响；学习测定$(NH_4)_2S_2O_8$与KI反应的反应速率、反应级数、速率常数和活化能的方法。

（2）方法：利用过二硫酸铵和碘化钾反应在不同浓度比测得其反应时间、温度，计算其反应速率和活化能。

（3）结论：所得数据和理论值基本符合。

二、实验原理

在水溶液中，过二硫酸铵和碘化钾发生如下反应：

$$S_2O_8^{2-}(aq) + 3I^-(aq) \rightleftharpoons 2SO_4^{2-}(aq) + I_3^-(aq) \quad (1)$$

其反应速率方程可表示为

$$v = k c_{S_2O_8^{2-}}^m \cdot c_{I^-}^n$$

式中：v 为在此条件下反应的瞬时速率；若 $c_{S_2O_8^{2-}}$ 和 c_{I^-} 表示反应物的起始浓度，则 v 表示起始速率；k 为该反应的速率常数；m、n 分别为反应物过二硫酸铵和碘化钾的反应级数，$m+n$ 为该反应的总级数。

为了测出在一定时间Δt内$c_{S_2O_8^{2-}}$的变化，在混合$(NH_4)_2S_2O_8$和KI溶液的同时，加入一定体积的已知浓度的$Na_2S_2O_3$溶液和淀粉，这样在反应（1）进行的同时，还有以下反应发生：

$$2S_2O_3^{2-}(aq) + I_3^-(aq) \rightleftharpoons S_4O_6^{2-}(aq) + 3I^-(aq) \quad (2)$$

由于反应（2）的速率比反应（1）的快得多，由反应（1）生成的I_3^-会立即与$S_2O_3^{2-}$反应生成无色的$S_2O_6^{2-}$和I^-。所以，在反应开始的一段时间内，溶液呈无色，但当$Na_2S_2O_3$一旦耗尽，反应（1）继续生成的I_3^-就会立即与淀粉作用，使溶液呈现特有的蓝色。

由反应（1）和反应（2）的关系可以看出，每消耗1mol $S_2O_8^{2-}$就要消耗2mol的$S_2O_3^{2-}$，即

$$\Delta c_{S_2O_8^{2-}} = \frac{1}{2}\Delta c_{S_2O_3^{2-}}$$

所以从反应开始到出现蓝色这段时间Δt内，$\Delta c_{S_2O_8^{2-}}$实际上就是$Na_2S_2O_3$的起始浓度的一半，故反应速率为

$$v = \frac{\Delta c_{S_2O_3^{2-}}}{2\Delta t}$$

对反应速率方程两边取对数，得

$$\lg v = \lg k + m\lg c_{S_2O_8^{2-}} + n\lg c_{I^-}$$

当c_{I^-}不变时，以$\lg v$对$\lg c_{S_2O_8^{2-}}$作图，可得一直线，斜率即为m；同理，当$c_{S_2O_8^{2-}}$不变时，以$\lg v$对$\lg c_{I^-}$作图，可求得n，进而求得反应的总级数$m+n$；再由反应速率方程求出反应的速率常数k。

由阿伦尼乌斯方程：

$$\lg k = -E_a/2.303RT + A$$

式中：E_a为反应的活化能；R为摩尔气体常量，$R = 8.314 \text{J·mol}^{-1}\text{·K}^{-1}$；$T$为热力学温度。求出不同温度时的$k$值后，以$\lg k$对$1/T$作图，可得一直线，由直线的斜率$(-E_a/2.303R)$可求得反应的活化能$E_a$（文献值$51.8 \text{kJ·mol}^{-1}$）。

三、仪器与药品

仪器：恒温水浴箱，秒表，电磁力搅拌器，烧杯（100mL），量筒（10mL），温度计（0～50℃，0.1分度）。

药品：$(NH_4)_2S_2O_8$（0.20mol·L^{-1}），KI（0.20mol·L^{-1}），$Na_2S_2O_3$（0.01mol·L^{-1}），KNO_3（0.20mol·L^{-1}），$(NH_4)_2SO_4$（0.20mol·L^{-1}），淀粉溶液（2.0g·L^{-1}），$Cu(NO_3)_2$（0.02mol·L^{-1}），$CuSO_4$（0.10mol·L^{-1}），H_2O_2（1.0g·L^{-1}），MnO_2（A.R.），锌粒。

四、实验步骤

1. 室温下化学反应速率的测定

（1）分别量取10.0mL 0.20mol·L^{-1} KI溶液、4.0mL 0.01mol·L^{-1} $Na_2S_2O_3$和1.0mL 2.0g·L^{-1}淀粉溶液，全部注入烧杯中，混合均匀。

（2）用另一量筒取10.0mL 0.20mol·L^{-1} $(NH_4)_2S_2O_8$溶液迅速倒入上述混合溶液中，立即计时，并不断搅拌（用玻璃棒搅拌或把烧杯放在电磁搅拌器上搅拌），仔细观察。当溶液刚刚变蓝时按停秒表，记下反应时间Δt和溶液温度，该实验序号为1。

（3）用同样的方法按照"实验数据记录"第一个表格的用量进行编号为2、3、4、5的实验。为使每个编号中的溶液离子强度和总体积保持不变，不足的量分别

用 0.20mol·L^{-1} KNO$_3$ 和 0.20mol·L^{-1} (NH$_4$)$_2$SO$_4$ 补充。

（4）将上述实验结果记录在"实验数据记录"第一个表格中，并计算反应速率和反应速率常数。

2. 温度对反应速率的影响

按"实验数据记录"第一个表格中 4 号溶液的试剂用量，将装有 KI、Na$_2$S$_2$O$_3$、KNO$_3$ 和淀粉混合溶液的烧杯和装有(NH$_4$)$_2$S$_2$O$_8$ 溶液的小烧杯，放入冰水浴中冷却，待它们温度冷却到低于室温 10℃时，将(NH$_4$)$_2$S$_2$O$_8$ 迅速加入 KI 等混合溶液中，同时计时并不断搅动，当溶液刚出现蓝色时，记录反应时间。

用同样方法在热水浴中进行高于室温 10℃的实验。将两次实验数据和实验 4 的数据记入"实验数据记录"第二个表格中，并进行比较。计算 3 个温度下的反应速率及速率常数。

利用"实验数据记录"第二个表格中各次实验的 k 和 T，作 lg$k$-1/T 图，求出直线的斜率，进而求出反应（1）的活化能 E_a。

图 3-15 实验装置图

3. 催化剂对化学反应速率的影响

1）单相催化

在室温下，按"实验数据记录"第一个表格中实验 4 的试剂用量，把 KI、Na$_2$S$_2$O$_3$、KNO$_3$ 和淀粉溶液加到 150mL 小烧杯中，再分别加入 2 滴、4 滴、10 滴 0.02mol·L^{-1} Cu(NO$_3$)$_2$ 溶液并摇匀，然后迅速加入(NH$_4$)$_2$S$_2$O$_8$，摇动，计时。注意：为使总体积和离子强度一致，不足 10 滴先加入 0.2mol·L^{-1} (NH$_4$)$_2$SO$_4$ 溶液补充。实验装置如图 3-15 所示。

将"实验数据记录"第三个表格中的反应速率与第一个表格中的进行比较，能得出什么结论？

2）多相催化

取两支试管，分别加入 2.0mL 1.0g·L^{-1} 的 H$_2$O$_2$ 溶液，在其中一支试管中加入少量的已灼烧过的 MnO$_2$ 固体粉末，观察比较两支试管中气泡产生的速率，写出方程式并加以解释。

4. 接触面对化学反应速率的影响

取两支试管，各加入 2.0mL 0.10mol·L^{-1} CuSO$_4$ 溶液，然后向两支试管中分别加入少量锌粒，观察颜色变化，说明了什么？

五、实验数据记录

（1）室温下化学反应速率测定。

实验序号		1	2	3	4	5
反应温度/K						
试剂用量 /mL	0.20mol·L^{-1} (NH$_4$)$_2$S$_2$O$_8$	10.0	5.0	2.5	10.0	10.0
	0.20mol·L^{-1} KI	10.0	10.0	10.0	5.0	2.5
	0.01mol·L^{-1} Na$_2$S$_2$O$_3$	4.0	4.0	4.0	4.0	4.0
	0.20mol·L^{-1} KNO$_3$	0	0	0	5.0	7.5
	0.20mol·L^{-1} (NH$_4$)$_2$SO$_4$	0	5.0	7.5	0	0
	2.0g·L^{-1} 淀粉溶液	1.0	1.0	1.0	1.0	1.0
反应物的起始浓度 /(mol·L^{-1})	(NH$_4$)$_2$S$_2$O$_8$					
	KI					
	Na$_2$S$_2$O$_3$					
反应时间Δt/s						
(NH$_4$)$_2$S$_2$O$_8$的浓度变化 Δ$c_{S_2O_8^{2-}}$						
反应速率 v/(mol·L^{-1}·s^{-1})						
反应速率常数 k						

（2）温度对反应速率的影响。

实验序号	T/K	Δt/s	v/(mol·L^{-1}·s^{-1})	速率常数 k	lg$k$	$(1/T)$/K^{-1}
4						
6						
7						

（3）催化剂对反应速率的影响。

实验编号	8	9	10
加入 Cu(NO$_3$)$_2$ 溶液（0.02mol·L^{-1}）的滴数	1	2	5
反应时间Δt/s			
反应速率 v/(mol·L^{-1}·s^{-1})			

六、思考题

（1）若用 c_{I^-} 或 $c_{I_3^-}$ 的变化来表示该反应的速率，则 v 和 k 是否和用 $c_{S_2O_8^{2-}}$ 的变化表示的一样？

（2）实验中当蓝色出现后，反应是否就终止了？

（3）下列情况对实验结果有何影响？

a. 取用 6 种试剂的量筒没有分开专用；

b. 先加 $(NH_4)_2S_2O_8$ 溶液，最后加 KI 溶液；

c. 慢慢加入 $(NH_4)_2S_2O_8$ 溶液。

（4）在实验中为什么先加入 $(NH_4)_2S_2O_8$ 溶液最后加入 KI 溶液？

（5）为什么在实验 2、3、4、5 中加入 KNO_3 或 $(NH_4)_2SO_4$ 溶液？

（6）每次实验的计时操作要注意什么？

七、注意事项

（1）KI 溶液应为无色透明溶液，不宜使用有 I_2 析出的浅黄色溶液。

（2）$(NH_4)_2S_2O_8$ 溶液要新配制的，放置时间长会分解，如果所配制的溶液 pH 小于 3，其原固体试剂已分解不适合本实验。

（3）$Na_2S_2O_3$ 溶液也不宜配制时间过长，否则易被氧化，若提前配制可加入少量 Na_2CO_3 作稳定剂。

（4）所用试剂中如果混有 Cu^{2+}、Fe^{3+} 等杂质，对反应会有催化作用，必要时可加几滴 $0.10 mol·L^{-1}$ EDTA 溶液，消除干扰。

（5）为使实验测得的数值更准确，$(NH_4)_2S_2O_8$ 必须最后加入，且要一次性快速加入。

（6）反应中的搅拌速度对反应时间也有影响，搅拌得越快，反应时间越短。同一组实验要用同一速度搅拌。

实验 9　缓冲溶液的配制与性质

一、实验提要

（1）目的：掌握缓冲溶液的配制原则和方法，加深对缓冲溶液性质的理解；练习并掌握移液管的正确使用方法；学会使用酸度计。

（2）方法：结合计算公式，配制指定 pH 的缓冲溶液，并用酸度计进行调节。

（3）结论：缓冲溶液的缓冲能力是有限的，β 值越大，缓冲溶液的缓冲能力越强；β 值越小，其缓冲能力越弱。

二、实验原理

缓冲溶液是一种能够抵抗外来少量强酸、强碱或稍加水稀释，而其 pH 基本保持不变的溶液。缓冲溶液一般由弱酸（HB）及其共轭碱（B$^-$）组成。缓冲溶液的 pH 计算公式如下：

$$\mathrm{pH} = \mathrm{p}K_\mathrm{a}^\ominus(\mathrm{HB}) + \lg\frac{c(\mathrm{B}^-)}{c(\mathrm{HB})}$$

此式表明了缓冲溶液的 pH 取决于弱酸的解离常数（$K_\mathrm{a}^\ominus$）以及溶液中所含弱酸和其共轭碱的浓度比。

配制缓冲溶液时若使用相同浓度的共轭酸碱对，上式中浓度比可用体积比代替，即

$$\mathrm{pH} = \mathrm{p}K_\mathrm{a}^\ominus(\mathrm{HB}) + \lg\frac{V(\mathrm{B}^-)}{V(\mathrm{HB})}$$

由上式计算所得的 pH 为近似值。要准确计算所配制溶液的 pH，必须考虑离子强度、温度等因素的影响。

缓冲溶液的缓冲能力是有限的，其缓冲能力大小用缓冲容量 β 来衡量，即在数值上等于使单位体积缓冲溶液的 pH 改变 1 个单位时，所需加入的一元强酸（或一元强碱）的物质的量

$$\beta = \frac{\mathrm{d}n_\mathrm{b}}{V\mathrm{dpH}} = -\frac{\mathrm{d}n_\mathrm{a}}{V\mathrm{dpH}}$$

式中：V 为缓冲溶液的体积；$\mathrm{d}n_\mathrm{a}$ 为加入的强酸的物质的量；$\mathrm{d}n_\mathrm{b}$ 为加入的强碱的物质的量；dpH 为缓冲溶液的 pH 改变。由于加入强酸后，pH 降低，dpH 为负值，

故在前加一负号而使 β 为正值。

由此可见，β 值越大，缓冲溶液的缓冲能力越强；β 值越小，缓冲溶液的缓冲能力越弱。

三、仪器与药品

仪器：酸度计，烧杯（250mL，9 个），移液器（1.00mL、5.00mL），移液管（20.00mL），胶头滴管，洗耳球。

药品：HAc（$0.1 mol \cdot L^{-1}$，$1.0 mol \cdot L^{-1}$），NaAc（$0.1 mol \cdot L^{-1}$），Na_2HPO_4（$0.1 mol \cdot L^{-1}$），KH_2PO_4（$1.0 mol \cdot L^{-1}$），NaOH（$1.0 mol \cdot L^{-1}$），HCl（$1.0 mol \cdot L^{-1}$），NaCl（$1.0 mol \cdot L^{-1}$）。

四、实验步骤

1. 溶液的配制

（1）计算配制 120mL pH = 4.60 的缓冲溶液需用 $0.1 mol \cdot L^{-1}$ HAc 溶液和 $0.1 mol \cdot L^{-1}$ NaAc 溶液的体积（已知 $pK_a^{\ominus} = 4.75$）。

按照计算所得到的体积数，用量筒依次量取 $0.1 mol \cdot L^{-1}$ HAc 溶液和 $0.1 mol \cdot L^{-1}$ NaAc 溶液，置于同一个 250mL 烧杯中，混匀。用酸度计测定其混合液的 pH。若 pH 不等于 4.60，可用 $1.0 mol \cdot L^{-1}$ NaOH 或 $1.0 mol \cdot L^{-1}$ HAc 溶液调节使混合液的 pH 稳定在 4.60。用符号 A 表示此缓冲溶液，配制方法如图 3-16 所示。

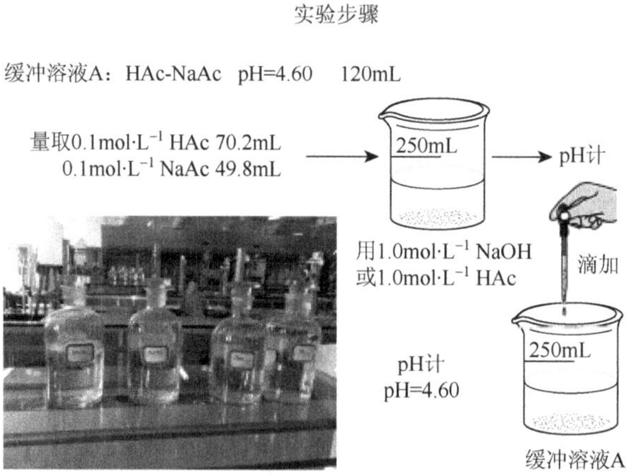

图 3-16 缓冲溶液 A 的配制方法

（2）计算配制 120mL pH = 7.45 的缓冲溶液需用 $0.1 mol \cdot L^{-1}$ Na_2HPO_4 和 $1.0 mol \cdot L^{-1}$ KH_2PO_4 溶液的体积（已知 $pK_{a2}^{\ominus} = 7.21$）。

按照计算所得到的体积，用量筒依次量取 $0.1 mol \cdot L^{-1}$ Na_2HPO_4 和

1.0mol·L^{-1} KH$_2$PO$_4$ 溶液，置于同一个 250mL 烧杯中，混匀。用酸度计测定其混合液的 pH。若 pH 不等于 7.45，可用 1.0mol·L^{-1} NaOH 或 1.0mol·L^{-1} KH$_2$PO$_4$ 溶液小心调节使混合液的 pH 稳定在 7.45。用符号 B 表示此缓冲溶液，配制方法如图 3-17 所示。

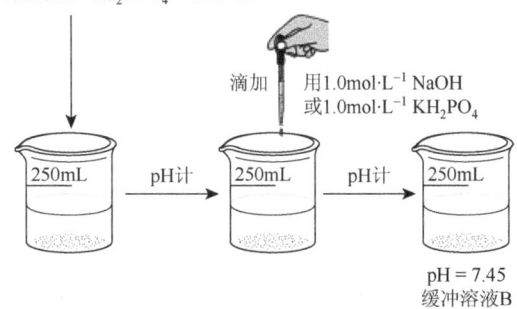

图 3-17 缓冲溶液 B 的配制方法

2. 缓冲溶液的性质

按照"实验数据记录"中的数据进行实验。用酸度计测定相应溶液的 pH，求出 ΔpH、β 值，并解释缓冲溶液的性质。酸度计测量方法如图 3-18～图 3-20 所示。

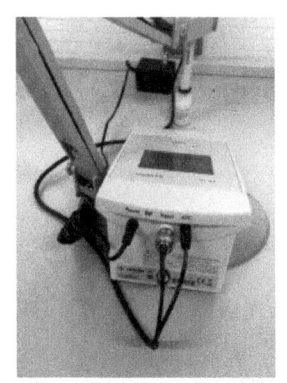

图 3-18 酸度计的准备

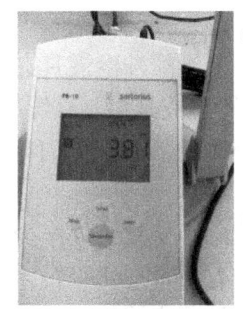

图 3-19 酸度计的测量

注意：
- 电极的核心是电极末端的玻璃薄膜，在清洗和使用中避免任何碰撞，使用滤纸轻轻吸干水分，不要擦拭
- 测定程序
 清洗电极，吸干水分，校准，清洗电极，吸干水分，测定，清洗电极

图 3-20 酸度计的使用

五、实验数据记录

缓冲溶液中加入酸、碱或纯水后对 pH 的影响。

编号	缓冲溶液	pH	加入酸、碱或纯水	pH	ΔpH	β
1	20.00mL A		0.20mL 1mol·L^{-1} HCl			
2	20.00mL A		0.20mL 1mol·L^{-1} NaOH			
3	20.00mL A		20.00mL 纯水			
4	20.00mL B		0.20mL 1mol·L^{-1} HCl			
5	20.00mL B		0.20mL 1mol·L^{-1} NaOH			
6	20.00mL B		20.00mL 纯水			
7	20.00mL NaCl		0.20mL 1mol·L^{-1} HCl			
8	20.00mL NaCl		0.20mL 1mol·L^{-1} NaOH			
9	20.00mL NaCl		20.00mL 纯水			

六、思考题

（1）通过实验归纳缓冲溶液具有哪些性质。

（2）KH_2PO_4 稀溶液是否具有缓冲能力？为什么？

（3）所配制的缓冲溶液 pH 的计算值与实验测量值为什么有差距？哪些因素造成的？

（4）缓冲溶液除了能抵抗外来少量强酸、强碱之外，是否能抵抗少量水的稀释？稀释前后缓冲容量有变化吗？

（5）使用酸度计测定溶液 pH 之前，为什么要先用标准缓冲溶液对仪器进行校正？

（6）使用酸度计时应注意什么问题？

七、自学导读

任何缓冲溶液的缓冲能力都是有限度的，当加入了大量的强酸或者强碱，溶液中的抗酸成分或抗碱成分消耗殆尽时，缓冲溶液就不再具有缓冲能力了。1922 年，范斯莱克（Vanslyke）提出缓冲容量 β 的定义，来衡量缓冲溶液缓冲能力的大小。缓冲溶液的缓冲能力与缓冲容量 β 成正比。

影响缓冲能力的因素有缓冲溶液的总浓度（c_a+c_b）和缓冲比（c_a/c_b）。当缓冲溶液的缓冲比一定时，缓冲溶液的总浓度越大，缓冲容量越大，缓冲能力越强。当缓冲溶液的总浓度一定时，缓冲比越接近 1，缓冲容量越大，当缓冲比等于 1 时，缓冲能力最强。当缓冲比大于 10∶1 或者小于 1∶10 时，可以认为缓冲溶液丧失了缓冲作用。通常把缓冲溶液能发挥缓冲作用的 pH 范围称为缓冲范围，即 $pH = pK_a^\ominus{}_{(HA)} \pm 1$。在实际工作中，通常要配制一定 pH 的缓冲溶液，所需缓冲对要在缓冲范围内，并且尽量接近弱酸的 $pK_a^\ominus$。缓冲溶液的总浓度一般为 $0.05\sim0.20\text{mol·L}^{-1}$，药用缓冲溶液必须要考虑是否有毒性等。

实验 10　碘酸铜溶度积的测定

一、实验提要

（1）目的：通过测定碘酸铜溶度积，加深对溶度积概念的理解；掌握 722 型分光光度计的使用方法；学习沉淀的制备、洗涤及过滤等操作方法。

（2）方法：由硫酸铜和碘酸钾作用制备碘酸铜饱和溶液，利用工作曲线并通过计算就能确定饱和溶液中 $c_{Cu^{2+}}^{eq}$。

（3）结论：利用工作曲线能确定饱和溶液中 $c_{Cu^{2+}}^{eq}$，再利用平衡时 $c_{Cu^{2+}}^{eq}$ 和 $c_{IO_3^-}^{eq}$ 的关系，就能求出碘酸铜的溶度积。

二、实验原理

碘酸铜是难溶电解质，在其饱和水溶液中，已溶解的 Cu^{2+} 和 IO_3^- 与未溶解的 $Cu(IO_3)_2$ 固体之间存在着下列平衡：

$$Cu(IO_3)_2(s) \rightleftharpoons Cu^{2+}(aq) + 2IO_3^-(aq)$$

在一定温度下，平衡溶液中 Cu^{2+} 浓度与 IO_3^- 浓度平方的乘积是一个常数，即

$$K_{sp}^{\ominus}[Cu(IO_3)_2] = [c_{Cu^{2+}}^{eq}/c^{\ominus}] \times [c_{IO_3^-}^{eq}/c^{\ominus}]^2$$

$K_{sp}^{\ominus}$ 称为溶度积常数，它和其他平衡常数一样，随温度的不同而改变。因此，如果能够测得在一定温度下碘酸铜饱和溶液中 $c_{Cu^{2+}}^{eq}$ 和 $c_{IO_3^-}^{eq}$，便可求算出该温度下的溶度积常数 $K_{sp}^{\ominus}$。

本实验是由硫酸铜和碘酸钾作用制备碘酸铜饱和溶液，然后利用饱和溶液中的 Cu^{2+} 与过量 $NH_3 \cdot H_2O$ 作用生成深蓝色的配离子 $[Cu(NH_3)_4]^{2+}$：

$$Cu^{2+} + 4NH_3 \rightleftharpoons [Cu(NH_3)_4]^{2+}（蓝色）$$

由于反应定量，$c_{Cu^{2+}}^{eq} \approx c_{[Cu(NH_3)_4]^{2+}}^{eq}$。$[Cu(NH_3)_4]^{2+}$ 配离子对波长 600nm 的光具有强吸收，而且在一定浓度下，它对光的吸收程度（用吸光度 A 表示，朗伯-比尔定律如图 3-21 所示）与溶液浓度成正比。

因此，由分光光度计测得碘酸铜饱和溶液中 Cu^{2+} 与 $NH_3 \cdot H_2O$ 作用后生成的 $[Cu(NH_3)_4]^{2+}$ 溶液的吸光度，利用工作曲线并通过计算就能确定饱和溶液中 $c_{Cu^{2+}}^{eq}$。

再利用平衡时 $c_{Cu^{2+}}^{eq}$ 和 $c_{IO_3^-}^{eq}$ 的关系，就能求出碘酸铜的溶度积，方法如图 3-22 所示。

分光光度法测物质含量的原理和方法

原理：朗伯-比尔定律：$T=I_t/I_0$　　$A=-\lg T$
$$A=kbc$$

A：吸光度
T：透光率
k：吸光系数

标准对照法　$A_s=kbc_s$　　s表示标准溶液
　　　　　　$A_x=kbc_x$　　x表示待测溶液
　　　　　　$c_x=A_xc_s/A_s$

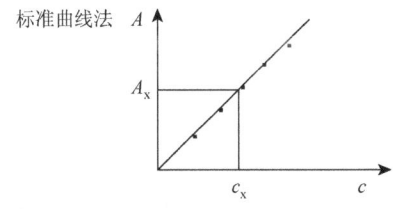

标准曲线法

图 3-21　朗伯-比尔定律　　　　图 3-22　标准曲线法

三、仪器与药品

仪器：移液器（1mL、5mL），移液管（20mL），比色管（50mL），量筒（10mL、100mL），烧杯（100mL、250mL），电子台秤，分光光度计。

药品：$CuSO_4·5H_2O(s)$，$KIO_3(s)$，$CuSO_4$（$0.1000 mol·L^{-1}$），$NH_3·H_2O$（1∶1）。

四、实验步骤

1. $Cu(IO_3)_2$ 固体的制备

（1）用电子台秤称取 1.5g $CuSO_4·5H_2O$ 固体放入 100mL 烧杯中，加 20.0mL 蒸馏水溶解。

（2）称取 2.7g KIO_3 放入烧杯中，加 50.0mL 蒸馏水加热溶解。将 $CuSO_4$ 溶液倒入 KIO_3 溶液中，不断搅拌并加热至近沸。冷却，搅拌至析出大量蓝色 $Cu(IO_3)_2$ 沉淀，静置，弃去上清液。

（3）用 20.0mL 蒸馏水以倾析法洗涤沉淀两三次，得蓝色 $Cu(IO_3)_2$ 沉淀。制备操作如图 3-23 所示。

2. $Cu(IO_3)_2$ 饱和溶液的制备

将上述制得的 $Cu(IO_3)_2$ 沉淀置于 250mL 烧杯中，加入 100.0mL 蒸馏水，边加热边搅拌近沸，自然冷却至室温（冷却过程中不时搅拌）。用干燥的漏斗和滤纸将饱和溶液过滤，滤液收集于一个干燥的烧杯中（滤液要保证澄清，如图 3-24 所示）。

3. 工作曲线的绘制

（1）用移液器分别吸取 $0.1000 mol·L^{-1}$ $CuSO_4$ 溶液 0.40mL、0.80mL、1.20mL、1.60mL、2.00mL 于 5 个标记好的 50mL 比色管中，慢慢滴加 1∶1 $NH_3·H_2O$，沉淀产生，继续滴加 $NH_3·H_2O$ 至沉淀刚刚溶解，再加入 1∶1 $NH_3·H_2O$ 2.0mL。用蒸馏水稀释至刻度，摇匀。

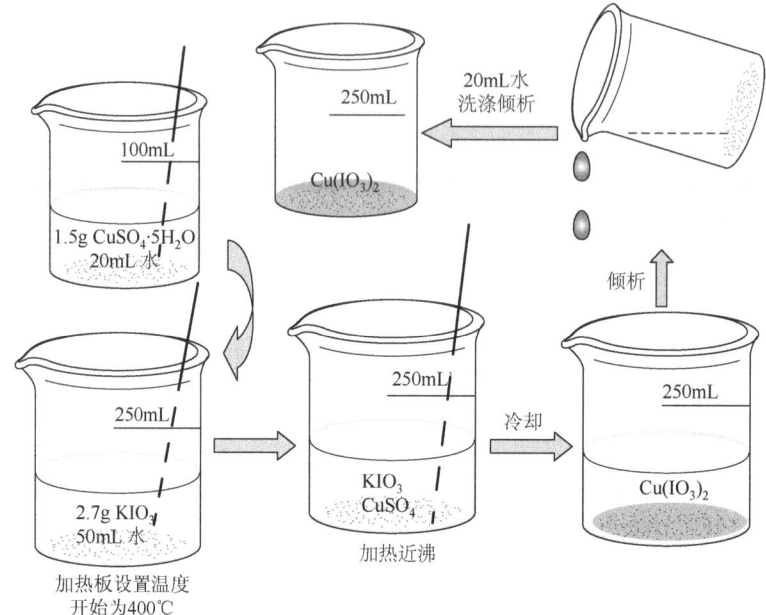

图 3-23 Cu(IO$_3$)$_2$ 固体的制备

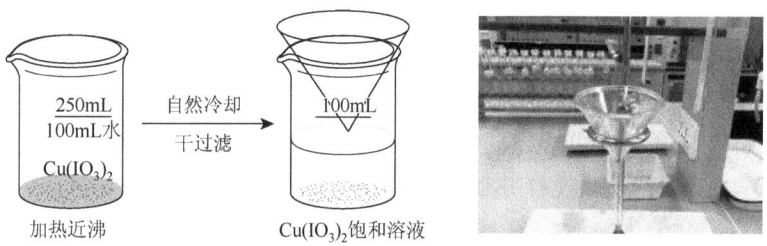

图 3-24 Cu(IO$_3$)$_2$ 饱和溶液的制备

（2）以蒸馏水作参比溶液，选用 1cm 比色皿，选择入射光波长为 600nm，用分光光度计分别测定各溶液的吸光度。

（3）以吸光度 A 为纵坐标，相应的浓度为横坐标，绘制工作曲线。本实验中使用的是 722N 型分光光度计，使用方法如图 3-25 和图 3-26 所示。

4. 饱和溶液中 Cu^{2+} 浓度的测定

用移液管吸取 20.00mL 过滤后的 Cu(IO$_3$)$_2$ 饱和溶液于 50.00mL 比色管中，滴加 1∶1 NH$_3$·H$_2$O，沉淀产生，继续滴加 NH$_3$·H$_2$O 至沉淀刚刚溶解，再加入 1∶1 NH$_3$·H$_2$O 2.0mL。用蒸馏水稀释至刻度，摇匀。按照上述测工作曲线同样条件测定溶液的吸光度。根据工作曲线找出对应的饱和溶液中 Cu^{2+} 浓度，计算 $K_{sp}^{\ominus}$。平行测定两次。

1. 开启电源，仪器预热20min（打开暗箱盖）
2. 波长调至600nm
3. 参比液：蒸馏水

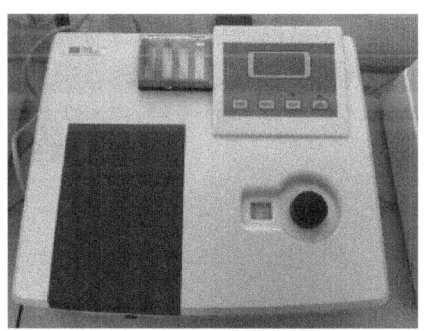

图 3-25　722N 型分光光度计的使用

图 3-26　722N 型分光光度计的校正

五、实验数据记录

工作曲线及 $Cu(IO_3)_2$ 饱和溶液的吸光度的测定。

编号	1	2	3	4	5	待测 1	待测 2
V_{CuSO_4}/mL	0.40	0.80	1.20	1.60	2.00	20.00	20.00
$c_{Cu^{2+}}^{eq}$/(mol·L^{-1})							
吸光度 A							

六、思考题

（1）怎样制备 $Cu(IO_3)_2$ 饱和溶液？如果溶液中 $Cu(IO_3)_2$ 未达到饱和，对测定结果有何影响？

（2）假如在过滤 $Cu(IO_3)_2$ 饱和溶液时有 $Cu(IO_3)_2$ 固体穿透滤纸，将对实验结果产生什么影响？

（3）在制备 $Cu(IO_3)_2$ 饱和溶液时为什么要加热？加热后为什么要放冷？

（4）使用分光光度计要注意哪些问题？

（5）移液器使用过程中应注意哪些问题？

七、自学导读

1. 吸收光谱法

吸收光谱法是根据物质对光的吸收特征和吸收程度的不同，对物质进行定性、定量及结构分析的一种方法。根据测定时所用光源波长的不同，可分为可见吸收光谱法、紫外吸收光谱法和红外吸收光谱法等。作为一种常用检测手段，吸收光谱法具有灵敏度高、准确度高等特点，特别适用于微量及痕量组分的测定。该法仪器简单，测定快速简便，在医药、卫生防疫、食品、环保、化工等研究和生产实践中有着广泛的应用。

2. 物质对光的吸收

单一波长的光束称为单色光，含有多种波长的光称为复合光。人肉眼能看见的光称为可见光，其波长范围为 400～760nm。可见光通过色散得到不同颜色的光。每种颜色的光具有一定的波长范围。白光（日光、白炽灯光等）就是一种复合光，它是由红、橙、黄、绿、青、蓝、紫等颜色的光按一定的强度比例混合而成的。若两种颜色的光按适当的强度比例混合可成白光，则这两种光称为互补色光，见表 3-2。

表 3-2 可见光的波长范围与物质颜色互补关系

物质颜色	黄绿	黄	橙	红	紫红	紫	蓝	绿蓝	蓝绿
吸收光颜色	紫	蓝	绿蓝	蓝绿	绿	黄绿	黄	橙	红
波长/nm	400～450	450～480	480～490	490～500	500～560	560～580	580～610	610～650	650～760

一种物质呈现何种颜色，与光的组成和物质本身的结构有关。对固体物质来说，当日光照到物质上时，物质对于不同波长的光线吸收、透过、反射、折射的程度不同而使物质呈现不同的颜色。如果物质对各种波长的光完全吸收，则呈现黑色；如果完全反射，则呈现白色；如果对各种波长的光吸收程度差不多，则呈现灰色；如果物质选择性地吸收某些波长的光，那么这种物质的颜色就由它所反射或透过光的颜色来决定。

对溶液来说，其呈现不同的颜色是溶液中的质点（分子或离子）选择性地吸收某种颜色的光所引起。如果溶液对白光中各种颜色的光都不吸收，则溶液为无色透明；反之，则呈黑色。如果只使一部分波长的光透过，其他波长的光被吸收，则溶液就呈现透过光的颜色，即溶液呈现的是其吸收光的互补色光的颜色。例如，硫酸铜溶液吸收白光中的黄色光而呈现蓝色；高锰酸钾溶液吸收白光中的绿色光而呈现紫色。

对于某有色溶液来说，究竟最易吸收什么波长的光呢？可由实验方法来确定，即用不同波长的单光依次通过一定浓度的某有色溶液，测量该溶液对各种单色光的吸收程度。以波长为横坐标，以吸光度为纵坐标可以得到一条曲线，此称为光吸收曲线或吸收光谱。吸光度最大处所对应的波长称为最大吸收波长，常用 λ_{max} 表示。

3. 显色剂的选择

在吸收光谱法的分析应用中，为了提高测定的准确度，吸收波长、参比溶液、显色剂及显色条件等分析条件的选择都是非常重要的。

可见吸收光谱法只能测定有色溶液。如果被测试样溶液无色，必须加入一种能与被测物质反应生成稳定有色物质的试剂，然后进行测定，这个过程称为显色反应，加入的这种试剂称为显色剂。常见的显色反应可分为两类：一类为形成螯合物的配位反应；另一类为氧化还原反应。用于吸收光谱法测定时，显色剂必须选择性好、灵敏度高、生成的有色化合物有确定的组成和稳定的化学性质。

4. 波长的选择

入射光波长对分析的灵敏度、准确度和选择性有很大影响。溶液中无干扰物质存在时，为使测定有较高的灵敏度、准确度和选择性，应选择被测物质最大吸收波长 λ_{max} 的光作为入射光，称为最大吸收原则。在 λ_{max} 下测定时，吸光系数越大，灵敏度越高；单色光的波长范围越窄，越符合朗伯-比尔定律。但是当有干扰物质存在时，应根据"吸收尽可能最大，干扰尽可能最小"的原则，选择适当的波长，从而提高分析的灵敏度和准确度。

5. 参比溶液的选择

在测定吸光度时，为了提高测定的抗干扰能力，必须采用参比溶液（也称空白溶液）作对照。因此，正确地选择与配制参比溶液，对提高光度分析的准确度有着重要的作用。常见的参比溶液及其作用如下：

（1）溶液参比：制备试样溶液的试剂与显色剂均无色，即溶液中除被测物质外其他物质对测定波长的光几乎无吸收，可用溶剂作参比溶液，称为溶剂参比。

(2) 试剂参比：显色剂或其他试剂有颜色，且在所测定波长处略有吸收，除不加入试样外，可按显色反应的相同条件，加入同样所需的试剂与溶剂作为参比溶液，称为试剂参比。

(3) 试样参比：试样基体有色（如试样溶液中混有其他有色离子），显色剂无色，且不与显色剂起反应。若显色剂在所测定波长处无吸收时，可按显色反应相同条件，除不加显色剂外，取相同量的试样溶液作参比溶液，称为试样参比；若显色剂在所测定波长处略有吸收时，可在试样溶液中加入适当掩蔽剂，将被测组分掩蔽后，再加显色剂作参比溶液。

6. 标准曲线法

利用朗伯-比尔定律进行定量测定的方法很多，常用的有标准曲线法、标准对照法、摩尔吸光系数比较法、标准加入法及差示吸收光谱法等，可根据具体测定的对象和目的加以选择。

根据光的吸收定律，如果液层厚度、入射光波长保持不变，则在一定浓度范围内，所测得的吸光度与溶液中待测物质的浓度成正比，据此建立了标准曲线法。通常先配制一系列已知准确浓度的标准溶液，在选定波长分别测其吸光度 A，然后以标准溶液的浓度 c 为横坐标，以相应的吸光度 A 为纵坐标，得到一条通过坐标原点的直线，称为标准曲线，又称工作曲线。在相同条件下测出试样溶液的吸光度，根据吸光度即可在标准曲线上查得其对应的浓度及含量，这种方法称为标准曲线法。采用此法时，一定要注意使标准溶液与待测溶液在相同条件下进行测定，且溶液的浓度应在标准曲线的线性范围内。

实验 11 吸附与胶体

一、实验提要

（1）目的：学习溶胶的制备、保护和聚沉的方法；试验胶体溶液的光学和电学性质；加深理解固体在溶液中的吸附作用与交换作用。

（2）方法：通过凝聚法、分散法制备几种溶胶，并对其光学性质、聚沉和固体的吸附和交换作用进行验证。

（3）结论：通过实验可验证溶胶的丁铎尔效应，电解质对溶胶的聚沉作用，高分子溶液对溶胶的保护作用，以及固体在溶液中的吸附与交换作用。

二、实验原理

胶体溶液（溶胶）是一种高度分散的多相体系，它具有很大的表面积和表面能，是热力学不稳定体系。要制备比较稳定的胶体溶液，原则上有两种方法：一是凝聚法，即将真溶液通过化学反应或改换介质等方法来制取溶胶；二是分散法，将大颗粒在一定条件下分散为胶粒形成溶胶。

溶胶具有三大特性：丁铎尔效应（光学性质）、布朗运动（动力学性质）、电泳和电渗（电学性质），其中常用丁铎尔效应来区别溶胶与真溶液，用电泳来验证胶粒所带的电性。

胶团的扩散双电层结构及溶剂化膜是溶胶暂时稳定的主要原因。若溶胶中加入电解质、加热或加入带异电荷的溶胶，都会破坏胶团的双电层结构及溶剂化膜，导致溶胶的聚沉，电解质使溶胶聚沉的能力主要取决于胶粒所带电荷的离子电荷数，电荷数越大，聚沉能力越强。

固体吸附剂具有比较大的表面能，易吸引液体中的分子或离子到它的表面以降低自己的表面能，此过程称为吸附。

三、仪器与药品

仪器：烧杯（100mL），量筒（10mL、100mL），丁铎尔效应装置，玻璃漏斗，滤纸，玻璃棒，试管，滤纸。

药品：品红溶液（$1g·L^{-1}$），饱和硫的 C_2H_5OH 溶液，明胶（$5g·L^{-1}$），HAc（$6.0mol·L^{-1}$），$(NH_4)_2C_2O_4$ 溶液（$0.5mol·L^{-1}$），NaOH（$6.0mol·L^{-1}$），NaCl（$0.5mol·L^{-1}$），$AlCl_3$（$0.01mol·L^{-1}$），NH_4Ac（$1.0mol·L^{-1}$），$FeCl_3$（$20g·L^{-1}$），$BaCl_2$（$20g·L^{-1}$），$K_3[Fe(CN)_6]$（$0.01mol·L^{-1}$），NaCl（$2mol·L^{-1}$），$K_4[Fe(CN)_6]$（$0.02mol·L^{-1}$），镁试剂，K_2SO_4（$0.01mol·L^{-1}$），95%乙醇，土壤样品，活性炭。

四、实验步骤

1. 溶胶的制备（保留本实验所得的各种溶胶供下面实验用）

1）凝聚法

（1）改变溶剂法制备硫溶胶：在盛有 4.0mL 蒸馏水的试管中，滴加 4 滴饱和硫的 C_2H_5OH 溶液，边加边振荡试管，观察所得硫溶胶的颜色。

（2）水解法制备 $Fe(OH)_3$ 溶胶：取 25.0mL 蒸馏水于 100mL 烧杯中，逐滴加入 4.0mL $20g·L^{-1}$ $FeCl_3$ 溶液并不断搅拌，继续煮沸 1~2min，观察溶液颜色的变化。

2）分散法制备普鲁士蓝溶胶

取 3.0mL $20g·L^{-1}$ $FeCl_3$ 溶液注入试管中，加入 1.0mL $0.02mol·L^{-1}$ $K_4[Fe(CN)_6]$溶液，用滤纸过滤，并以少量的蒸馏水洗涤沉淀，滤液即为普鲁士蓝溶胶。凝胶颜色如图 3-27 所示，彩图见附图 4。

图 3-27　溶胶的颜色

2. 溶胶的光学性质——丁铎尔效应

取前面自制的溶胶观察其现象，分别装入试管中，放入丁铎尔效应装置中，观察丁铎尔效应，解释所观察到的现象。

3. 溶胶的聚沉及其保护

1）电解质对溶胶的聚沉作用

在三支试管中，各加入 2.0mL $Fe(OH)_3$ 溶胶，并分别滴加 $0.01mol·L^{-1}$ $K_3[Fe(CN)_6]$、$0.01mol·L^{-1}$ K_2SO_4 和 $2mol·L^{-1}$ NaCl 溶液。边加边振荡，直至出现聚沉现象为止，记录溶胶出现聚沉时所需各种电解质溶液的滴数，比较三种电解质的聚沉能力，并解释之。

2）高分子溶液对溶胶的保护作用

取两支试管，各加入 2.0mL $Fe(OH)_3$ 溶胶及 2 滴 $5g·L^{-1}$ 明胶，振荡试管，然后分别滴加 $0.01mol·L^{-1}$ $K_3[Fe(CN)_6]$ 和 $0.01mol·L^{-1}$ K_2SO_4 溶液，记录聚沉时所需电解质的量，与上面实验进行比较，并加以解释。

4. 固体在溶液中的吸附与交换作用

1）吸附作用

在一支试管中加入 10 滴蒸馏水，再加入 1~2 滴品红溶液，此时溶液呈红色，加入少许活性炭，振荡 1～2min 后，过滤，观察溶液是否还有颜色，并加以解释。

2）交换作用

在两个 100mL 烧杯中，各取土样 2g，一个烧杯中加入 10mL 1.0mol·L^{-1} NH$_4$Ac 溶液，另一个烧杯中加入 10.0mL 蒸馏水。用玻璃棒搅拌，使土和溶液充分混合，便于进行交换作用。静置片刻，使土沉下，用倾注法将溶液过滤于一试管中，滤液做以下检验。

（1）Ca^{2+} 的检验：各取 5～6 滴上述滤液于两支试管中，加入 2 滴 6.0mol·L^{-1} HAc 酸化，微热，然后加入 2～4 滴 0.5mol·L^{-1} (NH$_4$)$_2$C$_2$O$_4$ 溶液，若有白色沉淀产生，表示土壤中的 Ca^{2+} 被交换出来。

（2）Mg^{2+} 的检验：各取 5～6 滴上述滤液于两支试管中，加入 2 滴 6.0mol·L^{-1} NaOH，若有沉淀生成，观察沉淀颜色，再加入 1～2 滴镁试剂，若沉淀变成天蓝色，表示 Mg^{2+} 被交换出来。比较两个实验的现象，并解释之。

五、思考题

（1）由 FeCl$_3$ 溶液制备 Fe(OH)$_3$ 溶胶时，为什么要加热？加热时间能否太长，为什么？

（2）溶胶稳定存在的原因是什么？

（3）怎样使溶胶聚沉？不同电解质对不同溶胶的聚沉作用有何不同？

（4）溶胶产生光学、电学性质的原因是什么？

六、自学导读

胶体和溶液具有共同的性质，如凝固点下降、渗透压等。但由于胶体分散系的粒子较大，形成了新相，因此胶体还有一些特殊的性质，如丁铎尔效应、布朗运动、电泳现象等。

当强光线通过溶胶剂时，从侧面可以看见一道光束，这种现象称为丁铎尔效应（效果如图 3-28 所示）。这是由于胶粒粒度小于自然光波长引起光散射所产生的。在光的传播过程中，光线照射到微粒时，如果微粒大于入射光波长很多倍，则发生光的反射；如果微粒小于入射光波长，则发生光的散射，这时观察到的是光波环绕微粒而向其四周放射的光，称为散射光或乳光。丁铎尔效应就是光的散射现象或称乳光现象。由于溶胶粒子大小一般不超过 100nm，小于可见光波长（400～700nm），因此，当可见光透过溶胶时会产

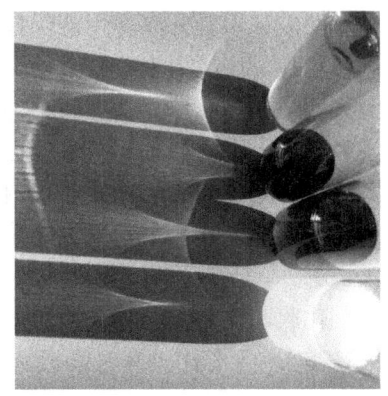

图 3-28 丁铎尔效应

生明显的散射作用。而对于真溶液,虽然分子或离子更小,但因散射光的强度随散射粒子体积的减小而明显减弱,所以真溶液对光的散射作用很微弱。此外,散射光的强度还随分散体系中粒子浓度增大而增强。

原来做不规则运动的胶粒在电场中做单一方向的运动而趋向阳极或阴极的现象称为电泳。电泳在工业上有广泛应用,如电沉积(电泳)涂漆。当带电荷的油漆胶粒在直流电作用下向镀件(电极)运动并在镀件表面放电而沉积时,分散剂却向另一电极移动,这就使得沉积的漆膜由于失去溶剂而紧紧地附着在镀件上。用电泳的方法可使橡胶镀在金属、布匹或木材上,在陶瓷工业中,为了除去陶土里氧化铁杂质,把陶土悬浊液通电,氧化铁离子带正电,陶土粒子带负电,在阳极便可得到纯净的陶土。

在分散系中,分散质和分散剂都可以有气、液、固三种聚集状态,因此它们将以九种方式组成分散系;由于气-气只能组成单相的均匀系统,在分散系中有八种胶体(表3-3)。

表3-3 八类胶体分散系

分散质	分散剂	实例
气	液	泡沫,泡沫乳剂
气	固	浮石(包着气体的石头),砖
液	气	云雾,水雾
液	液	牛奶,润滑油,冷却液,切削液
液	固	珍珠(含水的碳酸钙),凝胶
固	气	烟雾,灰尘
固	液	泥浆,油漆,墨水
固	固	有色宝石,红玻璃(含金的玻璃),合金

溶胶如不受外界作用能保持多年而不聚沉。溶胶的这种稳定性表明其内部存在防止粒子碰撞而聚集变大的因素。这可从粒子的结构予以分析:胶粒的中心部分(胶核)具有选择性吸附某种离子的能力。被吸附的这些离子在胶核外面形成了吸附层,胶粒就是由胶核和吸附层构成的。胶粒的电荷由吸附层的电荷数决定。其余异号电荷的离子在胶粒周围分布较松散,构成扩散层。胶粒带有电荷是溶胶稳定的主要因素。由于同种胶粒所带电荷相同,相互排斥,从而阻止胶体粒子变大。另外,已吸附离子的胶体粒子能在介质中起溶剂化作用,在它的外面形成了溶剂化膜,也起到了阻止胶粒相互结合的作用。

在实际工作中,有时需避免胶体的形成,或需破坏已形成的胶体。破坏胶体,只有减弱或清除使溶胶稳定的因素(胶粒带有的电荷和溶剂化),使胶粒本身由于相互碰撞而自动长大,进而沉降下来,这种胶粒聚成较大粒子而沉降的过程称为聚沉。

实验 12　葡萄糖酸锌片中葡萄糖酸锌含量的测定

一、实验提要

（1）目的：学习测定葡萄糖酸锌片中葡萄糖酸锌含量的方法；通过指示剂铬黑T的应用，了解金属指示剂的特点和使用条件；进一步巩固定量分析的操作方法。

（2）方法：应用配位滴定法测定葡萄糖酸锌片中葡萄糖酸锌的含量。

（3）结论：测定结果基本符合要求。

二、实验原理

锌是人体内的必需微量元素，人体缺锌会引起食欲不振、贫血、生长发育缓慢等现象，从而引发多种疾病。葡萄糖酸锌片（或口服液）是近年开发研制出的一种补锌药，它具有吸收效率高、对人体无刺激、不良反应少的特点。

葡萄糖酸锌的分子式为$[CH_2OH(CHOH)_4COO]_2Zn$ [简写为$Zn(Glu)_2$]，摩尔质量为455.68 g·mol^{-1}。它在水溶液中发生下列解离反应：

$$Zn(Glu)_2 \rightleftharpoons Zn^{2+} + 2Glu^-$$

只要确定Zn^{2+}的含量，便可求出葡萄糖酸锌的含量。

EDTA难溶于水，通常使用其二钠盐（常用Na_2H_2Y表示）配制标准溶液，用它可测定上述溶液中Zn^{2+}的含量。

$$Zn^{2+} + H_2Y^{2-} \rightleftharpoons ZnY^{2-} + 2H^+$$

EDTA二钠盐与金属离子形成的螯合物一般没有颜色，为了准确地指示滴定终点，必须选用适当的指示剂。本实验以铬黑T（EBT）为指示剂，其作用原理如下：

（1）滴定前，Zn^{2+}与EBT反应，形成一种与EBT本身颜色明显不同的配合物。

$$Zn^{2+} + EBT \rightleftharpoons Zn\text{-}EBT$$
　　　　　蓝色　　　紫红色

（2）当滴入EDTA（H_2Y^{2-}）标准溶液时，溶液中游离的Zn^{2+}逐渐被EDTA配位，接近反应终点时，已与EBT配位的Zn^{2+}也被夺出，释放出指示剂，从而引起溶液颜色的突变，即为滴定终点：

$$Zn\text{-}EBT + H_2Y^{2-} \rightleftharpoons Zn\text{-}H_2Y^{2-} + EBT$$
　　　紫红色　　　　　　　　　　　　　蓝色

（3）EBT本身是一种三元弱酸，其中磺酸基（—SO$_3$H）是强酸性的，极易解离，而两个酚羟基$pK_a^{\ominus}$值分别为6.3和11.6。当溶液在不同的pH条件下，由于解离情况不同，其存在形式也会发生变化，因而呈现出不同的颜色：

$$H_2In^- \rightleftharpoons HIn^{2-} \rightleftharpoons In^{3-}$$

紫红色　　蓝色　　黄色

（pH≤6）（pH≈7~11）（pH≥12）

EBT 能与 Zn^{2+}、Mg^{2+}、Ca^{2+} 等多种金属离子形成红色配合物。在 pH≤6 或 pH≥12 时，EBT 自身的颜色与所形成的配合物颜色没有明显差异。只有在 pH 10 左右进行滴定，终点由金属离子配合物的紫红色变成游离指示剂的蓝色，颜色变化才显著。为了利于终点判断，本实验选用 NH_3-NH_4Cl 缓冲溶液（pH≈10）来控制溶液的 pH。尽管 H_2Y^{2-} 在配位过程中会不断释放出 H^+，但溶液的 pH 不会发生明显变化。

每片葡萄糖酸锌片中葡萄糖酸锌的质量可按下式计算：

$$m_{Zn(Glu)_2} = c_{EDTA} \cdot V_{EDTA} \cdot M_{Zn(Glu)_2}$$

式中：$m_{Zn(Glu)_2}$ 为葡萄糖酸锌片中葡萄糖酸锌的质量；c_{EDTA} 为 EDTA 标准溶液的浓度；V_{EDTA} 为 EDTA 标准溶液的体积；$M_{Zn(Glu)_2}$ 为葡萄糖酸锌的摩尔质量。

三、仪器与药品

仪器：电子分析天平，电子台秤，酸式滴定管（25mL），烧杯（50mL），容量瓶（250mL），量筒（10mL，100mL），锥形瓶（250mL），恒温水浴箱。

药品：葡萄糖酸锌片（s，市售），EDTA 二钠盐（s），NH_3-NH_4Cl 缓冲液（pH≈10），铬黑 T（s）。

四、实验步骤

1. 0.01mol·L^{-1} EDTA 溶液的配制

称取 0.9g EDTA 二钠盐晶体于 50mL 烧杯，加少量蒸馏水溶解（可适当加热），转入试剂瓶稀释至 250mL。

2. Zn^{2+} 标准溶液的配制

准确称取 0.1800~0.2000g ZnO 于 50mL 烧杯，逐滴加 6mol·L^{-1} HCl 至 ZnO 刚好完全溶解，定容于 250mL 容量瓶。

3. EDTA 溶液浓度的标定

移液管量取 20.00mL Zn^{2+} 标准溶液，加入 20.0mL 蒸馏水，10.0mL NH_3-NH_4Cl 缓冲溶液，加入约 0.01g 铬黑 T 固体指示剂，用 EDTA 溶液（装入酸式滴定管）

滴定，溶液由紫红色变为蓝紫色。此时接近终点，缓慢滴加至溶液变为纯蓝色。取 3 次平行滴定的平均值计算 EDTA 溶液的浓度。滴定中溶液颜色递变如图 3-29 所示。

4. 溶液的配制

取 1 片葡萄糖酸锌片，放入锥形瓶中，加入 20.0mL 蒸馏水，微热使药片溶解。

5. 葡萄糖酸锌溶液质量的测定

再向锥形瓶中加入 20.0mL 蒸馏水和 NH_3-NH_4Cl 缓冲溶液 10.0mL，加约 0.01g 铬黑 T 固体指示剂，用 $0.01mol \cdot L^{-1}$ EDTA（Na_2H_2Y）标准溶液滴定至溶液由紫红色变为蓝色，即为滴定终点。滴定中溶液颜色递变，如图 3-30 所示，彩图见附图 5。

图 3-29 EDTA 溶液浓度的标定：滴定前后溶液颜色对比

图 3-30 葡萄糖酸锌溶液质量的测定：滴定前后溶液颜色对比

按上述操作重复测定 2 次，根据实验数据求算葡萄糖酸锌片中葡萄糖酸锌的质量。

五、实验数据记录

（1）ZnO 标准溶液的配制。

m_{ZnO}/g	
V_{ZnO}/mL	

（2）EDTA 溶液浓度的标定。

实验序号	1	2	3
V_{EDTA} 初读数/mL			
V_{EDTA} 终读数/mL			

（3）葡萄糖酸锌溶液质量的测定。

实验序号	1	2	3
V_{EDTA} 初读数/mL			
V_{EDTA} 终读数/mL			

六、思考题

（1）用 EDTA 作为滴定剂测定金属离子含量时，若被测液中不加缓冲溶液，滴定过程中溶液 pH 将发生什么变化？为什么？

（2）用铬黑 T 作指示剂时，为什么要控制溶液的 pH 约为 10？

七、注意事项

（1）配位滴定反应速率较慢，滴定时滴加速度不能太快，特别是临近终点时，要边滴边摇晃，保证其充分反应。

（2）在配制 EDTA 溶液时要保证固体全部溶解。

（3）用 HCl 溶解 ZnO 时要缓慢逐滴加入，以防 HCl 过量造成缓冲溶液失效。

（4）酸式滴定管、移液管均应用标准溶液润洗。

（5）实验中若用葡萄糖酸锌口服液，可取 1 支样品，将液体置于锥形瓶中，加少许蒸馏水淋洗样品管两三次后将淋洗液一同转入锥形瓶中，加 25～30mL 蒸馏水，混匀，然后按上述方法操作。

八、自学导读

本实验为配位滴定法。配位滴定法是以配位反应为基础、以螯合剂为标准溶液的滴定分析方法。EDTA 在水中的溶解度小，常用的螯合剂是在水中溶解度较大的乙二胺四乙酸的二钠盐，简称 EDTA 二钠盐，用 $Na_2H_2Y·H_2O$ 表示。它与乙二胺四乙酸统称 EDTA。因此配位滴定法又称 EDTA 滴定法，广泛应用于金属离子的含量测定。

EDTA 分子式常用 H_4Y 表示。在水中 EDTA 分子有 7 种存在型体（H_6Y^{2+}、H_5Y^+、H_4Y、H_3Y^-、H_2Y^{2-}、HY^{3-}、Y^{4-}）。它们的分布分数与 pH 有关，pH 为 2.67～6.16 时主要以 H_2Y^{2-} 存在，只有 pH＞10.26 时才主要以 Y^{4-} 存在。这 7 种型体中，只有 Y^{4-} 能与金属离子直接配位，溶液的酸度越低，Y^{4-} 的分布分数就越大。因此，EDTA 在碱性溶液中配位能力较强。在配位滴定过程中，为保证合适的 pH 使反应能定量地进行，滴定前必须加入一定量的缓冲溶液来控制溶液的酸度。EDTA 被广泛用作滴定剂，因为 EDTA 是含有羧基和氨基的螯合剂，能与多种金属离子形成螯合物，EDTA 中的氮原子和氧原子与金属离子键合时，形成多个五元环，使螯合物十分稳定，配位化合物稳定常数都较大，这些反应用于滴定时准确度较高。EDTA 与金属离子形成的配位化合物绝大多数的配位比为 1∶1，并且配位化合物大多带电荷，易溶于水，配位反应速率比较快，这些都是对滴定的有利条件。大多数配位化合物无色，这有利于选择指示剂确定终点。若金属离子本身有色，则形成的配位化合物颜色会加深，如 CrY^- 为深紫色，CuY^{2-} 为深蓝色，FeY^- 为黄色，在滴定这些离子时要特别注意控制其浓度不可过大，以免影响终点的判断。

EDTA 标准溶液的配制：一般采用间接配制法进行配制，即先用 EDTA 二钠盐配成近似浓度的溶液，再用一级标准物质进行滴定。一级标准物质可选用分析纯的 Zn、ZnO、$ZnSO_4$、$CaCO_3$ 等，将其配成标准溶液，加 pH = 10 的 NH_3-NH_4Cl 缓冲溶液，以铬黑 T 为指示剂进行标定。溶液颜色由紫红色变为蓝色即为终点。EDTA 标准溶液浓度通常配为 0.01～0.05 mol·L^{-1}。

在配位滴定中，常用一种能与金属离子形成有色配合物的配位剂作为指示剂，指示滴定过程中金属离子浓度的变化以确定终点，故称为金属指示剂。常用的金属指示剂为铬黑 T，又称埃罗黑 T，简称 EBT，可以用 NaH_2In 表示。结构式如下

铬黑T　　　　　　　　　　显色配合物

溶于水时磺基酸上的 Na^+ 全部解离，形成的 H_2In^- 在溶液中逐级解离：

$$H_2In^- \xrightarrow[pK_2^\ominus = 6.3]{-H^+} HIn^{2-} \xrightarrow[pK_3^\ominus = 11.6]{-H^+} In^{3-}$$

紫红色　　　　蓝色　　　　橙色

在不同的酸度下铬黑 T 呈现不同的颜色，pH＜6.0 时呈紫红色，pH = 7.0～11.0 时呈蓝色，pH＞12.0 时呈橙色。

铬黑 T 常用作 EDTA 直接滴定 Mg^{2+}、Zn^{2+}、Pb^{2+}、Mn^{2+}、Cd^{2+} 等离子时的指示剂，铬黑 T 与金属离子形成的配合物 MIn 是红色或紫红色，因此它只能

在溶液 pH = 7.0~11.0 中使用。实验表明,使用铬黑 T 的最适宜 pH 为 9.0~10.5,滴定到终点时,溶液由紫红色变为蓝色。但它对 Ca^{2+} 不够灵敏,必须有 Mg^{2+} 或 Zn^{2+} 存在时,才能改善滴定终点,一般滴定 Ca^{2+} 和 Mg^{2+} 的总量时常用铬黑 T。

固体铬黑 T 性质稳定,但其水溶液只能保存几天,这是由于发生聚合反应和氧化反应。铬黑 T 的聚合反应如下

$$n\mathrm{H_2In^-} \rightleftharpoons (\mathrm{H_2In^-})_n$$

紫红色　　　棕色

在 pH<6.5 的溶液中,聚合更为严重。指示剂聚合后,不能与金属离子显色。在配制溶液时,如加入三乙醇胺,可减慢聚合速率。

在碱性溶液中,空气中的 O_2 以及 $Mn(\mathrm{IV})$、Ce^{4+} 等能将铬黑 T 氧化并褪色。加入盐酸羟氨或抗坏血酸等还原剂,可防止其氧化。

配制指示剂的另一方法是:将铬黑 T 与干燥的纯 NaCl 按 1∶100 混合研细,密闭保存。使用时取约 0.1g,直接加于溶液中。

配位滴定中其他较常用的金属指示剂还有二甲酚橙、钙指示剂、PAN、茜素红 S 等。

实验 13　磺基水杨酸铁（III）配合物组成和稳定常数的测定

一、实验提要

（1）目的：学习用分光光度法测定配位化合物的组成及配离子稳定常数的原理和方法；测定磺基水杨酸铁的组成和稳定常数；进一步熟悉分光光度计的使用方法。

（2）方法：本实验采用等摩尔系列法，在 pH<2.5，波长为 500nm 条件下，利用分光光度法测定 Fe^{3+} 与磺基水杨酸（H_3L）配合物的组成和稳定常数。

（3）结论：测定其组成和稳定常数数值与理论相符。

二、实验原理

磺基水杨酸（H_3L）与 Fe^{3+} 能形成稳定的配合物，其组成因溶液 pH 的不同而不同。当溶液的 pH<4 时，溶液为紫红色的 1∶1 配合物，螯合反应如下

$$Fe^{3+} + {}^-O_3S\text{-}C_6H_3(OH)(COOH) \rightleftharpoons [{}^-O_3S\text{-}C_6H_3(O\text{-})(C(=O)O\text{-})Fe^+] + 2H^+$$

当溶液的 pH 为 10 左右时，溶液为黄色的 1∶3 配合物；当 pH 为 4～10 时，生成红色的 1∶2 配合物。

本实验在 pH<2.5 条件下，测定 Fe^{3+} 与磺基水杨酸（H_3L）配合物。在波长为 500nm 的单色光下用分光光度法可测定其组成和稳定常数。在实验中加入 $0.01\,mol\cdot L^{-1}$ $HClO_4$ 溶液以保证测定时所需的 pH。

一定波长的单色光通过一定厚度有色物质溶液时，吸光度 A 只与有色物质的浓度 c 成正比。为测定配离子的组成和稳定常数，要求在测定波长下配离子对光有较强的吸收，而配体和中心离子都没有吸收。

用分光光度法测定配离子组成时，常用等摩尔系列法。这种方法就是保持溶液中金属离子 M 和配位体 R 的浓度之和总物质的量不变，只改变这两种物质浓度的相对量，配制一系列溶液，测定它们的吸光度。只有当溶液中金属离子与配体的物质的量之比与配离子的组成相一致时，配离子的浓度才最大。因此，在吸光度-组成图上，吸光度最大值对应的溶液组成就是配离子的组成。

初始溶液中金属离子的摩尔分数为

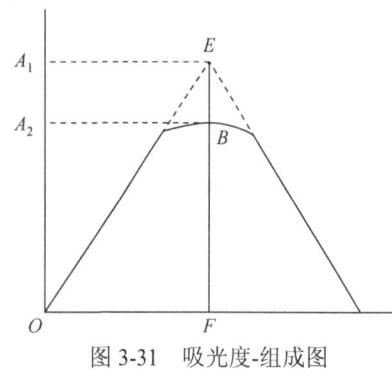

图 3-31 吸光度-组成图

$$x_M = \frac{n_M}{n_M + n_R}$$

以吸光度 A 为纵坐标，配体的摩尔分数 x_R 为横坐标作图（图 3-31）。将曲线两边的直线部分延长交于 E，E 点的吸光度 A_1 最大，E 点对应的横坐标 F 点即配离子中的金属离子和配体物质的量之比，由此求出配离子中的配位数 n，从而得到配离子的组成 MR_n。

图中 $F = 0.5$，即 $x_M = 0.5$，于是

$$\frac{n_M}{n_M + n_R} = 0.5, \quad \frac{n_R}{n_M} = 1$$

$n_M = n_R$，所以配离子组成是 MR。

从图 3-31 中看出，最大吸光度 E 点，其吸光度为 A_1，这是 M 和 R 全部配合的吸光度。但因配离子部分解离，其浓度要小些，所以实验测得的最大吸光度为 B 点，其吸光度为 A_2。

配离子的电离度：$\alpha = \dfrac{A_1 - A_2}{A_1}$

配离子的稳定常数 $K_{稳}^{\ominus}$：

$$\begin{array}{c} M + R \rightleftharpoons MR \\ c\alpha \quad c\alpha \quad c-c\alpha \end{array}$$

$$K_{稳}^{\ominus} = \frac{[MR]}{[M][R]} = \frac{1-\alpha}{c\alpha^2}$$

式中：c 为 B 点时溶液中 M 的初始浓度。

三、仪器与药品

仪器：分光光度计，容量瓶（250mL），移液器（10mL），烧杯（50mL，100mL），移液管（25mL）。

药品：$(NH_4)Fe(SO_4)_2$（$0.0100 mol \cdot L^{-1}$），磺基水杨酸（$0.0100 mol \cdot L^{-1}$），$HClO_4$（$0.01 mol \cdot L^{-1}$）。

四、实验步骤

1. 溶液的配制

配制 $0.0010 mol \cdot L^{-1}$ Fe^{3+} 溶液：移液管吸取 25.00mL $0.0100 mol \cdot L^{-1}$ $(NH_4)Fe(SO_4)_2$

溶液至 250mL 容量瓶中，以 0.01 mol·L^{-1} HClO$_4$ 溶液稀释至该度，摇匀，备用。

配制 0.0010 mol·L^{-1} 磺基水杨酸（H$_3$L）溶液：移液管吸取 25.00mL 0.0100mol·L^{-1} H$_3$L 溶液至 250mL 容量瓶中，以 0.01mol·L^{-1} HClO$_4$ 溶液稀释至刻度，摇匀，备用。

2. 浓比递变法测定有色配离子或配位化合物的吸光度

（1）用移液器按"实验数据记录"内溶液的体积分别吸取各溶液，分别注入已编号的干燥小烧杯中，混合均匀。按照步骤配制好 1～11 号溶液放入小烧杯中，如图 3-32 所示。

（2）调整好分光光度计，选定波长为 500nm 的光源，如图 3-33 所示。

（3）取 4 个 1cm 的比色皿，取其中一个加入 0.01mol·L^{-1} HClO$_4$ 溶液用作参比溶液，放在比色皿框中的第一格内，其余 3 个分别按顺序加入各编号的待测溶液（至比色皿容积的 2/3），分别测定各待测溶液的吸光度。每次测定前须用参比溶液校正。

图 3-32　配制 1～11 号溶液

图 3-33　选定波长为 500nm

五、实验数据记录

序号	Fe^{3+}体积/mL	H$_3$L 体积/mL	H$_3$R 摩尔分数	吸光度
1	10.0	0.0		
2	9.0	1.0		
3	8.0	2.0		
4	7.0	3.0		
5	6.0	4.0		

续表

序号	Fe^{3+}体积/mL	H_3L 体积/mL	H_3R 摩尔分数	吸光度
6	5.0	5.0		
7	4.0	6.0		
8	3.0	7.0		
9	2.0	8.0		
10	1.0	9.0		
11	0.0	10.0		

六、思考题

（1）本实验测定配合物的组成和稳定常数的原理是什么？

（2）本实验为什么选用 500nm 波长的光测定溶液的吸光度？

（3）什么是浓比递变法？如何用作图法计算配离子或配位化合物的组成及稳定常数？

（4）什么是参比溶液？本实验的参比溶液是什么？

实验14　重铬酸钾法测定亚铁盐中铁的含量

一、实验提要

（1）目的：学习二苯胺磺酸钠指示剂的使用原理；掌握直接法配制标准溶液。
（2）方法：通过重铬酸钾法对亚铁盐中铁的含量进行验证。
（3）结论：基本符合理论值。

二、实验原理

重铬酸钾（$K_2Cr_2O_7$）在强酸性介质中具有很强的氧化性，常用于测定 Fe^{2+}，反应式为

$$Cr_2O_7^{2-} + 6Fe^{2+} + 14H^+ \rightleftharpoons 2Cr^{3+} + 6Fe^{3+} + 7H_2O$$

用 $K_2Cr_2O_7$ 测定 Fe^{2+} 时，常用二苯胺磺酸钠作为指示剂。反应终点时过量少许 $K_2Cr_2O_7$，使指示剂由无色变成红紫色。由于在滴定过程中生成的 Cr^{3+} 呈绿色，故终点时由绿色变紫蓝色（红紫色＋绿色）。二苯胺磺酸钠变色点的电位位于滴定曲线的下方，指示剂变色时只能氧化91%左右的 Fe^{2+}。因此，为了减少误差，必须在滴定前加入 NaF 或 H_3PO_4 与 Fe^{3+} 形成配合物，以降低 $\varphi^{\ominus}_{Fe^{3+}/Fe^{3+}}$ 电极电势，增大突跃范围，并消除 Fe^{3+} 黄色干扰，有利于终点颜色的观察。

三、仪器与药品

仪器：容量瓶（250mL），烧杯（100mL、250mL），移液管（25mL），酸式滴定管（25mL），量筒（10mL、100mL），锥形瓶（250mL）。

药品：二苯胺磺酸钠（$2g·L^{-1}$），H_3PO_4（浓），H_2SO_4（$3.0mol·L^{-1}$），$K_2Cr_2O_7$（A. R.），$FeSO_4·(NH_4)_2SO_4·6H_2O$（s）。

四、实验步骤

1. $0.02mol·L^{-1}$ 重铬酸钾标准溶液的配制

用差减法准确称取 1.3000～1.4000g 烘干过的 $K_2Cr_2O_7$ 于 250mL 烧杯中，加蒸馏水溶解，转入 250mL 容量瓶中，定容，摇匀，计算其准确浓度。溶液颜色如图3-34所示。

2. 亚铁盐中铁含量的测定

用差减法准确称取 0.7000～0.9000g $FeSO_4·(NH_4)_2SO_4·6H_2O$ 样品三份，分

别放入三个编号的 250mL 锥形瓶中,各加入 20.0mL 3.0mol·L^{-1} H$_2$SO$_4$、100.0mL 蒸馏水,滴加入 6～8 滴二苯胺磺酸钠指示剂,摇匀后用标准溶液滴定,至溶液出现深绿色时,加入 5.0mL 浓 H$_3$PO$_4$,继续滴定至溶液颜色变为紫色或紫蓝色为止,即为滴定终点。滴定过程和滴定终点时,溶液的颜色如图 3-35 所示,彩图见附图 6。

图 3-34 K$_2$Cr$_2$O$_7$ 溶液

图 3-35 滴定溶液颜色

五、实验数据记录

(1) 溶液的配制。

数据	m_1	m_2	$m_1-m_2 = m_3$
$m_{\text{K}_2\text{Cr}_2\text{O}_7}$/g			
$m_{\text{FeSO}_4 \cdot (\text{NH}_4)_2\text{SO}_4 \cdot 6\text{H}_2\text{O}}$/g			
$m_{\text{FeSO}_4 \cdot (\text{NH}_4)_2\text{SO}_4 \cdot 6\text{H}_2\text{O}}$/g			
$m_{\text{FeSO}_4 \cdot (\text{NH}_4)_2\text{SO}_4 \cdot 6\text{H}_2\text{O}}$/g			

(2) 亚铁盐中铁含量的测定。

数据	1	2	3
$V_{\text{K}_2\text{Cr}_2\text{O}_7}$ 初读数/mL			
$V_{\text{K}_2\text{Cr}_2\text{O}_7}$ 末读数/mL			

六、数据处理

（1）重铬酸钾标准溶液浓度的计算：

$$c_{K_2Cr_2O_7} = \frac{m_{K_2Cr_2O_7}}{M_{K_2Cr_2O_7} \cdot V}$$

（2）试样中铁的含量（质量分数）：

$$w_{Fe} = \frac{6c_{K_2Cr_2O_7} \cdot V_{K_2Cr_2O_7} \cdot M_{Fe}}{m}$$

七、思考题

（1）$K_2Cr_2O_7$ 为什么可用直接法配制标准溶液？
（2）加入 H_3PO_4 的作用是什么？
（3）为什么加入 H_3PO_4 后必须立即滴定？

八、自学导读

指示剂二苯胺磺酸钠的变色原理

二苯胺磺酸钠是典型的氧化还原型指示剂，其还原态是无色的，氧化态为紫红色。在溶液中存在如下转化平衡：

$$In(Ox) + ne^- \rightleftharpoons In(Red)$$

对应的能斯特方程式为

$$\varphi_{In(Ox)/In(Red)} = \varphi^{\ominus}_{In(Ox)/In(Red)} + \frac{2.303RT}{zF} \lg \frac{c_{In(Ox)}}{c_{In(Red)}}$$

在氧化还原反应的滴定体系中还存在这样的两组电对：

$$Ox_1 + ne^- \rightleftharpoons Red_1$$
$$Ox_2 + ne^- \rightleftharpoons Red_2$$

二者分别有各自的能斯特方程式：

$$\varphi_{Ox_1/Red_1} = \varphi^{\ominus}_{Ox_1/Red_1} + \frac{2.303RT}{zF} \lg \frac{c_{Ox_1}}{c_{Red_1}} \qquad \varphi_{Ox_2/Red_2} = \varphi^{\ominus}_{Ox_2/Red_2} + \frac{2.303RT}{zF} \lg \frac{c_{Ox_2}}{c_{Red_2}}$$

随着滴定剂的加入，溶液体系中各组电对浓度发生变化，电势改变，但不管怎样，在溶液中每个平衡时刻三者是相等的，即

$$\varphi_{Ox_1/Red_1} = \varphi_{Ox_2/Red_2} = \varphi_{In(Ox)/In(Red)}$$

随着溶液电势的变化，$c_{In(Ox)}$ 和 $c_{In(Red)}$ 也不断变化，当溶液中 $c_{In(Ox)}= c_{In(Red)}$ 时，
$$\varphi_{In(Ox)/In(Red)}= \varphi^{\ominus}_{In(Ox)/In(Red)}$$
这时溶液的电势称为指示剂的变色点电势，它等于指示剂的条件电极电势。此时溶液呈现的是指示剂氧化态和还原态的混合色。

在滴定过程中，如果溶液电势大于指示剂的条件电极电势，即
$$\varphi_{In(Ox)/In(Red)}> \varphi^{\ominus}_{In(Ox)/In(Red)}$$
指示剂的还原态被氧化，$c_{In(Ox)}$ 增大，使溶液颜色向指示剂的氧化态颜色方向变化。

如果溶液电势小于指示剂的条件电极电势，即
$$\varphi_{In(Ox)/In(Red)}< \varphi^{\ominus}_{In(Ox)/In(Red)}$$
则指示剂的氧化态被还原，$c_{In(Red)}$ 增大，使溶液颜色向指示剂的还原态颜色方向变化。因此，滴定至化学计量点后，过量一点 $K_2Cr_2O_7$ 就能使二苯胺磺酸钠由还原态转变为氧化态，溶液显紫红色，可以指示滴定终点。

实验 15 氯化铵生成焓的测定

一、实验提要

(1) 目的：测定氯化铵的生成焓，加深对赫斯定律的理解；学习量热计的使用方法；学习实验数据制表和作图法处理数据。

(2) 方法：利用简单热容器，用盐酸和氢氧化钠反应热测定其热容。通过测定氨水与盐酸生成氯化铵溶液和氯化铵固体的溶解热，依据赫斯定律计算氯化铵的生成焓。

(3) 结论：通过该实验得到氯化铵生成焓，测定方法简便，易行。

二、实验原理

热力学标准状态下，由稳定单质生成 1mol 某物质的焓变称为该物质的标准摩尔生成焓，用符号 $\Delta_f H_m^\ominus$ 表示。标准摩尔生成焓一般可通过测定有关反应热间接求得。本实验就是分别测定氨水和盐酸的中和反应热 $\Delta_r H_{m,中和}^\ominus$ 和氯化铵固体的溶解热 $\Delta_r H_{m,溶解}^\ominus$，然后利用氨水和盐酸的标准摩尔生成焓，通过赫斯定律计算求得固体氯化铵的标准摩尔生成焓。反应式如下

$$\frac{1}{2}N_2(g) + \frac{3}{2}H_2(g) + \frac{1}{2}H_2(g) + \frac{1}{2}Cl_2(g) \xrightarrow{\Delta_f H_{m(NH_4Cl,s)}^\ominus} NH_4Cl(s)$$

$$NH_3(aq) + HCl(aq) \rightleftharpoons NH_4Cl(aq) \quad \Delta_r H_{m,中和}^\ominus$$

$$NH_4Cl(s) \rightleftharpoons NH_4Cl(aq) \quad \Delta_r H_{m,溶解}^\ominus$$

则

$$\Delta_f H_{m(NH_4Cl,s)}^\ominus = \Delta_r H_{m,中和}^\ominus + \Delta_f H_{m(HCl,aq)}^\ominus + \Delta_f H_{m(NH_3,aq)}^\ominus - \Delta_r H_{m,溶解}^\ominus$$

中和热和溶解热可采用简易量热计来测量。反应放出或吸收的热量使量热计系统温度升高或降低，因此，只要测定系统温度的改变值 ΔT 以及热容 C，则反应的热效应：

$$\Delta H = \frac{-C \cdot \Delta T}{n} \quad \Delta_f H_{m(HCl,aq)}^\ominus = -165.1 \text{kJ} \cdot \text{mol}^{-1}，\quad \Delta_f H_{m(NH_3,aq)}^\ominus = -81.2 \text{kJ} \cdot \text{mol}^{-1}$$

量热计系统的热容 C 是指量热计系统温度升高 1K 所需的热量。测定量热计系统的热容有多种方法，本实验是采用化学反应标定法，即利用 HCl 和 NaOH 水溶液在量热计内反应，测定量热计系统温度的改变值 ΔT 后，根据已知中和反应

热（$\Delta_r H_{m,中和}^{\ominus}$ =−57.3kJ·mol^{-1}）求出量热计系统的热容 C。

虽然各种盐溶液的热容略有差别，但本实验可不予考虑。

本实验采用普通保温杯和分刻度为 0.1℃ 的温度计作为简易量热计，来测量反应热效应。如设法使反应在绝热条件下，在量热计中发生反应，即反应系统不与量热计以外的环境发生热量交换，这样量热计及其所盛物质的温度就会改变，从反应系统前后温度的变化及有关物质的热容，就可计算出该反应系统吸收或放出的热量。由于简易量热计并非严格的绝热系统，在实验中系统和环境不可避免地发生了热量交换，利用外推作图法，可适当消除这一影响。

三、仪器与药品

仪器：保温杯，电加热板，电子台秤，秒表，温控仪，温度计（0～50℃，分刻度为 0.1℃），滴定管（25mL），移液管（25mL），烧杯（100mL）。

药品：HCl（1.5mol·L^{-1}），NH$_3$·H$_2$O（1.5mol·L^{-1}），NaOH（1.5mol·L^{-1}），NH$_4$Cl（s，须在 378K 干燥后存放在干燥容器内）。

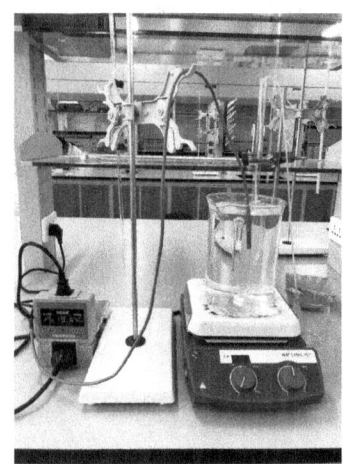

图 3-36 量热计装置图

四、实验步骤

1. 量热计热容的测定

（1）洗净量热计、磁力搅拌转子，并用滤纸擦干，将转子置于杯底。按图 3-36 装配简易量热计装置。调节温控仪的温度探头高度，使其不接触杯底，同时避开转子。

（2）移取 25.00mL 1.5mol·L^{-1} NaOH 放入量热计中，搅拌，计时，每隔 30s 记录一次溶液的温度。180s 后，再将 25.00mL 1.5mol·L^{-1} HCl 放入，搅拌，立即记录初始温度。每隔 10s 记录一次溶液的温度，60s 后再每间隔 30s 记录一次温度。直到温度上升至最高点后继续观察 5min。

（3）作出温度-时间关系图（图 3-37），用外推法求 ΔT，并计算量热计系统的热容 C。

2. NH$_3$·H$_2$O 与 HCl 中和热的测定

（1）洗净量热计及上述装置，移取 25.00mL 1.5mol·L^{-1} NH$_3$·H$_2$O 放入量热计中，搅拌，计时，每隔 30s 记录一次溶液的温度。180s 后，再将 25.00mL 1.5mol·L^{-1}

HCl 放入，搅拌，继续每隔 30s 记录一次溶液的温度，直到温度上升至最高点后继续观察 5min。

（2）作出温度-时间关系图（图 3-37），用外推法求 ΔT，并计算中和反应热 $\Delta_r H_{m,中和}^{\ominus}$。

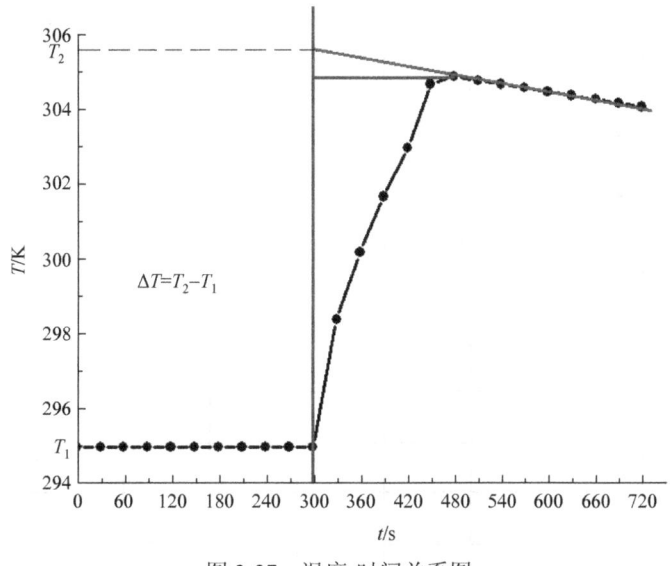

图 3-37　温度-时间关系图

3. NH₄Cl 溶解热的测定

（1）称取 2.0g NH₄Cl 固体，向干净的量热计中加入 50.00mL 蒸馏水（25.0mL 移液管两次加入），搅拌使系统温度趋于稳定后记录时间和温度数据（30s 记一次）。

（2）于第 3min 左右加入 2.0g NH₄Cl 固体（如何确定其用量），立即盖好杯盖并搅拌，继续纪录时间和温度数据（10min 左右），作图求 ΔT，并计算 NH₄Cl 溶解的 $\Delta_r H_{m,溶解}^{\ominus}$。

五、实验数据记录

（1）量热计热容的测定。

编号	1	2	3	4	5	6	7	8	9	10
时间										
温度										

续表

编号	11	12	13	14	15	16	17	18	19	20
时间										
温度										
编号	21	22	23	24	25	26	27	28	29	30
时间										
温度										

（2）$NH_3 \cdot H_2O$ 与 HCl 中和热的测定。

编号	1	2	3	4	5	6	7	8	9	10
时间										
温度										
编号	11	12	13	14	15	16	17	18	19	20
时间										
温度										
编号	21	22	23	24	25	26	27	28	29	30
时间										
温度										

（3）NH_4Cl 溶解热的测定。

编号	1	2	3	4	5	6	7	8	9	10
时间										
温度										
编号	11	12	13	14	15	16	17	18	19	20
时间										
温度										
编号	21	22	23	24	25	26	27	28	29	30
时间										
温度										

六、思考题

（1）如何利用赫斯定律和实验数据计算氯化铵固体的标准摩尔生成热？

（2）为什么放热反应的温度-时间曲线的后半段逐渐下降，而吸热反应则相反？

（3）实验产生误差的可能原因是什么？

（4）怎样利用赫斯定律计算 $NH_3(aq)$ 的生成焓和 $HCl(aq)$ 的生成焓？

（5）如果实验中有少量 HCl 溶液或 NH_4Cl 固体黏附在量热计器壁上，对实验结果有何影响？

实验 16 水汽化过程热力学函数的测定

一、实验提要

（1）目的：学习测定水的饱和蒸气压；了解平衡常数与温度的关系。
（2）方法：计算实验温度范围内水汽化过程的热力学函数的方法。
（3）结论：通过该实验得到汽化过程的热力学函数，方法简便、易行。

二、实验原理

水的气液平衡 $H_2O(l) \rightleftharpoons H_2O(g)$，服从化学平衡的规律，在热力学中可按化学平衡处理。在一定温度下， $\ln K^\ominus = \ln \dfrac{p_{H_2O}^{eq}}{p^\ominus} \approx -\dfrac{\Delta_r G_m^\ominus(T)}{RT}$

$$\Delta_r G_m^\ominus(T) = \Delta_r H_m^\ominus(298.15K) - T\Delta_r S_m^\ominus(298.15K)$$

式中： $p_{H_2O}^{eq}$ 为温度为 T 时水的饱和蒸气压； $\Delta_r H_m^\ominus(298.15K)$ 为水的摩尔汽化热； $\Delta_r S_m^\ominus(298.15K)$ 为水的摩尔汽化熵。

在实验室温度下，U 形管内的气体均为水蒸气和空气的混合气体，二者分压之和与大气压强相等，即 $p_{atm} = p_{H_2O}^{eq} + p_{air}$，故 $p_{H_2O}^{eq} = p_{atm} - p_{air}$，则

$$p_{H_2O}^{eq} = p_{atm} - \dfrac{n_{air}RT}{V}$$

式中： n_{air} 为空气的物质的量，该数值在实验过程中保持不变，可将加热前测得的 $T_{初始}$、 $V_{初始}$、 p_{atm} 和查表得到的 $T_{初始}$ 温度下水的饱和蒸气压 $p_{H_2O}^{eq}$ 代入理想气体状态方程而求得：

$$n_{air} = \dfrac{(p_{atm} - p_{H_2O}^{eq})V_{初始}}{RT_{初始}}$$

将各个温度 T 时测得的 V 值代入上式，即可求得相应的 $p_{H_2O}^{eq}$。以 $\ln p_{H_2O}^{eq}$ 对 $1/T$ 作图得一直线，取线上两点的数据代入上述公式可求 $\Delta_r H_m^\ominus(298.15K)$ 和 $\Delta_r S_m^\ominus(298.15K)$，即可求 $\Delta_r G_m^\ominus(298.15K)$。与文献值 $\Delta_r H_m^\ominus(298.15K) = 44.01 kJ \cdot mol^{-1}$、 $\Delta_r S_m^\ominus(298.15K) = 118.9 J \cdot K^{-1} \cdot mol^{-1}$、 $\Delta_r G_m^\ominus(298.15K) = 8.56 kJ \cdot mol^{-1}$ 比较，计算相对误差。

三、仪器

烧杯（2000mL，100mL），U 形管（由废滴定管改制而成），电加热板，温度

计,水位差调节器。

四、实验步骤

水汽化实验装置如图 3-38 所示,将蒸馏水加入 U 形管中,注意在封闭端保留 7.0mL 左右空气,将其固定好后,在大烧杯中加入蒸馏水至封闭端上 2.0cm 处,使液面平行。

图 3-38　水汽化实验装置图

从室内气压计上读取大气压力 p_{atm}。

开启磁力搅拌器(暂不加热),待温度恒定 5min 后,调节 U 形管两臂液面相等,读取温度 $T_{初始}$ 和封闭端气体体积 $V_{初始}$。

启动搅拌器,分别将温度设置调节为 30℃、35℃、40℃、45℃、50℃,每一温度恒温 5min 后调节 U 形管两臂液面相等,读取气体体积 V,同时从温度计上读取温度。

五、实验数据记录

初始温度_____℃　　初始体积_____mL　　大气压强_____kPa

T/℃					
T/K					
$(1/T) \times 10^3$					
V/mL					
p_{air}					

续表

$p_{H_2O}^{eq}$						
$\ln p_{H_2O}^{eq}$						
$\Delta_r H_m^{\ominus}$				相对误差		
$\Delta_r S_m^{\ominus}$				相对误差		
$\Delta_r G_m^{\ominus}$				相对误差		

六、思考题

（1）U形管两臂液面不等将对测定产生什么影响？

（2）为什么U形管内空气要干净？如何防止空气倒灌？

（3）实验所测摩尔汽化热与文献相比较，结果如何？产生误差的原因有哪些？

实验17 生物体中几种元素的定性鉴定

一、实验提要

（1）目的：了解植物或动物体内重要元素的简单检出方法；学习使用箱式高温电阻炉干法分解试样的方法。

（2）方法：通过箱式高温电阻炉灰化生物样品，再用酸消化和分解后定性鉴定含有铁、磷、钙元素。

（3）结论：实验步骤操作简单，结合对照实验所得结论与理论相符。

二、实验原理

目前，在人体中已经发现的化学元素有81种。这些元素大体可分为必需元素、有益元素、沾染元素和污染元素4类。氢、钠、钾、镁、钙、铝、锰、铁、铜、钴、锌、碳、氮、磷、氧、硫、氯、碘等18种元素属于生命必需元素，它们存在于所有的健康组织中。在比较近代和比较高级的有机生命体中，硅、钒、铬、镍、硒、溴、锡、氟等8种元素被认为是有益元素。血液中浓度非常低的铅、镉、汞元素对生物体具有有害作用，称为有害元素。一些在体内生理作用未完全确定的元素则称为无毒元素。每一种元素在各种物种中都有一个恒定的浓度范围。

人体中18种必需元素的含量，与人体的体重和人所在的地区有关，对于体重为70kg的人而言，这18种元素的平均值见表3-4。

表3-4 18种必需元素的平均值

元素	平均值/(g/人)	元素	平均值/(g/人)	元素	平均值/(g/人)	元素	平均值/(g/人)
氧	45 000	磷	700	镁	35	钴	<0.003
碳	12 600	钾	140	铁	4	铝	0.1
氢	7 000	氯	105	锌	2.3	锰	0.02
氮	2 100	硫	175	铜	0.1		
钙	1 050	钠	105	碘	0.03		

本实验中要检出的钙、铁、磷等元素是维持生命的重要元素。钙在体内含量很高，它的最重要作用是作为骨头中羟基磷灰石的组成部分。人体缺钙会导致骨骼畸形，痉挛。铁作为微量元素，存在于各种各样的代谢活性分子中。血红蛋白、

肌红蛋白、血红素中都含有铁，缺铁会造成贫血。磷元素不仅是骨头的重要成分，也是核酸的重要组成元素。这些元素不但存在于动物体中，也存在于植物体中。例如，磷是原生质和细胞核的组成部分，在植物碳水化合物的代谢中起重要作用。磷元素直接参与呼吸和发酵过程。钙具有中和植物组织内有机酸以减少毒害的作用。铁能参与植物的氧化还原过程，并且是某些氧化酶的成分，在呼吸过程中起重要作用，如果缺铁，植物叶子会发黄。本实验通过对原材料处理，将磷元素转化为磷酸根，铁转化为铁（III）离子，钙转化为钙（II）离子，然后根据每种离子的特效反应将它们一一鉴别出来。

三、仪器与药品

仪器：箱式高温电阻炉，电子台秤，试管，漏斗，坩埚，坩埚钳，线手套，搪瓷盘。

药品：HNO_3（浓，$6mol·L^{-1}$，$0.5mol·L^{-1}$），$NH_3·H_2O$（浓），$K_4[Fe(CN)_6]$（$0.5mol·L^{-1}$），$(NH_4)_2C_2O_4$（$0.1mol·L^{-1}$），KSCN（$0.5mol·L^{-1}$），$(NH_4)_2MoO_4$（$0.5mol·L^{-1}$），H_3PO_4（浓），石灰石（s），标准铁溶液（$0.1g·L^{-1}$），头发，树叶，棉花，骨头等。

注意：溶解200.0g钼酸铵于1L蒸馏水中，再将所得溶液倾入1.0L $6mol·L^{-1}$ HNO_3中，放置48h过滤后使用。

四、实验步骤

1. 原材料的灰化

取枯树叶1.0g，剪碎放入坩埚。在箱式高温电阻炉中加热800℃，30min至灰化完全。

2. 消化和分解

于灰粉的坩埚中，加入浓硝酸0.2mL，使灰粉中的磷转变为磷酸、铁转变为铁（III）离子、钙转变为钙（II）离子。再加5.0mL蒸馏水，过滤，用1.0mL蒸馏水洗涤滤纸。

3. 测定

将滤液分成四等份分别放入A、B、C、D四个试管中，分别加入钼酸铵、亚铁氰化钾、硫氰化钾、草酸铵溶液，观察现象。判断四个试管中各检出何物，写出反应方程式。

4. 对照实验

取几滴浓磷酸加入几滴钼酸铵溶液，观察颜色，与 A 管比较。

各取两份标准铁溶液 0.5mL，一份加亚铁氰化钾，另一份加硫氰化钾，与 B 管和 C 管颜色比较。

取一小块石灰石，加 0.5mol·L^{-1} 硝酸溶解，加入 5.0mL 蒸馏水，再加氨水呈碱性后，加入草酸铵与 D 管比较。

5. 头发和骨头中钙、磷、铁的测定

另取 0.5g 头发、骨头分别放在坩埚中灰化，硝酸处理，然后按照上述方法分别进行钙、铁、磷的鉴定。

五、思考题

（1）$FeCl_3$ 水溶液与什么物质作用时，会呈现下列现象？
①棕红色沉淀；②血红色溶液；③无色溶液；④深蓝色沉淀
（2）鉴定 PO_4^{3-} 时，操作不当可能不出现黄色沉淀，试分析可能有哪些原因。

六、自学导读

样品前处理指样品的制备、对样品采用合适分解和溶解及对待测组分进行提取、净化、浓缩的过程，使被测组分转变成可测定的形式以进行定量、定性分析检测。

试样处理技术分为高温干灰化法、湿消解法。本实验中使用的是高温干灰化法。

一般将灰化温度高于 100℃的方法称为高温干灰化法。高温干灰化法对于破坏生化、环境和食品等样品中的有机基体是行之有效的。样品一般先经 100～105℃干燥，除去水分及挥发物质。灰化温度及时间是需要选择的，一般灰化温度为 450～600℃。通常将盛有样品的坩埚（一般可采用铂金坩埚、陶瓷坩埚等）放入箱式高温电阻炉内进行灰化灼烧，直到所有有机物燃烧完全，只留下不挥发的无机残留物。这种残留物主要是金属氧化物以及非挥发性硫酸盐、磷酸盐和硅酸盐等。这种技术最主要的缺点是使可以转变成挥发性形式的成分会很快部分或全部损失。灰化温度不宜过低，温度低则灰化不完全，残存的小碳粒易吸附金属元素，很难用稀酸溶解，造成结果偏低；灰化温度过高，则损失严重。高温干灰化法一般适用于金属氧化物，因为大多数非金属甚至某些金属常会氧化成挥发性产物，如 As、Sb、Ge、Ti 和 Hg 等易造成损失。食品样品分析中多采用高温干灰化法，灰化温度若高于 550℃会引起样品的损失。食品样品中铅和铬的分析，灰化温度一般都在 450～550℃范围内。但对于含氯的样品，由于可

能形成挥发性氯化铅,需采取措施防止铅的损失。对于鸡蛋、罐头肉、牛奶、牛肉等多种食品中铅的分析,这种高温干灰化破坏有机物的方法是可行的。高温干灰化法的优点是能灰化大量样品,方法简单,无试剂沾污,空白低。但对于低沸点的元素常有损失,其损失程度取决于灰化温度和时间,还取决于元素在样品中的存在形式。

实验 18　复方氢氧化铝片剂中铝、镁含量的测定

一、实验提要

（1）目的：掌握返滴定的原理和方法；掌握控制酸度来分别测定金属离子的含量；学会采样和试样前处理方法。

（2）方法：应用 EDTA 反滴定法测定氢氧化铝、氧化镁的含量。

（3）结论：EDTA 反滴定法测定氢氧化铝和氧化镁的含量，所得结论与理论相符。

二、实验原理

复方氢氧化铝片（胃舒平）是一种抗酸的胃药，其主要成分为氢氧化铝、三硅酸镁及少量颠茄流浸膏。用滴定法可测定药片中 Al^{3+}、Mg^{2+}的含量。

1. Al_2O_3 的测定

复方氢氧化铝的原料之一是氢氧化铝，药典要求按 Al_2O_3 计算。氢氧化铝的测定可用 EDTA 滴定法进行。由于 Al^{3+} 与 EDTA 的螯合反应速率较慢，且无合适的适用 pH 范围，因而采用返滴定法：即加定量过量的 EDTA 标准溶液，并且加热溶液以加速配位反应，剩余的 EDTA 用硫酸铜标准溶液滴定，其反应可简单表示如下

$$Al^{3+} + H_2Y^{2-}(定量过量) \rightleftharpoons AlY^- + 2H^+$$

$$H_2Y^{2-}(剩余) + Cu^{2+} \rightleftharpoons CuY^{2-} + 2H^+$$

$$Cu^{2+} + PAN(黄色) \rightleftharpoons Cu\text{-}PAN（深红色）$$

到达计量点后，稍过量的 Cu^{2+} 就与 PAN 指示剂螯合，溶液由黄色转变为紫色。

这里需要注意的是，溶液中存在 3 种有色物质，而它们的含量又在不断变化，因此溶液中的颜色特别是终点时的变化就较复杂，这取决于 Cu-EDTA、PAN 和 Cu-PAN 的相对含量和浓度。

2. MgO 的测定

氢氧化铝片中的三硅酸镁，药典要求按氧化镁 MgO 计算。三硅酸镁的测定则是用铬黑 T 作指示剂，以 EDTA 直接滴定法测定，其反应为

滴定前　　　　　$Mg^{2+} + HIn^{2-} \rightleftharpoons MgIn^- + H^+$

滴定　　　　　　$HY^{3-} + Mg^{2+} \rightleftharpoons MgY^{2-} + H^+$

终点　　　　$MgIn^-$(紫红色) $+ HY^{3-} \rightleftharpoons MgY^{2-} + HIn^{2-}$(蓝色)

三、仪器与药品

仪器：电子分析天平，研钵，恒温水浴箱，电加热板，烧杯（250mL），量筒（10mL，100mL），容量瓶（250mL），移液器（5mL，10mL），移液管（25mL，20mL），酸式滴定管（25mL），锥形瓶（250mL），漏斗。

药品：EDTA 标准溶液（$0.0100 mol \cdot L^{-1}$），$CuSO_4$ 溶液（$0.01 mol \cdot L^{-1}$），盐酸（$6 mol \cdot L^{-1}$），PAN 指示剂（$2 g \cdot L^{-1}$），HAc-NaAc 缓冲溶液（pH=4.3），三乙醇胺溶液（$1.5 mol \cdot L^{-1}$），NH_3-NH_4Cl 缓冲溶液（pH=10），铬黑 T 指示剂，复方氢氧化铝药片。

四、实验步骤

1. 药片处理

准确称取复方氢氧化铝药片 10 片（m_1）于研钵中，研细后混合均匀（为了使测定结果有代表性，应取较多药片，研磨后分取）。准确称取药粉 0.5000g（m_2）于 250mL 烧杯中，在不断搅拌条件下加入（1∶1）HCl 溶液 20.0mL、蒸馏水 100.0mL，加热煮沸 5min，冷却静置，过滤，滤液转移到 250mL 容量瓶中，用蒸馏水洗涤沉淀几次，合并洗涤液，用蒸馏水稀释至刻度，摇匀，备用。

2. $0.01 mol \cdot L^{-1}$ $CuSO_4$ 标准溶液的标定

准确移取 25.00mL $0.0100 mol \cdot L^{-1}$ EDTA 标准溶液于 250mL 锥形瓶中，再加入 pH=4.3 的 HAc-NaAc 缓冲溶液 20.00mL，煮沸 1～2min，自然冷却至 90℃左右，加入 4 滴 $2 g \cdot L^{-1}$ PAN 指示剂，以 $0.01 mol \cdot L^{-1}$ $CuSO_4$ 溶液滴定。开始时溶液呈黄色，随着 $CuSO_4$ 溶液的加入，溶液颜色逐渐变绿并加深，直至再加入 1 滴或半滴溶液后，反应溶液颜色突然变紫，即为终点（紫色前，有蓝绿色变为灰绿色的过程。在灰绿色溶液中再加 1 滴 $CuSO_4$ 溶液，即变为紫色）。平行滴定 3 次，根据标准溶液 EDTA 的浓度计算出 $CuSO_4$ 溶液的准确浓度。

3. Al_2O_3 含量的测定

准确移取 5.00mL 由"药片处理"步骤中制得的溶液于 250mL 锥形瓶中，加入 $0.0100 mol \cdot L^{-1}$ EDTA 标准溶液 25.00mL，再加入 pH=4.3 的 HAc-NaAc 缓冲溶液 20.00mL，煮沸 1～2min，自然冷却至 90℃左右，加入 4 滴 $2 g \cdot L^{-1}$ PAN 指示剂，用上面标定好的 $CuSO_4$ 标准溶液滴定至终点。重复上述操作 2 次，根据消耗的 $CuSO_4$ 标准溶液的量计算 Al_2O_3 的含量。

4. MgO 含量的测定

准确移取 25.00mL 由"药片处理"步骤中制得的溶液于 250mL 锥形瓶中,加蒸馏水 25.00mL、1.5mol·L^{-1} 三乙醇胺 10.00mL、NH$_3$-NH$_4$Cl 缓冲溶液 10.00mL、铬黑 T 指示剂 1~2 滴,用 0.0100mol·L^{-1} EDTA 标准溶液滴定至终点(溶液由紫色变为纯蓝色,即为终点)。重复上述操作 2 次。

五、实验数据记录

(1)复方氢氧化铝药片处理。

$m_{复方氢氧化铝药片}$/g	m_1	m_2
$V_{复方氢氧化铝药片}$/mL		

(2)0.01mol·L^{-1} CuSO$_4$ 标准溶液的标定。

实验序号	1	2	3
V_{CuSO_4} 初读数/mL			
V_{CuSO_4} 终读数/mL			

(3)Al$_2$O$_3$ 含量的测定。

实验序号	1	2	3
V_{CuSO_4} 初读数/mL			
V_{CuSO_4} 终读数/mL			

(4)MgO 含量的测定。

实验序号	1	2	3
V_{EDTA} 初读数/mL			
V_{EDTA} 终读数/mL			

六、数据处理

样品中 Al$_2$O$_3$ 和 MgO 的含量可按以下公式进行计算:

(1)每片中 Al$_2$O$_3$ 的质量:

$$m_{Al_2O_3} = [(cV)_{EDTA} - (cV)_{Cu^{2+}}] \times \frac{M_{Al_2O_3}}{2000} \times \frac{250.00}{5.00} \times \frac{m_1}{m_2 \times 10}$$

(2)每片中 MgO 的质量:

$$m_{MgO} = \frac{(cV)_{EDTA} \times M_{MgO} \times m_1}{1000 \times m_2}$$

七、思考题

（1）为什么一般不采用 EDTA 标准溶液直接测定铝的含量？

（2）实验中也可以只求出 EDTA 和 Cu 标准溶液的相对体积比而不计算 Cu 标准溶液的准确浓度，此时样品的含量的计算公式将作何改动？

八、自学导读

本实验为配位滴定法，使用的指示剂是 PAN 和铬黑 T 指示剂。在配位滴定中，常用一种能与金属离子形成有色配合物的配体来指示滴定过程中金属离子浓度的变化，这种配体称为金属离子指示剂，简称金属指示剂。

1. 金属指示剂工作原理

金属指示剂（用 In 表示）大多数是有机配合剂，它们能与金属离子生成与其本身颜色明显不同且溶于水的有色配合物 MIn：

$$M + In \rightleftharpoons MIn$$

此时溶液显示指示剂配合物 MIn 的颜色。当滴入 EDTA 溶液时，EDTA 首先与溶液中未被金属指示剂配位的金属离子形成比 MIn 更稳定的螯合物 MY，继续滴入 EDTA，它就从指示剂配合物 MIn 中夺取金属离子。当达到计量点时，所有金属离子都与 EDTA 结合，溶液就显示出指示剂本身的颜色：

$$MIn + Y \rightleftharpoons In + MY$$

根据上述原理，金属指示剂必须具备以下条件：

（1）与金属离子形成的配合物 MIn 的颜色应与指示剂 In 本身的颜色明显不同。

（2）MIn 要有适当的稳定性，一般要求 $K_{MIn}^{\ominus} > 10^4$，否则计量点前指示剂有色配合物易解离，终点过早出现，变色不敏锐。

（3）MIn 的稳定性不能高于 MY 的稳定性，一般要求 $K_{MY}^{\ominus}/K_{MIn}^{\ominus} > 10^4$，否则到达计量点时不能立即夺取金属离子而使溶液变色，即终点过迟出现，造成较大的滴定误差。

2. PAN [1-(2-吡啶偶氮)-2-萘酚] 金属指示剂的结构式

纯的 PAN 是橙红色针状结晶,难溶于水,可溶于碱、氨溶液及甲醇、乙醇等溶剂中,通常配成 1.0g·L^{-1} 乙醇溶液使用。

PAN 的杂环氮原子能发生质子化,因而表现为二级酸式解离:

$$\text{H}_2\text{In}^+ \rightleftharpoons \text{HIn} \rightleftharpoons \text{In}^-$$

$$pK_{a1}=1.9 \qquad pK_{a2}=12.2$$

黄绿　　　黄　　　淡红

由此可见,PAN 在 pH=1.9~12.2 范围内呈黄色,而 PAN 与金属离子的配合物为红色,故 PAN 可在此 pH 范围内使用。

PAN 与 Cu^{2+}、Bi^{3+}、Cd^{2+}、Hg^{2+}、Pb^{2+}、Zn^{2+}、Sn^{2+}、In^{3+}、Fe^{2+}、Ni^{2+}、Mn^{2+}、Th^{4+} 和稀土金属离子形成红色螯合物。但它们的水溶性差,大多出现沉淀,变色不敏锐。为了加快变色过程,可加入乙醇,并适当加热。

CuY 与 PAN 混合溶液(Cu-PAN 指示剂)是一种广泛性的指示剂,它可与金属离子发生置换显色反应。例如与 Ca^{2+} 的反应:

$$\text{CuY} + \text{PAN} + \text{Ca}^{2+} \rightleftharpoons \text{CaY} + \text{Cu-PAN}$$

蓝色　黄色　无色　　　无色　紫红色

溶液呈紫红色,用 EDTA 滴定后,Ca^{2+} 与 Y 反应,接近化学计量点时:

$$\text{Cu-PAN} + \text{Y} \rightleftharpoons \text{CuY} + \text{PAN}$$

紫红色　　　　蓝色　黄色

CuY($\lg K_{\text{CuY}}^{\ominus}=18.8$)较 CaY($\lg K_{\text{CaY}}^{\ominus}=10.7$)稳定,在没有 PAN 存在时,$\text{Ca}^{2+}$ 不能置换 CuY 中的 Cu^{2+}。但是当 PAN 存在时,由于 Cu-PAN 也相当稳定,故相当于减小了 CuY 的条件稳定常数,因此,这时 Ca^{2+} 很容易置换出 CuY 中的 Cu^{2+},然后 Cu^{2+} 与 PAN 配位,显红色。滴入 EDTA 时,先与 Ca^{2+} 反应,当 Ca^{2+} 反应完全后,过量 1 滴 EDTA 即可从 Cu-PAN 中夺出 Cu^{2+},溶液由红色变为黄色,指示滴定终点。在这里,滴定前加入的 CuY 和最后生成的 CuY 的量是相等的,故加入的 CuY 不影响滴定结果。

Ca^{2+} 与 PAN 并不显色,但加入 CuY-PAN 后,由于置换反应,因而可以指示滴定终点。由于 Cu-PAN 有很宽的 pH 使用范围,可以连续滴定几种金属离子。一般情况下,标定和测定最好使用同一种指示剂(如果加入数种指示剂,往往发生颜色干扰),这样可抵消系统误差。有些金属指示剂由于溶解度小,与指示剂配位的金属离子不易被 EDTA 夺取出来,使终点拖得较长,变色不灵敏,这种现象称为僵化现象。在使用 PAN 指示剂时,可加入少量乙醇并适当加热来增大其溶解度。

Ni^{2+} 对 Cu-PAN 有封闭作用。

3. 返滴定法

返滴定法（剩余量滴定，俗称回滴）：当反应较慢或反应物是固体时，加入符合计量关系的滴定剂，反应常常不能立即完成，此时可以先加入一定量过量的滴定剂，使反应加速。待反应完成后，再用另一种标准溶液滴定剩余的滴定剂。

返滴定法主要用于以下三种情况：

（1）采用直接滴定法时，缺乏符合要求的指示剂，或者被测离子对指示剂有封闭作用。

（2）被测离子与 EDTA 的配位速率很慢。

（3）被测离子发生水解等副反应，影响测定。

返滴定法是在溶液中先加入已知量过量的 EDTA 标准溶液，然后用另一种金属盐类的标准溶液滴定过量的 EDTA，根据两种标准溶液的浓度和用量，即可求得被测物质的含量。

返滴定剂所生成的配位化合物应有足够的稳定性，但不宜超过被测离子配位化合物的稳定性太多，否则在滴定过程中，返滴定剂会置换出被测离子，引起误差，而且终点不敏锐。

实验 19 饲料中钙和磷含量的测定

一、提要

（1）目的：了解钙在动物体中的生理作用；学习干法分解试样的方法；掌握高锰酸钾法测定有机物试样中钙含量的方法；学习分光光度法测定有机物试样中磷含量的方法。

（2）方法：应用箱式高温电阻炉分解饲料，再酸化处理测定其中的钙和磷元素的含量。

（3）结论：本方法适用于配合饲料和单一饲料中钙和磷元素含量的测定。

二、实验原理

1. 钙元素的测定原理

钙是动物的生命元素，是体内含量最大的微量元素，是骨骼、牙齿的重要组分，是维持动物体内神经、肌肉、骨骼系统、细胞膜和毛细血管通透性正常功能所必需的。钙离子是许多酶促反应的重要激活剂，是神经冲动传递、平滑肌和骨骼肌的收缩、肾功能、呼吸和血液凝固等生理过程所必需的。钙在动物内不能合成，必须靠外源供给，主要来源是由配合饲料和单一饲料提供的，因而饲料中钙含量的测定具有一定的意义。

将试样中的有机物质用干法破坏，残渣中的钙元素用盐酸溶液转变成可溶于水的离子，用草酸铵定量沉淀为草酸钙，用高锰酸钾法间接测定钙的含量。

2. 磷元素的测定原理

先将饲料样品中的有机物质破坏，使其中磷元素游离出来。在酸性溶液中，用钒钼酸铵试剂处理，使之生成黄色的复合物$(NH_4)_3PO_4 \cdot NH_4VO_3 \cdot 16MoO_3$，在420nm波长下进行比色测定。此方法测定的结果为饲料中磷元素的总含量，即包括动物难以消化吸收的植酸磷。

三、仪器与药品

仪器：箱式高温电阻炉，电加热板，坩埚（20~50mL），分光光度计，电子分析天平，移液管（25mL），移液器（5mL，10mL），定量滤纸（中速）。

药品：HCl（6mol·L^{-1}，3mol·L^{-1}），H_2SO_4（2.6mol·L^{-1}），氨水（7.7mol·L^{-1}，2.6mol·L^{-1}），$(NH_4)_2C_2O_4$（42g·L^{-1}），甲基红指示剂（1.0g·L^{-1}乙醇溶液），HNO_3（浓），高锰酸钾标准溶液（0.0100mol·L^{-1}），磷标准溶液（0.050g·L^{-1}）。

注意：高锰酸钾标准溶液配制后放置一周用草酸钠基准溶液标定。

四、实验步骤

1. 试样的分解（干法）

准确称取试样 2.0000g 置于坩埚中，放入箱式高温电阻炉中于 600℃下灼烧 3h。取出后在坩埚中加入 6mol·L^{-1} 盐酸溶液 10.00mL 和浓硝酸数滴，小心煮沸，冷却至室温后，将此溶液无损失地转入 100.00mL 容量瓶中，用蒸馏水稀释至刻度，摇匀，即为试样分解溶液。

2. 试样中钙的测定

准确吸取试样分解液 25.00mL（含钙量约为 20mg）于 250mL 烧杯中，加入蒸馏水 50.00mL、甲基红指示剂 2 滴，滴加 7.7mol·L^{-1} 氨水溶液至溶液变为橙色，再滴加 3mol·L^{-1} 盐酸使溶液恰好变为红色（要求反复调试几次，以保证溶液 pH 为 2.5～3.0）。小火煮沸，慢慢滴加热的 42g·L^{-1} 草酸铵溶液 10.0mL，并不断搅拌；如果溶液变为橙色，应补加 3mol·L^{-1} 盐酸溶液至刚显红色。将溶液煮沸 3～5min 后，放置在电加热板上加热 0.5h。

用中速滤纸过滤，将沉淀用倾析法转移到漏斗中，并用 2.6mol·L^{-1} 氨水溶液洗涤沉淀 7～9 次，直至滤出液中无草酸根离子为止。

用尖头玻璃棒将滤纸戳破，然后用 20.0mL 热的 2.6mol·L^{-1} 硫酸溶液将沉淀慢慢洗入原烧杯中，再用 50.0mL 热的蒸馏水冲洗滤纸上的沉淀，以确保沉淀被完全洗入原烧杯。

将试液加热至 75～85℃，然后用 0.0100mol·L^{-1} 高锰酸钾标准溶液滴定至溶液刚显粉红色，0.5min 不褪色为终点。计算饲料中钙的质量分数。

3. 试样中磷的测定

1）标准曲线的制作

分别准确吸取 0.050g·L^{-1} 磷标准溶液 0.0mL、1.0mL、2.0mL、4.0mL、6.0mL、8.0mL、10.0mL、12.0mL、15.0mL 置于 50.00mL 容量瓶中，各加入钒钼酸铵显色剂 10.0mL，再用蒸馏水稀释至刻度，充分混匀，放置 10min 以上。

然后以空白溶液作为参比溶液，用 1cm 比色皿在 420nm 波长处用分光光度计测定各溶液的吸光度 A。

以磷含量作横坐标，吸光度 A 作纵坐标绘制磷标准曲线。

2）试样的测定

准确移取试样分解液 1～10.00mL（要求含磷量在 50～500μg）置于 50.00mL

容量瓶中，然后按制作标准曲线的操作方法进行显色和比色测定，测出试样分解溶液的吸光度值，然后在磷标准曲线上查出试样分解溶液的含磷量，计算饲料中磷的质量分数。

五、实验数据记录

（1）Ca^{2+}含量的测定。

实验序号	1	2	3
V_{KMnO_4} 初读数/mL			
V_{KMnO_4} 终读数/mL			

（2）总磷含量的测定。

实验序号	1	2	3	4	5	6	7	8	9
$V_{磷标准溶液}$/mL	1.00	2.00	4.00	6.00	8.00	10.00	12.00	15.00	待测溶液
吸光度 A									

六、思考题

（1）试样的溶解方法有几种？本实验采用的方法属于哪一种？
（2）测定饲料中的钙含量还有其他方法吗？
（3）测定试剂试样时应注意什么？

七、实验中溶液的配制

钒钼酸铵显色剂由 A [称取 1.25g 偏钒酸铵（A.R.），加浓硝酸 250.0mL 溶解] 和 B [称取 25.00g 钼酸铵（A.R.），加蒸馏水 400.0mL 溶解] 组成。在冷却条件下将 B 溶液倒入 A 溶液中，并加入蒸馏水稀释配成 1000.0mL，置于棕色试剂瓶中避光保存，如果生成沉淀则不能使用。

磷标准溶液：将磷酸二氢钾（A.R.）在 105℃下干燥 1h，置于干燥器中冷却后，准确称取 0.2195g，溶解于少量蒸馏水中，定量地转入 1000mL 容量瓶中，加入浓硝酸 3.0mL，再用蒸馏水稀释至刻度、混匀，即为 $50\mu g \cdot mL^{-1}$ 磷标准溶液。

饲料试样：选取具有代表性的试样，注意防止试样成分的变化和变质。

实验 20　蛋壳中碳酸钙含量的测定

一、实验提要

（1）目的：了解样品湿式消解法的处理方法；掌握返滴定法的方法原理。
（2）方法：通过返滴定法对蛋壳中碳酸钙的含量进行测定。
（3）结论：返滴法测定蛋壳中碳酸钙的含量，所得结论与理论相符。

二、实验原理

蛋壳的主要成分是碳酸钙 $CaCO_3$，将其研碎并加入已知浓度的过量 HCl 标准溶液，即发生下述反应：

$$CaCO_3 + 2HCl \rightleftharpoons CaCl_2 + CO_2\uparrow + H_2O$$

过量的 HCl 溶液用 NaOH 标准溶液返滴定，由加入 HCl 的物质的量与返滴定所消耗 NaOH 的物质的量之差，即可求得试样中 $CaCO_3$ 的含量。

蛋壳样品的预处理方法有干灰化法、湿消解法和微波消解法。微波消解法是目前值得推广的前处理方法，可使消解时间大为缩短，且使被测组分的挥发损失降到最小限度，具有消解速率快、消解完全、回收率高、适用范围广、节省时间、节省试剂及污染小等优点。

三、仪器与药品

仪器：微波消解仪，赶酸器，电烘箱，恒温水浴箱，电子分析天平，研钵，量筒（10mL），碱式滴定管（50mL），移液管（25mL），移液器（10mL），锥形瓶（250mL），烧杯（100mL、250mL），标准筛（80～100 目），试剂瓶（500mL），容量瓶（100mL）。

药品：酚酞指示剂，HCl（$6mol \cdot L^{-1}$），NaOH（$200g \cdot L^{-1}$），HNO_3（浓），鸡蛋壳。

四、实验步骤

1. 蛋壳样品前处理

将蛋壳去内膜并洗净，烘干后粉碎，使其通过 80～100 目的标准筛，称量试样 0.3500～0.4000g 一份，放入聚四氟乙烯塑料内罐中，加入浓硝酸 10.0mL，然后装入外罐。将消解罐放入微波消解仪中，设置微波消解系统的最佳工作条件，将样品消解完全。消解完毕，取出消解罐放入赶酸器中赶净硝酸。

2. $0.2mol \cdot L^{-1}$ NaOH 溶液的配制和标定

用量筒量取 20.0mL $200g \cdot L^{-1}$ NaOH 溶液于 500mL 塑料试剂瓶中，用蒸馏水

稀释至500mL，加盖，充分混匀。

准确称取 0.8000~0.8500g 邻苯二甲酸氢钾三份，分别置于250mL锥形瓶中，加入40mL 蒸馏水，温热溶解后加入 1~2 滴酚酞指示剂，用上述配制的 NaOH 溶液滴定。当溶液由无色变为粉红色且 30s 不褪色时，即为终点，记录每份消耗的 NaOH 溶液的体积，平行滴定三次，计算 NaOH 溶液的准确浓度。

3. $0.2 mol·L^{-1}$ HCl 溶液的配制和标定

用量筒量取 17.0mL $6 mol·L^{-1}$ HCl 溶液于500mL 玻璃试剂瓶中，用蒸馏水稀释至500mL，加盖，充分混匀。

用移液管准确移取 20.00mL 上述 HCl 溶液置于 250mL 锥形瓶中，加入 1~2 滴酚酞指示剂，用上面标定好的 NaOH 溶液滴定，当溶液由无色变为粉红色且 30s 不褪色时，即为终点，记录每份消耗的 NaOH 溶液的体积，平行滴定三次，计算 HCl 溶液的准确浓度。

4. 蛋壳样品中碳酸钙含量的测定

将微波消解后的样品取出，冷却，在赶酸器上于 170℃赶酸至近干，冷却后用 80.0mL 已标定好的盐酸标准溶液溶解并转移至容量瓶中，加蒸馏水定容至 100.0mL，混匀待测。

准确移取上述待测溶液 20.0mL 于锥形瓶中，加入 1~2 滴酚酞指示剂，用 NaOH 标准溶液回滴至溶液呈粉红色。平行滴定三份，计算蛋壳试样中 $CaCO_3$ 的质量分数。

五、实验数据记录

（1）$0.2 mol·L^{-1}$ NaOH 溶液的标定。

实验序号	1	2	3
V_{NaOH} 初读数/mL			
V_{NaOH} 终读数/mL			

（2）$0.2 mol·L^{-1}$ HCl 溶液的标定。

实验序号	1	2	3
V_{NaOH} 初读数/mL			
V_{NaOH} 终读数/mL			

（3）Ca^{2+}含量的测定。

实验序号	1	2	3
V_{NaOH} 初读数/mL			
V_{NaOH} 终读数/mL			

六、数据处理

蛋壳试样中的质量分数计算公式：

$$w_{CaCO_3} = \frac{(c_{HCl}V_{HCl} - c_{NaOH}V_{NaOH})M_{CaCO_3}}{2m} \times 100\%$$

七、思考题

（1）研碎后的蛋壳试样为什么要通过标准筛？通过 80～100 目标准筛后的试样粒度为多少？

（2）为什么向试样中加入 HCl 标准溶液时要逐滴加入？加入溶液后为什么要放置 30min 以后再以 NaOH 返滴定？

（3）指示剂可否使用酚酞？

八、自学导读

样品前处理技术之湿消解法

湿消解法属于氧化分解法。用液体或液体与固体混合物作氧化剂，在一定温度下分解样品中的有机质，此过程称为湿消解法。湿消解法与干灰化法不同。干灰化法是依靠升高温度或增强氧的氧化能力来分解样品有机质，而湿消解法则是依靠氧化剂的氧化能力来分解样品，温度并不是主要因素。湿消解法常用的氧化剂有 HNO_3、H_2SO_4、$HClO_4$、H_2O_2 和 $KMnO_4$ 等。湿消解法又分为稀酸消解法、浓酸消解法、混合酸消解法、酸浸提法和微波溶样法。本实验方法为微波消解法。

微波是指波长为 0.1mm～1.0m 的电磁辐射。微波消解是利用样品与酸吸收微波能量，并将其转化为热而完成的。能量的转化过程也就是样品与酸被加热的过程。这种加热过程引起酸与样品间较大的热对流，搅动并消除已溶解的不活泼样品表层，促进酸与样品更有效地接触，因而加速了样品的分解。

在微波消解的过程中，样品与酸（必要时还有助剂）盛放在聚四氟乙烯（或聚乙烯、聚丙烯、石英和硼砂玻璃等）压力罐中，罐体不吸收微波，微波穿透罐壁作用于样品及酸液。快速变化的磁场诱导样品分子极化，样品极化分子以极快速度的排列产生张力，使得样品表面被不断破坏，样品表层分子迅速破裂，不断产生新的分子表层。

通常压力罐内的最高温度和压力可达 200℃和 1.38MPa。在这样的高温高压环境下,样品的表面分子与产生的氧发生作用,达到反复氧化的目的,使样品被迅速溶解;同时,氧化性酸及氧化剂的氧化电位也显著增大,使得样品更容易被氧化分解。因此,微波对样品与酸液之间的反应有很强的诱发和激活作用,能使反应在很短时间内达到相当剧烈的程度。这是其他消解方法所不具备的。

为了提高样品的溶解效率,以正交试验优化实验参数,如采用单一酸还是混合酸、微波功率的大小、消解的时间及压力、样品量和样品的粒度、溶解样品的容器材料及体系的敞开或密闭等。微波消解技术常用的消解液有 HNO_3-H_2O_2、HNO_3-$HClO_4$、HNO_3-HCl-$HClO_4$、HNO_3-$HClO_4$-HF、HNO_3-HCl、HNO_3-H_2SO_4 等。也有用碱液代替酸液的报道,如用 LiOH-H_2O_2 消解不同的矿物及金属氧化物的混合物样品,测定其中的 Mo、W、Th、Cd 和 V 等元素。

微波消解技术具有快速、消解时间短、试剂用量少、回收率高、污染小、样品溶解完全等优点。因此,在分析领域中的应用越来越广泛,现已用于生物、地质、植物、食品、中药材、环境及金属等样品的溶解。

实验 21　分光光度法测定水和废水中总磷

一、实验提要

（1）目的：熟练分光光度计的使用；学习用过硫酸钾消解水样的方法；掌握水和废水中总磷的分光光度法测定的原理、方法和操作技术。

（2）方法：通过分光光度法可对水和废水中总磷的含量进行测定。

（3）结论：此法测定总磷含量与理论相符。

二、实验原理

在天然水和废水中，磷元素几乎都以各种磷酸盐的形式存在。它们分别为正磷酸盐、缩合磷酸盐（焦磷酸盐、偏磷酸盐和多磷酸盐）和有机物结合的磷酸盐，存在于溶液和悬浮物中。在淡水河和海水中磷的平均含量分别为 $0.02mg·L^{-1}$ 和 $0.088mg·L^{-1}$。化肥、冶炼、合成洗涤剂等行业的工业废水及生活污水中常含有较多磷。

磷是生物生长的必需元素之一，但水体中磷含量过高（如超过 $0.2mg·L^{-1}$）可造成藻类的过度繁殖，直至数量达到有害的程度（称为富营养化），造成湖泊、河流透明度降低，水质变坏。为了保护水质，控制危害，在环境监测中，总磷已列入正式的监测项目。总磷分析方法由两个步骤组成：第一步可用氧化剂过硫酸钾、硝酸-高氯酸或硝酸-硫酸等，将水样中不同形态的磷转化成正磷酸盐；第二步测定正磷酸盐（常用钼锑抗钼蓝光度法、氯化亚锡钼蓝光度法以及离子色谱法），从而求得总磷含量。

本实验采用过硫酸钾消解法测定总磷。在微沸（最好在高压釜内经 120℃ 加热）条件下，过硫酸钾将试样中不同形态的磷氧化成为磷酸根。磷酸根在硫酸介质中同钼酸铵生成磷钼杂多酸。反应式如下

$$K_2S_2O_8 + H_2O \rightleftharpoons 2KHSO_4 + 1/2O_2$$

$$P（缩合磷酸盐或有机磷中的磷）+ O_2 \longrightarrow PO_4^{3-}$$

$$PO_4^{3-} + 12MoO_4^{2-} + 24H^+ + 3NH_4^+ \rightleftharpoons (NH_4)_3PO_4·12MoO_3 + 12H_2O$$

生成的磷钼杂多酸立即被抗坏血酸还原，生成蓝色低价钼氧化物即钼蓝，生成钼蓝的多少与磷含量成正比，以此来测定水样中总磷。

过硫酸钾消解法具有操作简单、结果稳定的优点，适用于绝大多数地表水和一部分工业废水。对于严重污染的工业废水和贫氧水则要采用更强的氧化剂硝酸-

高氯酸或硝酸-硫酸等才能消解完全。

过硫酸钾消解法灵敏度高,采用中等强度抗坏血酸,可避免还原游离的钼酸铵,因而显色稳定,重现性好。酒石酸锑钾可催化钼蓝反应,在室温下显色可较快完成。本法最低检出浓度为 $0.01\text{mg}\cdot\text{L}^{-1}$,测定上限为 $0.6\text{mg}\cdot\text{L}^{-1}$。砷大于 $2\text{mg}\cdot\text{L}^{-1}$ 干扰测定,用硫代硫酸钠去除。

三、仪器与药品

仪器:分光光度计,烧杯(250mL),量筒(10mL、100mL),容量瓶(250mL),锥形瓶(250mL),比色管(50mL)。

药品:过硫酸钾溶液($50\text{g}\cdot\text{L}^{-1}$),酚酞指示剂($10\text{g}\cdot\text{L}^{-1}$),乙醇(95%),NaOH($1.0\text{mol}\cdot\text{L}^{-1}$),$H_2SO_4$(浓、$1.0\text{mol}\cdot\text{L}^{-1}$),抗坏血酸溶液($100\text{g}\cdot\text{L}^{-1}$),钼酸盐溶液,磷标准储备溶液,磷标准操作溶液。

四、实验步骤

1. 水样预处理

从水样瓶中移取适量混匀水样(含磷不超过 30μg)于 250mL 锥形瓶中,加蒸馏水至 50.0mL,加数粒玻璃珠,加 1.0mL 浓 H_2SO_4,5.0mL $50\text{g}\cdot\text{L}^{-1}$ 过硫酸钾溶液。加热至沸,保持微沸 30~40min,至体积约 10mL,冷却,加 1 滴酚酞指示剂,边摇边滴加 $1.0\text{mol}\cdot\text{L}^{-1}$ NaOH 至刚呈微红色,再滴加 $1.0\text{mol}\cdot\text{L}^{-1}$ H_2SO_4 溶液使红色刚好褪去。如溶液不澄清,则用滤纸过滤于 50mL 比色管中,用水洗涤锥形瓶和滤纸,洗涤液并入比色管中,加水至标线,供分析用。

2. 标准曲线的制作

取 7 支 50mL 比色管,分别加入磷标准操作溶液 0.00mL、0.50mL、1.00mL、3.00mL、5.00mL、10.00mL、15.00mL,加水至 50mL。

显色:向比色管中加 1.0mL 抗坏血酸溶液,混匀。30s 后加入 2.0mL 钼酸盐溶液,充分混匀,放置 15min。

测量:使用光程 30mm 比色皿,于 700nm 波长处,以试剂空白溶液为参比溶液,测量吸光度 A,绘制标准曲线。

3. 试样测定

将消解后并稀释至标线的水样,按标准曲线制作步骤进行显色和测量。从标准曲线上查出含磷量,计算水样中总磷的含量($\rho_{总}$,以 $\text{mg}\cdot\text{L}^{-1}$ 计)。

五、实验数据记录

实验序号	1	2	3	4	5	6	7	8
$V_{磷标准操作溶液}$/mL	0.00	0.50	1.00	3.00	5.00	10.00	15.00	待测溶液
吸光度 A								

六、思考题

（1）如果省略预处理的步骤，对试样的测定结果可能会有什么影响？

（2）本实验测量吸光度时，以零浓度溶液为参比，这同以水作参比时比较，再扣除试剂空白方面，做法有何不同？

（3）如果只需测定水样中可溶性正磷酸盐或可溶性总磷酸盐，应如何进行？

七、实验中溶液的配制

（1）抗坏血酸溶液（100g·L^{-1}）：溶解 10g 抗坏血酸于水中，并稀释至 100.0mL，储存于棕色玻璃瓶中。在冷处可稳定几周，如颜色变黄，应弃去重配。

（2）钼酸盐溶液：溶解 13g 钼酸铵[$(NH_4)_6Mo_7O_2·4H_2O$]于 100.0mL 水中。溶解 0.35g 酒石酸锑钾（$KSbC_4H_4O_7·1/2H_2O$）于 100.0mL 水中。在不断搅拌下，将钼酸铵溶液缓慢加到 300.0mL 硫酸中，再加入酒石酸锑钾溶液，混匀。储存于棕色玻璃瓶中，于冷处保存，至少稳定 2 个月。

（3）磷标准储备溶液：称取 0.2197g±0.0001g 于 110℃干燥 2h 并在干燥器中放冷的磷酸二氢钾（KH_2PO_4），用水溶解后转移至 1000mL 容量瓶中，加入约 800.0mL 水，再加入 5.0mL H_2SO_4，用水稀释至标线并混匀。

（4）磷标准操作溶液：移取 10.00mL 磷标准储备溶液于 250mL 容量瓶中，用水稀释至标线并混匀。1.00mL 此标准溶液含 2.0μg 磷，使用当天配制。

实验 22 p 区元素（一）

一、实验提要

（1）目的：了解卤素氧化性和卤离子还原性强弱的变化规律；学习卤离子、SO_4^{2-}、SO_3^{2-}、$S_2O_3^{2-}$、S^{2-}的鉴定方法；掌握沉淀与溶液的分离及沉淀的洗涤等基本操作；掌握过氧化氢、硫化氢、二氧化硫和硫代硫酸钠的制备和性质；了解不同价态硫的化合物的性质。

（2）方法：应用点滴板和多用滴管的微型化学实验仪器对 p 区元素的性质进行实验。

（3）结论：微型化学实验有节省试剂、减少污染、操作安全的优点，适应现代科学环境保护发展的需要。

二、仪器与药品

仪器：点滴板，滴管，试管，恒温水浴箱，离心机，移液器（1mL、5mL）。

药品：溴水，氯水，碘水，CCl_4，I_2（s），NaCl（s），KCl（$0.1mol·L^{-1}$），KBr（s，$0.1mol·L^{-1}$），KI（s，$0.1mol·L^{-1}$），H_2SO_4（浓，$2mol·L^{-1}$），$NH_3·H_2O$（浓，$2mol·L^{-1}$，$6mol·L^{-1}$），NaOH（$2mol·L^{-1}$），HCl（$6mol·L^{-1}$，$2mol·L^{-1}$），$KClO_3$（饱和），$KBrO_3$（饱和），HNO_3（$6mol·L^{-1}$，$2mol·L^{-1}$），$AgNO_3$（$0.1mol·L^{-1}$），$Pb(NO_3)_2$（$0.1mol·L^{-1}$），硫代乙酰胺（$50g·L^{-1}$），H_2O_2（$30g·L^{-1}$），淀粉（$5g·L^{-1}$），$KMnO_4$（$0.01mol·L^{-1}$），MnO_2（s），$K_2Cr_2O_7$（$0.1mol·L^{-1}$），H_2S（aq），$K_2Cr_2O_7$（$0.1mol·L^{-1}$），$ZnSO_4$（$0.1mol·L^{-1}$），$CuSO_4$（$0.1mol·L^{-1}$），$FeSO_4$（$0.1mol·L^{-1}$），$CdSO_4$（$0.1mol·L^{-1}$），Mn^{2+}（aq），$Na_2S_2O_3$（$0.1mol·L^{-1}$），$K_2S_2O_8$（s），$BaCl_2$（$0.1mol·L^{-1}$），$ZnSO_4$（饱和），$K_4[Fe(CN)_6]$（$0.1mol·L^{-1}$），$Na_2[Fe(CN)_5NO]$（aq），品红（aq），Na_2S（s），Na_2SO_3（s），淀粉碘化钾试纸，醋酸铅试纸，pH 试纸，$Hg_2(NO_3)_2$ 试纸。

三、实验步骤

1. 溴和碘的溶解性

在试管中加 0.5mL（约 10 滴）溴水，沿管壁慢慢加入 0.5mL CCl_4，观察水层和 CCl_4 层的颜色。振荡试管，静置后，观察水层和 CCl_4 层的颜色有何变化，比较溴在水中和 CCl_4 中的溶解性。

取像小米粒大小碘晶体放在试管中，加入 2.0mL 蒸馏水，振荡试管，观察液体的颜色的变化。再往试管中加入少量 KI 晶体，振荡后观察碘的溶解和溶液颜色的变化。比较碘在水中和在 KI 溶液中的溶解性有何不同，并用平衡移动的原理解释之。

取 1.0mL 上述碘溶液,加入 0.5mL CCl_4,振荡试管,观察水层和 CCl_4 层的颜色有何变化,比较碘在水中和 CCl_4 中的溶解性。

2. 卤素氧化性的比较

(1) 氯与溴的氧化性的比较:在盛有 1.0mL $0.1mol·L^{-1}$ KBr 溶液的试管中,逐滴加入氯水,振荡,有何现象?再加入 0.5mL CCl_4,充分振荡,又有何现象?试解释之。比较氯和溴的氧化性的强弱。

(2) 溴和碘的氧化性的比较:在盛有 1.0mL $0.1mol·L^{-1}$ KI 溶液的试管中逐滴加入溴水,振荡,有何现象?再加入 0.5mL CCl_4,充分振荡,又有何现象?试解释之。比较溴和碘氧化性的强弱。

(3) 氯与碘氧化性的比较:在盛有 2 滴 $0.1mol·L^{-1}$ KI 溶液的试管中逐滴加入氯水,观察溶液颜色的变化,继续滴加过量的氯水,至颜色消失为止,此时碘已被氧化成碘酸,分别写出氯氧化碘离子和碘的反应式。

综合上述 3 个实验,氯、溴和碘的氧化性的变化规律如何?用有关电对的电极电势值予以说明。

3. 卤素离子还原性的比较

(1) 往盛有少量 NaCl 固体的试管中加入约 0.5mL 浓 H_2SO_4 溶液,有何现象?用玻璃棒蘸一些浓 $NH_3·H_2O$,移近试管口以检验气体产物,写出反应式并加以解释。

(2) 往盛有少量 KBr 固体的干燥试管中加入约 0.5mL 浓 H_2SO_4 溶液,观察产物的颜色和状态。用润湿的淀粉碘化钾试纸在管口检验气体产物,写出反应式并加以解释。

(3) 往盛有少量 KI 固体的试管中加入约 0.5mL 浓 H_2SO_4 溶液,有何现象?用湿的醋酸铅试纸移近管口,以检验气体产物,写出反应式并加以解释。

综合上述 3 个实验,比较氯离子、溴离子和碘离子的还原性强弱的变化规律。

4. 卤素的歧化反应

在小试管中加入 5 滴溴水,观察颜色,滴加 $2mol·L^{-1}$ NaOH 溶液数滴,振荡,有什么现象产生?待溶液褪色后再滴加 $2mol·L^{-1}$ HCl 溶液至酸性,溶液颜色有无变化?试解释之,并写出有关反应式。

另取一支试管,用碘水代替溴水。重复上述实验,观察并解释所发生的实验现象。

5. 氯酸钾和溴酸钾的氧化性

1）氯酸钾的氧化性

在试管中加入 1.0mL 饱和 $KClO_3$ 溶液和数滴 $0.1mol·L^{-1}$ KI 溶液,把得到的混合溶液分成两份,一份用数滴 $2mol·L^{-1}$ H_2SO_4 溶液酸化(另一份留作比较),振荡试管,观察溶液有何变化。试比较氯酸盐在中性溶液和酸性溶液中氧化性的强弱。

2）溴酸钾的氧化性

在试管中加入 1.0mL 饱和 $KBrO_3$ 溶液和数滴 $2mol·L^{-1}$ H_2SO_4 溶液,再加入 $0.1mol·L^{-1}$ KBr 溶液,振荡试管,观察现象并检验气体产物,写出反应式。再用 KI 代替 KBr 进行反应,观察现象并检查产物,写出反应式。

6. 卤化银的生成和溶解

在 3 支试管(用蒸馏水冲洗过)中,分别加入等体积(10 滴)$0.1mol·L^{-1}$ KCl、KBr、KI 溶液,各滴加 $2mol·L^{-1}$ HNO_3 溶液 2 滴,再加入 $0.1mol·L^{-1}$ $AgNO_3$ 溶液 4～5 滴,观察析出沉淀的颜色(不要倒掉)。

将上面每支试管中生成的沉淀分成两份,一份加入 $6mol·L^{-1}$ HNO_3 溶液,观察沉淀是否溶解,另一份加入 $6mol·L^{-1}$ $NH_3·H_2O$,观察沉淀的溶解情况。记录现象,写出反应式。

7. 过氧化氢的性质

1）过氧化氢的氧化性

在离心管中加入几滴 $0.1mol·L^{-1}$ $Pb(NO_3)_2$ 溶液和 $50g·L^{-1}$ 硫代乙酰胺溶液,在水浴上加热,有何现象?离心分离,弃去溶液,并用少量蒸馏水洗涤沉淀两三次,然后往沉淀中加入 $30g·L^{-1}$ H_2O_2 溶液少许,沉淀有何变化?解释之。

在试管中加入 $0.1mol·L^{-1}$ KI 溶液 1 滴,再加水稀释至 0.5mL,用 $2mol·L^{-1}$ H_2SO_4 酸化后,加入 1～2 滴 $30g·L^{-1}$ H_2O_2 溶液,观察有何变化。再加入数滴淀粉溶液,有何现象出现?写出反应式。

2）过氧化氢的还原性

在试管中加入 $0.1mol·L^{-1}$ $AgNO_3$ 溶液 0.5mL,然后滴加 $2mol·L^{-1}$ NaOH 至溶液有沉淀产生。再往试管中加入少量 $30g·L^{-1}$ H_2O_2 溶液,有何现象?注意产物颜色有无变化并用带余烬的火柴检验,有何种气体产生?试解释之。

在试管中加入 $0.01mol·L^{-1}$ $KMnO_4$ 溶液 10 滴,用 $2mol·L^{-1}$ H_2SO_4 酸化后,逐滴加入 $30g·L^{-1}$ H_2O_2 溶液(每加一滴均需振荡),至溶液颜色消失为止。记录现象并写出反应式。

3）过氧化氢的催化分解

取两支试管分别加入 30g·L^{-1} H$_2$O$_2$ 溶液 2mL，将其中一支试管置水浴上加热，有何现象？用带余烬的火柴放在管口，有何变化？在另一支试管内加入少许 MnO$_2$ 固体，有何现象？迅速用带余烬的火柴放在管口，有何变化？比较以上两种情况，MnO$_2$ 对 H$_2$O$_2$ 的分解起了什么作用？写出反应式。

4）过氧化氢的鉴定反应

取 2.0mL 蒸馏水，加入 0.1mol·L^{-1} K$_2$Cr$_2$O$_7$ 溶液和 2mol·L^{-1} H$_2$SO$_4$ 溶液各 2～3 滴，再加入 1.0mL 乙醚（注意：乙醚不能加在 H$_2$O$_2$ 之后，否则生成的 CrO$_5$ 将分解），然后加入几滴 H$_2$O$_2$ 溶液，振荡后，醚层呈蓝色（这是检验 H$_2$O$_2$ 的特征反应）。记录现象并写出反应式。

8. 硫化氢

1）H$_2$S 的还原性

取两支试管各加入 H$_2$S 溶液 1.0mL，加 2mol·L^{-1} H$_2$SO$_4$ 溶液 2 滴酸化后，分别逐滴加入 0.1mol·L^{-1} K$_2$Cr$_2$O$_7$ 溶液和 0.01mol·L^{-1} KMnO$_4$ 溶液，观察现象，写出反应式。

2）H$_2$S 与金属离子的反应

在 5 支试管中，分别加入 10 滴 0.1mol·L^{-1} ZnSO$_4$、Pb(NO$_3$)$_2$、CuSO$_4$、FeSO$_4$ 和 CdSO$_4$ 溶液，先用 pH 试纸检验溶液的酸碱性，然后分别加入 H$_2$S 溶液 5 滴，观察现象。再在没有变化的试管中滴加 2mol·L^{-1} NH$_3$·H$_2$O 溶液 2～3 滴，观察现象，写出反应式，并用平衡移动原理讨论发生的现象。

9. SO$_2$ 制备和性质

1）SO$_2$ 的制备

称取 Na$_2$SO$_3$ 固体 4.0g，放入带导管的试管中，加入 3～4mL 6mol·L^{-1} HCl 溶液，立刻将导管插入事先装好蒸馏水的试管（水量约占试管的 1/2），此时产生大量 SO$_2$ 气体，若反应缓慢可微热，通 SO$_2$ 至饱和，用 Hg$_2$(NO$_3$)$_2$ 试纸检验。留取二氧化硫水溶液做下列实验。

2）SO$_2$ 的性质

（1）H$_2$SO$_3$ 的氧化性：取二氧化硫水溶液 1.0mL，先检验溶液的酸碱性，然后滴加 H$_2$S 水溶液，观察现象。写出反应式。

（2）H$_2$SO$_3$ 的还原性：取 0.01mol·L^{-1} KMnO$_4$ 溶液数滴，加几滴 2mol·L^{-1} H$_2$SO$_4$ 溶液，再滴加二氧化硫水溶液，观察红紫色消失，写出反应式。

也可用此项实验检验 SO$_3^{2-}$。

（3）漂白性：在盛有 1 滴品红溶液的试管中，逐滴加入 10 滴二氧化硫水溶液。

放置片刻，观察现象。将溶液加热，观察现象。

10. 硫代硫酸盐的性质

（1）$Na_2S_2O_3$ 与 Cl_2 的反应：取 $0.1mol·L^{-1}$ $Na_2S_2O_3$ 溶液 1.0mL 于一试管中，再加入 2.0mL 氯水，充分振荡，检验溶液中有无 SO_4^{2-} 生成。

（2）$Na_2S_2O_3$ 与 I_2 的反应：取 $0.1mol·L^{-1}$ $Na_2S_2O_3$ 溶液 1.0mL 于一试管中，逐滴加入碘水，边滴边振荡，有何现象？此溶液中能否检出 SO_4^{2-}？

（3）$Na_2S_2O_3$ 的配位反应：取 $0.1mol·L^{-1}$ $AgNO_3$ 溶液 0.5mL 于一试管中，连续滴加 $0.1mol·L^{-1}$ $Na_2S_2O_3$ 溶液，边滴边振荡，直至生成的沉淀完全溶解。解释现象。

（4）$Na_2S_2O_3$ 与酸的反应：取 $0.1mol·L^{-1}$ $Na_2S_2O_3$ 溶液 1.0mL 于一试管中，滴加 $6mol·L^{-1}$ HCl 溶液，观察溶液变浑浊，并检验有何气体产生。写出反应式。

11. 过二硫酸盐的氧化性

取 Mn^{2+} 试液 2 滴于一试管中，加 $2mol·L^{-1}$ H_2SO_4 溶液 5.0mL、蒸馏水 5.0mL，混合均匀后，把该溶液分成两份分装于两支试管中。在两支试管中均加入等量的少许 $K_2S_2O_8$ 固体，且在其中一试管中加入 1 滴 $0.1mol·L^{-1}$ $AgNO_3$ 溶液，然后把两试管都放在水浴中加热，观察溶液颜色有无变化，结果有无不同。为什么？

12. 离子鉴定

1）SO_4^{2-} 的鉴定

取 SO_4^{2-} 试液 2 滴于小试管中，加入 $6mol·L^{-1}$ HCl 溶液 2 滴及 $0.1mol·L^{-1}$ $BaCl_2$ 溶液 2 滴，如有白色沉淀产生，示有 SO_4^{2-} 存在。

2）SO_3^{2-} 的鉴定

于白色点滴板上加 1 滴饱和 $ZnSO_4$ 溶液和 1 滴 $0.1mol·L^{-1}$ $K_4[Fe(CN)_6]$ 溶液，即有白色 $Zn_2[Fe(CN)_6]$ 沉淀产生，继续加入亚硝酰铁氰化钠($Na_2[Fe(CN)_5NO]$)与 SO_3^{2-} 试液（中性）各 1 滴，则白色沉淀转变为红色 $Zn_2[Fe(CN)_5NO\ SO_3]$ 沉淀，示有 SO_3^{2-} 存在。

3）$S_2O_3^{2-}$ 的鉴定

（1）与 $AgNO_3$ 的反应：取 $S_2O_3^{2-}$ 试液 3 滴于试管中，加 $0.1mol·L^{-1}$ $AgNO_3$ 溶液 5 滴，振荡，若生成的白色沉淀迅速变黄、变棕，最后变为黑色沉淀，示有 $S_2O_3^{2-}$ 存在。

过量的 $AgNO_3$ 与 $S_2O_3^{2-}$ 反应，最初生成白色 $Ag_2S_2O_3$ 沉淀，但迅速变黄、变棕，最后变为黑色 Ag_2S 沉淀。这是 $S_2O_3^{2-}$ 最特殊的反应之一。

S^{2-}存在时,加入 $AgNO_3$ 立即生成 Ag_2S 黑色沉淀,对观察 $Ag_2S_2O_3$ 沉淀颜色的变化会产生干扰。

(2)与酸的作用:取 $S_2O_3^{2-}$ 试液 2 滴于试管中,加 2 滴 $2mol·L^{-1}$ HCl 溶液,溶液加热,溶液中有淡黄色浑浊出现,示有 $S_2O_3^{2-}$ 存在。

由于 $H_2S_2O_3$ 极不稳定,一旦生成立即分解为 SO_2 和 S,而 S 的析出会使溶液变浑,加热可促使反应加速。

4)S^{2-} 的鉴定

取 S^{2-} 试液 5 滴置于试管中,加 6 滴 $6mol·L^{-1}$ HCl 酸化,试管口盖上醋酸铅试纸,置于水浴上加热,如醋酸铅试纸变黑,示有 S^{2-} 存在。

四、思考题

(1)卤素较易溶于哪类溶剂?为什么?碘在哪类溶剂中呈紫色,在哪类溶剂中呈黄棕色?

(2)为什么碘易溶于含 I^- 的溶液中?碘遇淀粉变蓝,怎样能使此蓝色消失?

(3)卤素含氧酸盐的氧化性是在酸性介质中强,还是在碱性介质中强?

(4)为什么用 $AgNO_3$ 检出卤素离子时要同时加些 HNO_3?它有什么作用?

(5)为什么 H_2O_2 既可作氧化剂又可作还原剂?其氧化与还原的产物各是什么?

(6)长久放置的 H_2S、Na_2S 和 $Na_2S_2O_3$ 溶液会发生什么变化?

(7)实验中制备 H_2S 时是否可用 HNO_3(或浓 H_2SO_4)代替 HCl?是否可用 CuS 和 HCl 反应制备?为什么?

(8)H_2SO_3 为什么既有氧化性又有还原性?

(9)$Na_2S_2O_3$ 遇酸分解是一个什么反应?试讨论之。

(10)在含有 S^{2-}、$S_2O_3^{2-}$ 和 SO_3^{2-} 的混合溶液中,用什么方法可以鉴定出 SO_3^{2-} 的存在?

(11)在水溶液中 $AgNO_3$ 与 $Na_2S_2O_3$ 的反应,有的同学的实验结果生成了黑色沉淀,有的同学的实验结果却无沉淀产生,这两种实验现象都正确吗?它们各在什么情况下出现?

五、自学导读

1. 氯气

氯气具有毒性和刺激性,强烈地刺激眼、鼻、气管等黏膜,吸入较多的氯气会发生严重中毒,甚至造成死亡。进行有关氯气的实验必须在通风橱中操作。闻氯气时,不能直接对着管口或瓶口。发生较严重的氯气中毒时,可以吸入乙醇和乙醚混合蒸气，作为解毒剂，吸入氨气也有效。

2. 溴

溴蒸气对气管、肺部、眼、鼻、喉都有强烈的刺激作用。进行有关溴的实验应在通风橱内操作。不慎吸入溴蒸气时，可吸入少量氨气和新鲜空气解毒。

液体溴具有很强的腐蚀性，能烧伤皮肤，严重时会使皮肤溃烂。移取液体溴时，须戴橡皮手套。溴水的腐蚀性比液体溴弱，但使用时也不能直接由瓶内倒出，而应该用滴管移取，以免溴水接触皮肤。如果不慎把溴水溅在手上可用水冲洗，再用乙醇洗涤。

3. 氯酸钾

氯酸钾是强氧化剂，保存不当时容易爆炸。它与硫、磷的混合物是炸药，绝对不允许把它们混在一起。氯酸钾容易分解，不宜用力研磨、烘干或烤干，如果要烘干，温度一定要严格控制，不能过高。进行有关氯酸钾的实验，剩下的应放入专用的回收瓶内。

4. 硫化氢

硫化氢为无色气体，具有腐蛋臭味，对空气相对密度为 1.19。硫化氢使中枢神经系统中毒引起延髓中枢麻痹，与呼吸酶中的铁质结合使酶活性减弱。硫化氢浓度低时，中毒者头晕、恶心呕吐等。硫化氢浓度高或吸入量大时可使意识突然丧失，昏迷，窒息而死亡。

急救措施：立即离开现场，进行人工呼吸、吸氧等。

5. 二氧化硫

二氧化硫为无色刺激性气体，对空气相对密度为 2.264，易溶于水。二氧化硫气体急性中毒较少见，但对黏膜和呼吸道有强烈的刺激作用，能引起结膜炎、气管炎等病。

急救措施：立即离开现场。眼受刺激时，应用 $20g·L^{-1}$ 苏打水洗眼。

6. 过氧化物

含有 O_2^{2-} 的化合物称为过氧化物。这类化合物的危险主要在于其氧化性。苏打灰、氯化钠或砂均为无机过氧化物起火时最好的灭火剂。

$30g·L^{-1}$ H_2O_2 对皮肤有腐蚀性。

实验23 p区元素（二）

一、实验提要

（1）目的：掌握亚硝酸和硝酸的主要性质；了解磷酸盐的性质；试验砷、锑、铋的氢氧化物的酸碱性，盐的水解性和氧化还原性；了解硼酸的性质，氢氧化铝的两性和铝盐的水解性；了解 Sn^{2+} 盐的还原性和水解性，Pd^{4+} 的氧化性，锡和铅氢氧化物的酸碱性；掌握一些离子的鉴定方法。

（2）方法：应用点滴板和多用滴管的微型化学实验仪器对 p 区元素的性质进行实验。

（3）结论：微型化学实验有节省试剂、减少污染、操作安全的优点，适合于现代科学环境保护发展的需要。

二、仪器与药品

仪器：点滴板，滴管，试管，恒温水浴箱，离心机，移液器（1mL、5mL）。

药品：$AgNO_3$（s，$0.1mol·L^{-1}$），$Pb(NO_3)_2$（s，$0.001mol·L^{-1}$，$0.1mol·L^{-1}$），$NaNO_3$（s，aq），$NaNO_2$（饱和，$0.5mol·L^{-1}$），H_2SO_4（浓，$1mol·L^{-1}$，$2mol·L^{-1}$），KI（$0.1mol·L^{-1}$），$KMnO_4$（$0.01mol·L^{-1}$），硫粉，HNO_3（浓，$1mol·L^{-1}$，$2mol·L^{-1}$，$6mol·L^{-1}$），$BaCl_2$（$0.1mol·L^{-1}$），Na_3PO_4（$0.1mol·L^{-1}$），$Na_4P_2O_4$（$0.1mol·L^{-1}$），$NaPO_3$（$0.1mol·L^{-1}$），Na_2HPO_4（$0.1mol·L^{-1}$），NaH_2PO_4（$0.1mol·L^{-1}$），$CaCl_2$（$0.1mol·L^{-1}$），HCl（$2mol·L^{-1}$，$6mol·L^{-1}$），H_3AsO_4（$0.1mol·L^{-1}$），$NH_3·H_2O$（aq），$NaHCO_3$（s），$SbCl_3$（$0.2mol·L^{-1}$），NaOH（$6mol·L^{-1}$，$2mol·L^{-1}$），$Bi(NO_3)_3$（$0.1mol·L^{-1}$，$0.2mol·L^{-1}$），品红（$1g·L^{-1}$），活性炭，K_2CrO_4（$0.5mol·L^{-1}$），$SnCl_2$（$0.1mol·L^{-1}$），$MnSO_4$（$0.1mol·L^{-1}$），PbO_2（s），硼砂（饱和），H_3BO_3（s），甲基橙指示剂，钼酸铵试剂（钼酸铵在硝酸中的溶液），甘油，$Al_2(SO_4)_3$（饱和），Na_2CO_3（饱和），Na_2S（$0.5mol·L^{-1}$），NH_4Cl（aq），奈斯勒试剂（KI、HgI_2 的碱性溶液），$FeSO_4$（饱和），HAc（$2mol·L^{-1}$），铜片，镁条，pH试纸，酚酞试纸。

三、实验步骤

1. 硝酸盐的热分解与阳离子的关系

在 3 支试管中分别加入少量 $AgNO_3$、$Pb(NO_3)_2$ 和 $NaNO_3$ 固体，加热，有何现象？用带有余烬的火柴伸进管口，观察现象，解释之。

2. 亚硝酸的生成和性质

1) 亚硝酸的生成

将用冰水冷却过的 1.0mL 饱和 $NaNO_2$ 溶液和 1.0mL $1mol·L^{-1}$ H_2SO_4 溶液置于试管中混合，有何现象？溶液放置一段时间，有何现象？写出反应方程式。

2) NO_2^- 氧化性和还原性

在盛有 0.5mL $0.1mol·L^{-1}$ KI 溶液的试管中，加入几滴 $1mol·L^{-1}$ H_2SO_4 溶液酸化，再加入几滴 $0.5mol·L^{-1}$ $NaNO_2$ 溶液，摇动，观察溶液颜色的变化，检验放出的气体。

在盛有 0.5mL $0.01mol·L^{-1}$ $KMnO_4$ 溶液的试管中，加几滴 $1mol·L^{-1}H_2SO_4$ 溶液酸化，再加入几滴 $0.5mol·L^{-1}NaNO_2$ 溶液，振荡，有何现象？

查出相应的半反应的标准电极电势，写出酸化的 $KMnO_4$ 或 KI 溶液与 $NaNO_2$ 溶液的反应方程式，指出 $NaNO_2$ 是作为氧化剂还是作为还原剂。

3. 硝酸的氧化性

1) 浓 HNO_3 与非金属的作用

在小试管内放少许硫粉，加入浓 HNO_3 溶液 10 滴，水浴加热，待硫大部分溶解后，用滴管取出溶液少许放在另一个小试管中，用少量蒸馏水稀释后加几滴 $0.1mol·L^{-1}$ $BaCl_2$ 溶液，有何现象？硫的氧化产物是什么？写出反应式。

2) 浓 HNO_3 与金属的作用

取一小块铜片放入小试管中，滴加 0.5mL 浓 HNO_3 溶液，观察放出气体的颜色，写出反应式。

3) 稀 HNO_3 与金属的作用

取一小块铜片放入小试管中，滴加 $6mol·L^{-1}$ HNO_3 溶液 0.5mL，水浴上微热，观察与上一反应现象有何异同，在试管口气体的颜色有无变化，写出反应式。

4) 稀 HNO_3 与活泼金属的作用

取一小段镁条放入试管中，加入 $1mol·L^{-1}$ HNO_3 溶液 1.0mL，有何现象？再向溶液中加入 $2mol·L^{-1}$ NaOH 1.0mL，有氨气放出（使 pH 试纸变蓝），证明 NH_4^+ 生成。

4. 各种磷酸根的不同作用

取 $0.1mol·L^{-1}$ Na_3PO_4、$Na_4P_2O_4$ 与 $NaPO_3$ 溶液各 2 滴分别滴入 3 支试管中，向各管中滴入 $0.1mol·L^{-1}$ $AgNO_3$ 溶液 2~3 滴，有何现象产生？再在各管中滴入少量 $2mol·L^{-1}$ HNO_3 溶液，沉淀有无变化？

5. 磷酸盐的性质

在 3 支试管中分别加入 $0.1mol·L^{-1}$ Na_3PO_4、Na_2HPO_4、NaH_2PO_4 溶液各 0.5mL，

用 pH 试纸检验溶液的酸碱性。然后在各管中分别加入 10 滴 0.1mol·L^{-1} CaCl$_2$ 溶液,振荡试管,观察何者有沉淀产生。向没有产生沉淀的试管中加入氨水,有何变化?再分别加入 6mol·L^{-1} HCl,又有何变化?比较磷酸钙与磷酸二氢钙的溶解度,说明它们之间相互转化的条件。写出反应式。

6. As(Ⅴ)的氧化性和 As(Ⅲ)的还原性

将 0.1mol·L^{-1} H$_3$AsO$_4$ 溶液置于一试管中,加入 2mol·L^{-1} H$_2$SO$_4$ 溶液酸化后,加入 0.1mol·L^{-1} KI 溶液 0.5mL,有何现象发生?再加入少量固体 NaHCO$_3$ 至碱性,观察溶液颜色的变化。查出有关半反应的标准电极电势,解释所观察到的实验现象。

7. 三价锑、铋的氧化物或氢氧化物的酸碱性

向盛有 0.5mL 0.2mol·L^{-1} SbCl$_3$ 溶液的试管中,逐滴加入 2mol·L^{-1} NaOH 溶液,至有白色沉淀产生为止。把沉淀分成两份,分别试验 Sb(OH)$_3$ 溶液与 6mol·L^{-1} NaOH 溶液和 6mol·L^{-1} HCl 溶液的作用,沉淀是否溶解?写出反应式。

向盛有 0.5mL 0.2mol·L^{-1} Bi(NO$_3$)$_3$ 溶液的试管中逐滴加入 2mol·L^{-1} NaOH 溶液,至有白色沉淀产生为止。把沉淀分成两份,分别试验 Bi(NO$_3$)$_3$ 与 6mol·L^{-1} NaOH 溶液和 6mol·L^{-1} HCl 溶液的作用,沉淀是否溶解?写出反应式。

8. 活性炭的吸附作用

1) 活性炭对品红的吸附作用

在盛有 4.0mL 1g·L^{-1} 品红溶液的试管中,加入一小勺活性炭,振荡试管,然后滤去活性炭,观察溶液的颜色有何变化,试解释之。

2) 活性炭对铅盐的吸附作用

在盛有 3.0mL 0.001mol·L^{-1} Pb(NO$_3$)$_2$ 溶液的试管中,加入几滴 0.5mol·L^{-1} K$_2$CrO$_4$ 溶液,观察反应产物的颜色和状态。

在盛有 3.0mL 0.001mol·L^{-1} Pb(NO$_3$)$_2$ 溶液的试管中,加入一小勺活性炭,振荡试管,然后滤去活性炭,在滤液中加入与上一实验相同滴数的 0.5mol·L^{-1} K$_2$CrO$_4$ 溶液,观察有何变化。与上面实验相比,有无不同?试解释之。

9. Sn(Ⅱ)、Pb(Ⅳ)的氧化还原性质

亚锡酸钠的还原性:在盛有 1.0mL 0.1mol·L^{-1} SnCl$_2$ 溶液的试管中,滴加 2mol·L^{-1} NaOH 溶液,同时不断振荡,直至生成的沉淀完全溶解,再过量 3 滴,然后加入 0.1mol·L^{-1} Bi(NO$_3$)$_3$ 溶液数滴,有何现象?写出反应方程式,此反应可用于鉴定 Bi^{3+}。

PbO_2 氧化性：取 1 滴 $0.1mol·L^{-1}$ $MnSO_4$ 溶液于一试管中，加水 10 滴稀释，再加 $6mol·L^{-1}$ HNO_3 溶液 1.0mL，加 PbO_2 固体少许，搅拌后置水浴上加热，有何变化？写出反应式。

在盛有 0.5mL $0.1mol·L^{-1}$ $Pb(NO_3)_2$ 的试管中，加入 10 滴 $2mol·L^{-1}$ HCl 溶液，观察沉淀的颜色。加热沉淀是否溶解？再使其冷却，又有何变化？写出反应式，并说明 $PbCl_2$ 在冷水和热水中的溶解度。

10. 硼酸的制备和性质

1）硼酸的生成

取 1.0mL 硼砂饱和溶液于一离心管中，测其 pH。在该溶液中加入 0.5mL 浓 H_2SO_4 溶液，用冰水冷却，有无晶体析出？离心分离，弃去溶液，用少量冷水洗涤晶体两三次，再用 0.5mL 蒸馏水使之溶解，用 pH 试纸测其 pH，与硼砂溶液相比是否相同？

2）硼酸的性质

试管中加少量 H_3BO_3 固体和 6.0mL 蒸馏水，微热使固体溶解。加 1 滴甲基橙指示剂，观察溶液的颜色。把溶液分装于两支试管中，在其中一支试管中加入几滴甘油$[C_3H_5(OH)_3]$，混匀，比较两支试管的颜色，解释之。

硼酸和甘油的反应为

$$H_3BO_3 + C_3H_5(OH)_3 \rightleftharpoons HOCH\begin{matrix}CH_2-O\\ \\CH_2-O\end{matrix}BOH + 2H_2O$$

11. 铝盐的水解

（1）硫酸铝和碳酸钠的作用：在盛有 0.5mL 饱和 $Al_2(SO_4)_3$ 溶液的试管中，加入 1.0mL 饱和 Na_2CO_3 溶液，有何现象？写出反应式。

（2）硫酸铝和硫化物的作用：在盛有 0.5mL 饱和 $Al_2(SO_4)_2$ 溶液的试管中，加入 1.0mL $0.5mol·L^{-1}$ Na_2S 溶液，有何现象？写出反应式。

12. 离子鉴定

1）NH_4^+ 的鉴定

气室法：取干燥、洁净的表面皿两块（一大、一小），在大的一块表面皿中心加 NH_4^+ 试液 3 滴，再加 $6mol·L^{-1}$ NaOH 溶液 3 滴，混合。在小的一块表面皿中心，黏附一小条潮湿的酚酞试纸，盖在大的表面皿上做成气室，将此气室放在水浴上微热，酚酞试纸变红，表示有 NH_4^+ 存在。

奈斯勒试剂法：取 NH_4^+ 试液 1 滴，放在白色点滴板的圆孔中，加 2 滴奈斯勒试剂（KI、HgI_2 的碱性溶液），生成红棕色沉淀，表示有 NH_4^+ 存在。

2）NO_3^- 的鉴定

取 NO_3^- 试液 5 滴置于小试管中，再加饱和 $FeSO_4$ 溶液 10 滴，沿着管壁慢慢滴加浓 H_2SO_4 溶液，由于浓 H_2SO_4 相对密度比水大，沉到试管底部，形成两层，这时两层液体接触面上若有一棕色环，表示有 NO_3^- 存在。在浓 H_2SO_4 存在下，NO_3^- 与 Fe^{2+} 反应生成 NO，NO 可与 Fe^{2+} 形成棕色配离子 $[Fe(NO)]^{2+}$：

$$NO_3^- + 4Fe^{2+} + 4H^+ \rightleftharpoons 3Fe^{3+} + [Fe(NO)]^{2+} + 2H_2O$$

3）NO_2^- 的鉴定

取 0.5mL 0.5mol·L^{-1} $NaNO_2$ 溶液置于小试管中，加 2mol·L^{-1} HAc 酸化后，加新配制的饱和 $FeSO_4$ 溶液数滴，若溶液呈棕色，表示有 NO_2^- 存在。

4）PO_4^{3-} 的鉴定——形成磷钼酸铵沉淀法

取 0.1mol·L^{-1} Na_3PO_4 溶液 2 滴置于小试管中，加入 8~10 滴钼酸铵试剂，用玻璃棒摩擦管壁，有黄色磷钼酸铵生成，表示有 PO_4^{3-} 存在。

PO_4^{3-} 与钼酸铵试剂（钼酸铵在硝酸中的溶液）生成特殊的黄色晶状磷钼酸铵 $(NH_4)_3PO_4·12MoO_3·6H_2O$ 沉淀：

$$PO_4^{3-} + 3NH_4^+ + 12MoO_4^{2-} + 24H^+ \rightleftharpoons (NH_4)_3PO_4·12MoO_3·6H_2O + 6H_2O$$

四、思考题

（1）$Al_2(SO_4)_3$ 与 Na_2CO_3 或 Na_2S 反应，为什么得不到 $Al_2(CO_3)_3$ 或 Al_2S_3 沉淀，而仅能得到 $Al(OH)_3$ 沉淀？

（2）$SnCl_2$ 有哪些特性？根据这些特性，在配制 $SnCl_2$ 溶液时应注意哪几点？

（3）Sn^{2+} 的还原性和 Pd^{4+} 的氧化性是怎样证明的？

五、自学导读

（1）除一氧化二氮外，所有氮的氧化物都有毒，其中尤以二氧化氮为甚，其允许含量为每升空气中不得超过 0.005mg。二氧化氮中毒尚无特效药物治疗，一般是输入氧气以帮助呼吸和血液循环。由于硝酸的分解产物多为氮的氧化物，因此涉及硝酸的反应均应在通风橱内进行。

（2）三氧化二砷（俗称砒霜）是剧毒物质，误服 0.1g 即可致死。其他可溶性的砷化物也都有剧毒，切勿进入口内或与伤口接触。用毕要洗手，废液要妥善处理。

（3）锑和铋的化合物都有毒，也要格外注意。

实验 24 d 区元素（一）铬、锰

一、实验提要

（1）目的：了解铬和锰的各种主要价态化合物的生成和性质以及各种主要价态之间的转化条件；了解铬和锰的化合物的氧化还原性以及介质对氧化还原性影响。

（2）方法：应用点滴板和多用滴管的微型化学实验仪器对 d 区元素的性质进行实验。

（3）结论：微型化学实验有节省试剂、减少污染、操作安全的优点，适应现代科学环境保护发展的需要。

二、实验原理

铬是周期系ⅥB 族元素，氧化态有 +6、+5、+4、+3、+2 等，其中 +6、+3 氧化态的化合物比较稳定。

Cr(Ⅲ)的氧化物是 Cr_2O_3，称为铬绿。Cr_2O_3 微溶于水，能溶于碱和酸，是两性氧化物。

Cr(Ⅲ)的氢氧化物呈两性并为灰绿色。Cr(Ⅲ)盐易水解。在碱性溶液中 Cr(Ⅲ) 盐易被强氧化剂如 H_2O_2 氧化为黄色的 CrO_4^{2-}。

$$2[Cr(OH)_4]^- + 3H_2O_2 + 2OH^- \rightleftharpoons 2CrO_4^{2-} + 8H_2O$$

亮绿色　　　　　　　　　　　黄色

或

$$2CrO_2^- + 3H_2O_2 + 2OH^- \rightleftharpoons 2CrO_4^{2-} + 4H_2O$$

此反应常用来初步鉴定 Cr(Ⅲ)。

与上述有关的标准电极电势为

$$CrO_4^{2-} + 2H_2O + 3e^- \rightleftharpoons CrO_2^- + 4OH^- \quad E^\ominus = -0.13V$$

$$Cr_2O_7^{2-} + 14H^+ + 6e^- \rightleftharpoons 2Cr^{3+} + 7H_2O \quad E^\ominus = 1.33V$$

由此可见，Cr(Ⅲ)的化合物只有在碱性介质中才能表现出较强的还原性。在酸性介质中，只有采用很强的氧化剂 [如$(NH_4)_2S_2O_8$、$KMnO_4$ 等] 才能将 Cr^{3+} 氧化成 $Cr_2O_7^{2-}$。

Cr(Ⅵ)的化合物在酸性介质中具有很强的氧化性，与还原剂（如 Na_2SO_3、H_2O_2 等）作用时被还原呈蓝紫色的 Cr^{3+} 水合离子。例如

$$Cr_2O_7^{2-} + 3SO_3^{2-} + 8H^+ \rightleftharpoons 2Cr^{3+} + 3SO_4^{2-} + 4H_2O$$

铬酸盐和重铬酸盐在水溶液中存在下列平衡：

$$2CrO_4^{2-} + 2H^+ \rightleftharpoons Cr_2O_7^{2-} + H_2O$$

改变溶液的酸碱性,上述平衡发生移动。由于某些金属的铬酸盐比相应的重铬酸盐更难溶于水,假如存在这些金属离子,也会使平衡发生移动。例如

$$4Ag^+ + Cr_2O_7^{2-} + H_2O \rightleftharpoons 2Ag_2CrO_4\downarrow + 2H^+$$
砖红色

此反应也常用来鉴定溶液中是否存在 Ag^+。

在酸性介质中,$Cr_2O_7^{2-}$ 与 H_2O_2 生成蓝色过氧化铬(CrO_5),此物极不稳定,易分解为 Cr^{3+} 并放出氧气,但是在有机相(乙醚或戊醇)中比较稳定。

$$Cr_2O_7^{2-} + 4H_2O_2 + 2H^+ \rightleftharpoons 2CrO_5 + 5H_2O$$

$$4CrO_5 + 12H^+ \rightleftharpoons 4Cr^{3+} + 7O_2\uparrow + 6H_2O$$

此反应常用来鉴定 Cr^{3+} 或 $Cr_2O_7^{2-}$。

锰是周期系ⅦB族元素,它也有多种氧化态,其中比较稳定的是 +7、+6、+4、+2 价的化合物。

Mn(Ⅱ)的氢氧化物呈白色,但它易被空气中的氧及其他氧化剂所氧化,变为棕色的 $MnO(OH)_2$,表现出较强的还原性。

在中性、弱碱性或弱酸性介质中,Mn^{2+} 可以被强氧化剂(如 $KMnO_4$、溴水等)氧化成棕色的 MnO_2。例如

$$2MnO_4^- + 3Mn^{2+} + 2H_2O \rightleftharpoons 5MnO_2\downarrow + 4H^+$$

在硝酸溶液中,Mn^{2+} 可被 $NaBiO_3$ 氧化成紫色的 MnO_4^-。

$$5NaBiO_3 + 2Mn^{2+} + 14H^+ \rightleftharpoons 2MnO_4^- + 5Bi^{3+} + 5Na^+ + 7H_2O$$

通常利用这个反应定性鉴定 Mn^{2+}。

Mn(Ⅳ)最重要的化合物是 MnO_2,在酸性介质中可作氧化剂,产物为 Mn^{2+};在碱性介质中又可作还原剂,产物为 MnO_4^{2-}(呈绿色)。

在强碱性介质中,Mn(Ⅵ)的化合物才比较稳定,故 MnO_4^{2-} 可通过下列反应制备:

$$2MnO_4^- + MnO_2 + 4OH^- \xrightarrow{\triangle} 3MnO_4^{2-} + 2H_2O$$

向 MnO_4^{2-} 溶液中注入酸会发生歧化反应,生成紫色的 MnO_4^- 和棕色的 MnO_2。

$KMnO_4$ 是常用的氧化剂。在不同的介质中,$KMnO_4$ 被还原的产物也不同。在酸性介质中,产物为 Mn^{2+};在强碱性介质中,产物为 MnO_4^{2-};在近中性介质中,产物为 MnO_2。

三、仪器与药品

仪器:点滴板,滴管,试管,恒温水浴箱,离心机,移液器(1mL、5mL)。

药品：HCl（6mol·L^{-1}，2mol·L^{-1}），H$_2$SO$_4$（2mol·L^{-1}，6mol·L^{-1}），NH$_3$·H$_2$O（2mol·L^{-1}），NaOH（2mol·L^{-1}，6mol·L^{-1}），AgNO$_3$（0.1mol·L^{-1}），KCr(SO$_4$)$_2$（0.1mol·L^{-1}），Na$_2$S（0.5mol·L^{-1}），Pb(NO$_3$)$_2$（0.1mol·L^{-1}），K$_2$Cr$_2$O$_7$（0.1mol·L^{-1}），K$_2$CrO$_4$（0.1mol·L^{-1}），KMnO$_4$（0.01mol·L^{-1}，0.1mol·L^{-1}），BaCl$_2$（0.1mol·L^{-1}），MnSO$_4$（0.1mol·L^{-1}），NaBiO$_3$（s），Na$_2$SO$_3$（s），(NH$_4$)Fe(SO$_4$)$_2$（s），MnO$_2$（s），H$_2$O$_2$（30g·L^{-1}），NH$_4$Cl（s），乙醚（或戊醇）。

四、实验步骤

1. 铬的化合物

1）三价铬的化合物

（1）Cr(OH)$_3$的生成及性质：于点滴板1$^\#$、2$^\#$孔穴中加2滴0.1mol·L^{-1} KCr(SO$_4$)$_2$溶液，再分别滴加1滴2mol·L^{-1} NaOH溶液，观察沉淀颜色，1$^\#$孔穴中滴加2mol·L^{-1} HCl溶液，2$^\#$孔穴中加6mol·L^{-1} NaOH溶液，观察沉淀的溶解，写出反应式。对Cr(OH)$_3$的酸碱性作出结论。

（2）三价铬盐与氨水的作用：在试管中加入0.1mol·L^{-1} KCr(SO$_4$)$_2$溶液3滴，加浓氨水至生成灰绿色沉淀，再加少许NH$_4$Cl晶体并微热，则沉淀溶解得紫红色溶液[Cr(NH$_3$)$_2$(H$_2$O)$_4$]$^{3+}$。

（3）三价铬盐的水解：在点滴板孔穴中先加0.1mol·L^{-1} KCr(SO$_4$)$_2$溶液1滴，再加入1滴0.5mol·L^{-1} Na$_2$S溶液，用实验方法证明产物是Cr(OH)$_3$而不是Cr$_2$S$_3$。写出反应式。

（4）三价铬的还原性及其鉴定：在试管中加0.1mol·L^{-1} KCr(SO$_4$)$_2$溶液2滴，加6mol·L^{-1} NaOH溶液至沉淀溶解为止，然后往溶液中加3滴30g·L^{-1} H$_2$O$_2$，水浴加热，溶液颜色由亮绿色变为黄色，表示Cr(OH)$_4$被氧化成CrO$_4^{2-}$。写出反应式，解释现象。待试管冷却后，加入5滴乙醚，然后慢慢滴入6mol·L^{-1} HNO$_3$酸化，再加少量30g·L^{-1} H$_2$O$_2$，振荡试管，观察乙醚层的颜色（表示有Cr^{3+}存在）。

2）六价铬的化合物

（1）CrO$_4^{2-}$和CrO$_7^{2-}$在水中的平衡移动：取0.1mol·L^{-1} K$_2$CrO$_4$溶液1滴，滴加1滴2mol·L^{-1} H$_2$SO$_4$使溶液呈酸性，观察颜色有何变化。继续加入2mol·L^{-1} NaOH溶液，使溶液呈碱性，颜色有何变化？写出反应式。

（2）难溶性铬酸盐：在点滴板1$^\#$、3$^\#$、5$^\#$孔穴中各加入1滴0.1mol·L^{-1} K$_2$CrO$_4$溶液，在2$^\#$、4$^\#$、6$^\#$孔穴中各加入1滴0.1mol·L^{-1} K$_2$Cr$_2$O$_7$溶液。在1$^\#$、2$^\#$孔穴中加入0.1mol·L^{-1} AgNO$_3$溶液1滴，在3$^\#$、4$^\#$孔穴中加入0.1mol·L^{-1} Pb(NO$_3$)$_2$溶液1滴，在5$^\#$、6$^\#$孔穴中加入0.1mol·L^{-1} BaCl$_2$溶液1滴。观察产物颜色，检验反应前后溶液pH发生的变化。试用CrO$_4^{2-}$和Cr$_2$O$_7^{2-}$间的平衡关系解释实验结果，写出反

应式。

（3）六价铬的氧化性：取 3 滴 0.1mol·L^{-1} K$_2$CrO$_7$ 溶液，用 2 滴 2mol·L^{-1} H$_2$SO$_4$ 酸化，滴加 Na$_2$SO$_3$ 溶液，观察溶液颜色变化，写出反应式。

取 5 滴 0.1mol·L^{-1} K$_2$Cr$_2$O$_7$ 溶液，用 2 滴 2mol·L^{-1} H$_2$SO$_4$ 酸化，5 滴 30g·L^{-1} H$_2$O$_2$，观察现象，写出反应式。

（4）六价铬的检验：请学生自行设计方案。

2. 锰的化合物

1）二价锰化合物的生成和性质

（1）Mn(OH)$_2$ 的生成和性质：在 3 个孔穴中分别加 1 滴 0.1mol·L^{-1} MnSO$_4$ 溶液和 2mol·L^{-1} NaOH 至生成沉淀，立即观察产物颜色、状态。在 1$^\#$孔穴中迅速加 2mol·L^{-1} HCl 溶液，在 2$^\#$孔穴中加入 2mol·L^{-1} NaOH 溶液，观察沉淀是否具有两性。将 3$^\#$孔穴放置空气中，观察颜色变化。

（2）二价锰硫化物的生成和性质：往 5 滴 0.1mol·L^{-1} MnSO$_4$ 溶液中滴加 Na$_2$S 溶液，观察有无沉淀生成。再逐滴加入 2mol·L^{-1} NH$_3$·H$_2$O，观察是否有沉淀生成，产物是什么颜色？解释现象，写出反应式。

2）四价锰化合物的生成和性质

（1）四价锰化合物的生成：取 1 滴 0.1mol·L^{-1} KMnO$_4$ 于孔穴中，滴加 0.1mol·L^{-1} MnSO$_4$ 溶液 1 滴，观察棕色沉淀的生成，写出反应式。

（2）四价锰的氧化性：在上面制得的 MnO$_2$ 沉淀中加入少许 Na$_2$SO$_3$ 晶体，棕色沉淀是否消失？若不消失再用 6mol·L^{-1} H$_2$SO$_4$ 酸化，观察沉淀的消失，写出反应式，并说明现象。

3）六价锰化合物的生成和性质

在一支离心试管中加入 10 滴 0.1mol·L^{-1} KMnO$_4$ 溶液和 10 滴 6mol·L^{-1} NaOH 溶液，再加入一小勺 MnO$_2$ 固体，水浴加热，搅拌，离心沉降。观察上层清液是什么颜色，写出反应式。

将上层清液转入另一试管，加入 6mol·L^{-1} H$_2$SO$_4$ 使其酸化，观察溶液的颜色变化及有无沉淀析出，解释现象。

4）KMnO$_4$ 的氧化性

在 3 个孔穴中各加 1 滴 0.1mol·L^{-1} KMnO$_4$ 溶液，分别加 2mol·L^{-1} H$_2$SO$_4$ 溶液、水和 6mol·L^{-1} NaOH 溶液各 1 滴，然后各加入数滴 Na$_2$SO$_3$ 溶液（或少许 Na$_2$SO$_3$ 晶体），观察现象，写出反应式，并得出结论，说明 KMnO$_4$ 与被还原的产物及介质的关系。

5）Mn^{2+} 的鉴定

取 Mn^{2+} 试剂 1 滴于孔穴中，加 6mol·L^{-1} HNO$_3$ 溶液 2 滴，加入少许 NaBiO$_3$

固体，溶液呈紫色（这是鉴定 Mn^{2+} 的特征反应）。写出反应式。

五、思考题

（1）怎样实现 $Cr^{3+} \leftrightarrow CrO_4^{2-}$（或 $Cr_2O_7^{2-}$）、$MnO_2 \leftrightarrow Mn^{2+} \leftrightarrow MnO_4^-$、$MnO_2 \leftrightarrow MnO_4^{2-} \leftrightarrow MnO_4^-$ 等价态之间的互相转化？主要途径和条件是什么？

（2）$Cr(OH)_3$ 与 $Mn(OH)_2$ 的酸碱性怎样？

（3）在铬酸钾和重铬酸钾溶液中分别加入酸和碱，溶液的颜色有何变化？为什么？

（4）K_2CrO_7 和 $Pb(NO_3)_2$ 或 $BaCl_2$ 作用，为什么得到的是 $PbCrO_4$ 或 $BaCrO_4$，而不是 $PbCr_2O_7$ 或 $BaCr_2O_7$ 沉淀？

（5）怎样用生成过氧化铬的方法来鉴定 Cr^{3+} 的存在？

（6）$KMnO_4$ 的还原产物和介质有什么关系？

（7）在碱性条件下，H_2O_2 能把 Mn(Ⅱ)氧化为 Mn(Ⅳ)：
$$Mn^{2+} + H_2O_2 + 2OH^- \rightleftharpoons MnO(OH)_2\downarrow + H_2O$$
在酸性条件下，H_2O_2 能把 Mn(Ⅳ)还原为 Mn(Ⅱ)：
$$MnO(OH)_2 + H_2O_2 + 2H^+ \rightleftharpoons Mn^{2+} + 3H_2O + O_2\uparrow$$
试解释上述事实。

（8）试设计方案分离和鉴定 Cr^{3+} 与 Mn^{2+}。

实验 25 d 区元素（二）铁、钴、镍

一、实验提要

（1）目的：掌握二价和三价铁、钴、镍及其氢氧化物的制备和性质；了解铁、钴、镍配合物的生成和性质；了解 Fe^{3+}、Fe^{2+}、Co^{2+}、Ni^{2+} 的鉴定；了解 Fe^{2+} 的还原性和 Fe^{3+} 的氧化性。

（2）方法：应用点滴板和多用滴管的微型化学实验仪器对 d 区元素的性质进行实验。

（3）结论：微型化学实验有节省试剂、减少污染、操作安全的优点，适应现代科学环境保护发展的需要。

二、实验原理

铁、钴、镍是第四周期Ⅷ族元素。它们原子的电子层结构都是最外层有 2 个电子，次外层 d 亚层尚未填满。常见的氧化态是 +2、+3，性质上彼此相似又呈一定的递变性。

在碱性介质中，铁系元素的标准电极电势值：

$$E^{\ominus}_{Fe(OH)_3/Fe(OH)_2} = -0.56V \quad E^{\ominus}_{Co(OH)_3/Co(OH)_2} = 0.18V$$

$$E^{\ominus}_{Ni(OH)_3/Ni(OH)_2} = 0.48V \quad E^{\ominus}_{O_2/OH^-} = 0.40V$$

可见，空气中的氧气可以使 $Fe(OH)_2$、$Co(OH)_2$ 氧化为 $Fe(OH)_3$ 和 $Co(OH)_3$，而不能使 $Ni(OH)_2$ 氧化为 $Ni(OH)_3$，其反应方程式为

$$4Fe(OH)_2 + O_2 + 2H_2O \rightleftharpoons 4Fe(OH)_3$$

$$4Co(OH)_2 + O_2 + 2H_2O \rightleftharpoons 4Co(OH)_3$$

$Fe(OH)_2$ 比 $Co(OH)_2$ 更易被氧化[白色的 $Fe(OH)_2$ 在氧化过程中，经过从灰绿色到几乎黑色的各种中间产物]，欲使 $Co(OH)_2$、$Ni(OH)_2$ 氧化须用强氧化剂，如 H_2O_2、浓溴水、NaClO 等。

$$2Co(OH)_2 + H_2O_2 \rightleftharpoons 2CoO(OH)\downarrow + 2H_2O$$

$$2Ni(OH)_2 + Br_2 + 2OH^- \rightleftharpoons 2NiO(OH)\downarrow + 2Br^- + 2H_2O$$

在酸性介质中，铁系元素的标准电极电势为

$$E^{\ominus}_{Fe^{3+}/Fe^{2+}} = 0.77V, \quad E^{\ominus}_{Co^{3+}/Co^{2+}} = 1.82V, \quad E^{\ominus}_{Ni^{3+}/Ni^{2+}} = 2.08V$$

可见，只有 Fe^{3+} 在水溶液中可以稳定存在。但铁元素 +3 价的氢氧化物与盐酸反应时，只有 $Fe(OH)_3$ 与 HCl 发生酸碱中和反应，CoO(OH) 和 NiO(OH) 都被还原为二价离子。Fe^{3+} 有较弱的氧化性，可以使 Cu、I^-、S^{2-} 等还原剂氧化。Fe(Ⅱ) 有较弱的还原性，可被空气中的氧和许多氧化剂所氧化。

铁系元素+2、+3价的氢氧化物均难溶于水。颜色各异：$Fe(OH)_2$白色；$Co(OH)_2$粉红色；$Ni(OH)_2$苹果绿色；$Fe(OH)_3$红棕色；$Co(OH)_3$褐棕色；$Ni(OH)_3$黑色。+2价氢氧化物都呈碱性，$Fe(OH)_3$呈微酸性。

二价或三价铁系元素的离子能形成很多配合物。Fe^{3+}、Fe^{2+}、Co^{2+}与CN^-形成配位数为6，Ni^{2+}形成配位数为4的配合物。NH_3配合物有$[Co(NH_3)_6]^{2+}$、$[Co(NH_3)_6]^{3+}$、$[Ni(NH_3)_4]^{2+}$。Fe^{2+}、Fe^{3+}不与NH_3形成稳定的配合物。Fe^{3+}、Co^{2+}与SCN^-形成稳定的配合物溶于丙酮呈现蓝色，有Fe^{3+}存在时干扰Co^{2+}的鉴定，可加入NaF以掩蔽Fe^{3+}，因为Fe^{3+}与F^-形成配合物$[FeF_6]^{3-}$比$[Fe(SCN)_6]^{3-}$稳定，因此在血红色的$[Fe(SCN)_6]^{3-}$溶液中加入NaF，形成$[FeF_6]^{3-}$无色离子而红色消失。Co^{2+}与Cl^-生成蓝色的$CoCl_4^{2-}$。在Co^{2+}的水溶液中存在以下平衡：

$$[Co(H_2O)_6]^{2+} + 4Cl^- \rightleftharpoons [CoCl_4]^{2-} + 6H_2O$$
$$\text{粉红色} \qquad\qquad\qquad \text{蓝色}$$

Fe^{2+}与$K_3[Fe(CN)_6]$、Fe^{3+}与$K_4[Fe(CN)_6]$生成蓝色沉淀。前者为滕氏蓝，后者为普鲁士蓝，实际上它们是同一种物质（$K[Fe(CN)_6Fe]_x$）。这两个反应分别用于Fe^{2+}和Fe^{3+}的鉴定。在稀氨溶液中，Ni^{2+}与丁二酮肟（二乙酰二肟）反应形成鲜红色的螯合物沉淀，用于Ni^{2+}的鉴定。

二价钴的配合物易被氧化，在空气中氧或氧化剂的作用下，可以氧化为三价配合物，与水合离子的稳定性相反。例如，黄（棕）色的$[Co(NH_3)_6]^{2+}$在空气中被氧化呈红色的$[Co(NH_3)_6]^{3+}$。

三、仪器与药品

仪器：试管，离心试管，点滴板，试管夹，离心机，电加热板，移液器（1mL、5mL）。

药品：HCl（2mol·L^{-1}，浓），NaOH（2mol·L^{-1}，6mol·L^{-1}），$NH_3·H_2O$（2mol·L^{-1}，6mol·L^{-1}），$CoCl_2$（0.1mol·L^{-1}，0.5mol·L^{-1}），H_2SO_4（2mol·L^{-1}），$K_3[Fe(CN)_6]$（0.1mol·L^{-1}），$NiSO_4$（0.1mol·L^{-1}），丁二酮肟，KSCN（0.1mol·L^{-1}），$FeCl_3$（0.1mol L^{-1}），$K_4[Fe(CN)_6]$（0.1mol L^{-1}），NH_4Cl（s，0.1mol·L^{-1}），KI（0.1mol·L^{-1}），$FeSO_4$（0.1mol·L^{-1}），KSCN（s），$(NH_4)Fe(SO_4)_2·6H_2O$（s），溴水，淀粉溶液，丙酮，淀粉碘化钾试纸，邻二氮菲试剂，CCl_4。

四、实验步骤

1. 铁、钴、镍的氢氧化物的生成和性质

1）二价铁、钴、镍的氢氧化物

（1）$Fe(OH)_2$的生成和性质：在试管中加2.0mL蒸馏水，加2滴H_2SO_4酸化，另一个试管中加 2.0mL 6mol·L^{-1} NaOH 溶液，将两支试管共同置于沸水浴中加热 20min（为什么）。冷却后取几粒硫酸亚铁铵晶体溶于稀 H_2SO_4 溶液试管中。再用一支吸管吸取中间的 NaOH 溶液 0.5mL，插入 $(NH_4)_2Fe(SO_4)_2$ 溶液直至试管底部，慢慢放出 NaOH（整个操作都要避免将空气带入溶液中），观察产物的颜色和状态。然后振荡试管，静止片刻，观察沉淀的颜色变化，写出反应式，并说明现象。

用同样方法再制两份 $Fe(OH)_2$，一份加入几滴 2mol·L^{-1} HCl 溶液后沉淀是否溶解？最后一份加入几滴 2mol·L^{-1} NaOH 溶液，观察沉淀是否溶解。

（2）$Co(OH)_2$ 的生成和性质：在试管中加入 2.0mL 0.5mol·L^{-1} $CoCl_2$ 溶液，逐滴加入 2mol·L^{-1} NaOH 溶液，观察生成沉淀的颜色。然后分成 3 支试管，一支再滴加 2mol·L^{-1} NaOH 溶液，另一支加 2mol·L^{-1} HCl。观察沉淀溶解情况。第 3 支试管放置一段时间后再观察颜色的改变。写出反应方程式。

（3）$Ni(OH)_2$ 的生成和性质：用 $NiSO_4$ 溶液代替 $CoCl_2$ 溶液制备 $Ni(OH)_2$ 沉淀，并试验 $Ni(OH)_2$ 的酸碱性和还原性。

通过以上 3 个实验，总结 $Fe(OH)_2$、$Co(OH)_2$、$Ni(OH)_2$ 的酸碱性，并比较它们还原性的强弱。

2）三价铁、钴、镍氢氧化物的生成和性质

（1）$Fe(OH)_3$ 制备和性质：取 5 滴 $FeCl_3$ 溶液，滴加 2mol·L^{-1} NaOH，观察沉淀的颜色和形状。将沉淀分为两份，一份加 6mol·L^{-1} NaOH，另一份加入 10 滴浓 HCl。观察沉淀是否溶解，检查有无氯气产生，写出反应方程式，对 $Fe(OH)_3$ 的酸碱性和氧化性作出结论。

（2）$Co(OH)_3$ 的制备和性质：取 5 滴 0.1mol·L^{-1} $CoCl_2$ 溶液，加入几滴溴水，然后加入 2mol·L^{-1} NaOH 溶液加热至沸，离心沉降后吸去上面的清液，观察沉淀颜色。在沉淀上滴加几滴浓 HCl，用湿润的淀粉碘化钾试纸检查逸出的气体，观察并解释现象，写出反应方程式。

（3）$Ni(OH)_3$ 的制备和性质：用制备 $Co(OH)_3$ 的方法，由 $NiSO_4$ 溶液制备 $Ni(OH)_3$，并检验 $Ni(OH)_3$ 和浓 HCl 作用时是否能产生氯气。

综合上述实验总结三价铁、钴、镍氢氧化物的制备方法和三价铁、钴、镍盐的氧化性。

2. 铁、钴、镍配合物的生成和性质

1）氨配合物

二价铁、钴、镍与氨水的反应：在 3 支试管中分别加入 5 滴 0.1mol·L^{-1} $FeSO_4$、$CoCl_2$、$NiSO_4$ 溶液，然后逐滴加入 2mol·L^{-1} 氨水至沉淀溶解［$Fe(OH)_2$ 溶解吗］。观察现象，振荡并静止片刻后再观察有什么变化。写出反应方程式。

三价铁、钴、镍与氨水的反应：在 3 支试管中分别加入 5 滴 $0.1\text{mol}\cdot\text{L}^{-1}$ $FeSO_4$、$CoCl_2$、$NiSO_4$ 溶液，再滴加 2 滴 NH_4Cl 溶液，然后都加入过量的 $6\text{mol}\cdot\text{L}^{-1}$ $NH_3\cdot H_2O$，再向 $CoCl_2$、$NiSO_4$ 试管中加入几滴溴水。振荡并观察现象，写出反应方程式。

2）SCN^-配合物

在 3 支试管中分别加入 5 滴 $0.1\text{mol}\cdot\text{L}^{-1}$ $FeCl_3$、$CoCl_2$、$NiSO_4$ 溶液，在 $FeCl_3$ 溶液中加入几滴 KSCN 溶液，在 $CoCl_2$、$NiSO_4$ 溶液中先加入 5 滴丙酮，再加少量 KSCN 晶体。观察现象，总结 Fe^{3+}、Co^{2+}、Ni^{2+} 的 SCN^-配合物稳定性。

3）卤离子配合物

$[FeF_6]^{3-}$的生成和性质：取 3 滴 $FeCl_3$ 溶液，加入 2 滴 KSCN 溶液，再加入几滴 NaF 溶液，观察溶液颜色的变化，解释现象。写出反应方程式。

$[CoCl_4]^{2-}$的生成：取 3 滴 $0.5\text{mol}\cdot\text{L}^{-1}$ $CoCl_2$ 溶液，逐滴加入浓盐酸，观察溶液颜色的变化。再加水稀释，颜色又有什么改变？试解释并写出反应方程式。

4）配合物的形成对氧化还原性的影响

在 KI 和 CCl_4 混合溶液中加入 $FeCl_3$ 溶液，观察现象。试解释并写出反应方程式。

以 $K_3[Fe(CN)_6]$替代 $FeCl_3$ 重复上述操作，观察并解释现象。

3. 配合物应用——金属离子的鉴定

1）铁的鉴定

Fe(Ⅱ)的鉴定：在点滴板 2 个孔穴中各加入 1 滴 $FeSO_4$ 溶液，1#孔穴中加入 1 滴邻二氮菲试剂，溶液呈橘红色；2#孔穴中加入 1 滴 $K_3[Fe(CN)_6]$试剂，有何现象？写出反应式。

Fe(Ⅲ)的鉴定：在点滴板 2 个孔穴中各加入 1 滴 $FeCl_3$ 溶液，1#孔穴中加入 1 滴 $K_4[Fe(CN)_6]$试剂，2#孔穴中加入 1 滴 $2\text{mol}\cdot\text{L}^{-1}$ HCl 溶液，再加入 1 滴 KSCN 溶液，各有何现象？写出反应式。

2）Co(Ⅱ)的鉴定

在 2.0mL $0.1\text{mol}\cdot\text{L}^{-1}$ $CoCl_2$ 溶液中加入少量固体 KSCN，观察固体周围的颜色，再注入 1.0mL 丙酮，振荡，观察水相和有机相的颜色的变化，写出反应式。

3）Ni(Ⅱ)的鉴定

在点滴板孔穴中加入 1 滴 $NiSO_4$ 和 2~3 滴 $2\text{mol}\cdot\text{L}^{-1}$ 氨水，再加入 1 滴丁二酮肟溶液，观察现象。反应式为

$$Ni^{2+} + \begin{matrix} 2H_3C-C=NOH \\ | \\ H_3C-C=NOH \end{matrix} + 2NH_3 \rightleftharpoons \left[Ni\begin{pmatrix} H_3C-C=NOH \\ | \\ H_3C-C=NOH \end{pmatrix}_2\right]\downarrow + 2NH_4^+$$

五、思考题

（1）在制取 $Fe(OH)_2$ 时，为什么要先将有关溶液煮沸？

（2）利用标准电极电势解释在碱性溶液中 Cl_2 可氧化 Co(Ⅱ)、Ni(Ⅱ)，而在酸性溶液中 Co(Ⅲ)、Ni(Ⅲ)又可氧化 Cl^-，放出 Cl_2。

（3）酸性溶液中能否由 $FeCl_3$ 与 KI 作用制出 FeI_3？为什么？

（4）$Co(OH)_3$ 沉淀中加入浓 HCl 后，有时溶液呈蓝色，加水稀释后又呈现粉红色，能解释这种现象吗？

（5）如何把 Fe^{3+}、Al^{3+}、Cr^{3+} 从混合溶液中分离？

（6）怎样鉴定 Fe^{2+}、Fe^{3+}、Co^{2+}、Ni^{2+}？

实验 26 ds 区元素化合物的性质

一、实验提要

（1）目的：掌握铜、银、锌、汞的氧化物、氢氧化物、氨化物及硫化物的生成和性质；掌握铜、银、锌、汞的金属离子形成配合物的特征；了解铜和汞的氧化态变化；学习 Ag^+、Cu^{2+}、Zn^{2+}、Hg^{2+}、Hg_2^{2+} 的鉴定。

（2）方法：应用点滴板和多用滴管的微型化学实验仪器对 ds 区元素的性质进行实验。

（3）结论：微型化学实验有节省试剂、减少污染、操作安全的优点，适应现代科学环境保护发展的需要。

二、仪器与药品

仪器：点滴板，滴管，试管，恒温水浴箱，离心机，离心试管，移液器（1mL、5mL）。

药品：$CuSO_4$（0.1mol·L^{-1}），$AgNO_3$（0.1mol·L^{-1}），$ZnSO_4$（0.1mol·L^{-1}），$Hg(NO_3)_2$（0.1mol·L^{-1}），NaOH（2mol·L^{-1}，6mol·L^{-1}），H_2SO_4（2mol·L^{-1}），氨水（2mol·L^{-1}，6mol·L^{-1}），H_2S（饱和），HCl（0.1mol·L^{-1}，6mol·L^{-1}），HNO_3（2mol·L^{-1}，6mol·L^{-1}，0.1mol·L^{-1}），甲醛（50g·L^{-1}），$CuSO_4$（s），KI（0.1mol·L^{-1}，0.5mol·L^{-1}，2mol·L^{-1}，6mol·L^{-1}），$Na_2S_2O_3$（0.1mol·L^{-1}，2mol·L^{-1}），KCl（0.1mol·L^{-1}，6mol·L^{-1}），$K_4[Fe(CN)_6]$（0.1mol·L^{-1}），KBr（s，0.1mol·L^{-1}），K_2CrO_4（0.1mol·L^{-1}），HAc（0.1mol·L^{-1}），$ZnSO_4$（0.1mol·L^{-1}），$Hg(NO_3)_2$（0.1mol·L^{-1}），$Hg_2(NO_3)_2$（0.1mol·L^{-1}），$HgCl_2$（0.2mol·L^{-1}，0.1mol·L^{-1}），Hg_2Cl_2（s），$SnCl_2$（0.5mol·L^{-1}），NH_4Cl（0.1mol·L^{-1}），汞（s），$CuCl_2$（s），NaCl（0.1mol·L^{-1}），葡萄糖（100g·L^{-1}），KNCS（250g·L^{-1}，饱和），淀粉（10g·L^{-1}），$CoCl_2$（0.1mol·L^{-1}）。

三、实验步骤

1. 氢氧化物的生成与性质

用点滴板分别试验 0.1mol·L^{-1} $CuSO_4$、$AgNO_3$、$ZnSO_4$、$Hg(NO_3)_2$ 溶液与 2mol·L^{-1} NaOH 溶液的作用，观察沉淀的颜色和状态，再试验这些沉淀与 6mol·L^{-1} NaOH、2mol·L^{-1} H_2SO_4 溶液的作用。比较 Ag^+、Cu^{2+}、Zn^{2+}、Hg^{2+} 与 NaOH 的反应的产物及性质有何不同。哪些氢氧化物具有两性？

2. 配合物的生成与性质

1) 氨合物

分别往 0.1mol·L^{-1} CuSO$_4$、AgNO$_3$、ZnSO$_4$、CdSO$_4$、HgCl$_2$ 溶液中滴加 2mol·L^{-1} NH$_3$·H$_2$O，观察沉淀的生成和溶解。根据上面的实验比较铜、银、锌、镉、汞的盐类与氨水反应有什么不同。再试验沉淀溶解后的溶液对酸、碱和热的稳定性。写出相关的反应式。

2) 银的配合物

银的配合物与卤化银间的配合与沉淀平衡利用 0.1mol·L^{-1} AgNO$_3$、0.1mol·L^{-1} NaCl、0.1mol·L^{-1} KBr、0.1mol·L^{-1} KI、0.1mol·L^{-1} Na$_2$S$_2$O$_3$、2mol·L^{-1} NH$_3$·H$_2$O 等试剂设计系列试管实验，比较 AgCl、AgBr 和 AgI 溶解度的大小以及 Ag$^+$ 与 NH$_3$·H$_2$O、Na$_2$S$_2$O$_3$ 生成的配合物稳定性的大小。记录有关现象，写出反应式。

银镜反应：在一支干净的试管中加入 1.0mL 0.1mol·L^{-1} AgNO$_3$ 溶液，滴加 2mol·L^{-1} NH$_3$·H$_2$O 至生成的沉淀刚好溶解，再往溶液中加入 2.0mL 100g·L^{-1} 葡萄糖溶液，将试管插入沸水浴中加热片刻，观察银镜的生成。写出反应式。

3) 汞的配合物的生成及应用

(1) 在 0.1mol·L^{-1} Hg(NO$_3$)$_2$ 溶液中逐滴加入 0.1mol·L^{-1} KI 溶液，观察沉淀的生成与溶解。然后往溶解后的溶液中加入 2mol·L^{-1} NaOH 溶液使其呈碱性，再加入几滴 0.1mol·L^{-1} NH$_4$Cl 溶液，观察现象。写出反应式。此反应可用于检验 NH$_4^+$ 的存在。

(2) 在 0.1mol·L^{-1} Hg(NO$_3$)$_2$ 溶液中逐滴加入饱和 KNCS 溶液，观察沉淀的生成与溶解，写出反应式。把溶液分成两份，分别加入 0.1mol·L^{-1} Zn(NO$_3$)$_2$ 和 0.1mol·L^{-1} CoCl$_2$ 溶液，并用玻璃棒摩擦试管壁，观察白色 Zn[Hg(NCS)$_4$]和蓝色 Co[Hg(NCS)$_4$]沉淀的生成。此反应可用于定性检验 Zn^{2+}、Co^{2+}。

4) 铜(Ⅱ)的配合物

取少量固体 CuCl$_2$，然后加入浓盐酸，温热，使固体溶解，再加入少量蒸馏水，观察溶液的颜色，写出反应式。取少量固体 KBr，慢慢加入上述溶液中，直到振荡后不再溶解为止。观察现象，并作解释。

3. 硫化物的生成和性质

用点滴板分别试验 0.1mol·L^{-1} CuSO$_4$、AgNO$_3$、ZnSO$_4$、Hg(NO$_3$)$_2$ 溶液与饱和 H$_2$S 的作用，分别试验它们在 6mol·L^{-1} HCl 溶液、6mol·L^{-1} HNO$_3$ 溶液中的溶解情况。最后把不溶于 HNO$_3$ 溶液的沉淀与王水进行反应，写出反应式。参照硫化物溶度积解释上述现象。

4. 铜的化合物及其性质

(1) 碘化亚铜(Ⅰ)的形成。在 5 滴 $0.1mol·L^{-1}$ $CuSO_4$ 溶液中滴加 $0.1mol·L^{-1}$ KI 溶液至有沉淀生成，离心分离，清液中加 2 滴 $10g·L^{-1}$ 淀粉溶液，有何现象？将沉淀洗涤两次后分成两份，一份加 $2mol·L^{-1}$ KI 溶液至沉淀溶解，再加入大量水稀释，有何现象？另一份加 KNCS（饱和）溶液至沉淀溶解，再加水稀释，有何现象？写出有关反应方程式。

(2) 氯化亚铜(Ⅰ)的形成和性质。取少量固体 $CuCl_2$，加入 $8\sim10mL$ $2mol·L^{-1}$ Na_2SO_3 溶液，搅拌，观察现象，若有沉淀产生，取其少许分别试验沉淀与浓氨水和浓盐酸作用，观察现象，写出反应式。

(3) 氧化亚铜(Ⅰ)的形成和性质。在 $0.1mol·L^{-1}$ $CuSO_4$ 溶液中加入过量的 $6mol·L^{-1}$ NaOH 溶液，使最初生成的沉淀完全溶解。然后加入数滴 $100g·L^{-1}$ 葡萄糖溶液，摇匀，微热，观察现象。若生成沉淀，离心分离，并用蒸馏水洗涤沉淀。往沉淀中加入 $2mol·L^{-1}$ H_2SO_4 溶液，再观察现象，写出反应式。

(4) $Cu(OH)_2$ 的性质。

①$Cu(OH)_2$ 的热不稳定性：在试管中加入 2 滴 $0.1mol·L^{-1}$ $CuSO_4$ 溶液，加入 $2mol·L^{-1}$ NaOH 至沉淀生成。水浴加热观察沉淀的颜色变化。

②在试管中加 3 滴 $0.1mol·L^{-1}$ $CuSO_4$ 溶液，加入过量的 $6mol·L^{-1}$ NaOH 溶液，加 5 滴 $50g·L^{-1}$ 甲醛，振荡摇匀，水浴加热，观察有何现象，继续加热，观察变化。

(5) 在点滴板中加入硫酸铜固体少许，加入 $6mol·L^{-1}$ 氨水至固体溶解，观察溶液的颜色变化，继续加入乙醇溶液，观察现象，写出反应式。

(6) 在两个孔穴中加 2 滴 $0.1mol·L^{-1}$ $CuSO_4$ 溶液，$1^\#$孔穴中加 2 滴 $0.1mol·L^{-1}$ KI 溶液，观察变化。再加入 $0.1mol·L^{-1}$ $Na_2S_2O_3$ 溶液 1 滴（不宜过多），以除去反应中生成的碘，观察 CuI 的颜色和状态。$2^\#$孔穴中加入 $0.1mol·L^{-1}$ KCl 溶液，能否出现 CuCl 沉淀？写出反应式。

(7) Cu^{2+} 的检验。在孔穴中加 1 滴 $0.1mol·L^{-1}$ $CuSO_4$ 溶液，$0.1mol·L^{-1}$ $K_4[Fe(CN)_6]$ 溶液，观察现象。Fe^{2+} 和 Co^{2+} 存在时有干扰。

5. 银的化合物

在 $1^\#$、$2^\#$孔穴中分别加入 $6mol·L^{-1}$ KCl 溶液 1 滴，分别加 1 滴 $0.1mol·L^{-1}$ $AgNO_3$ 溶液，生成沉淀。在 $1^\#$孔穴中加入 $2mol·L^{-1}$ $NH_3·H_2O$；在 $2^\#$孔穴中加入 $0.1mol·L^{-1}$ $Na_2S_2O_3$ 溶液；在 $3^\#$、$4^\#$孔穴中加 1 滴 $0.1mol·L^{-1}$ KBr 溶液；在 $5^\#$、$6^\#$孔穴中加 1 滴 $0.1mol·L^{-1}$ KI 溶液，分别加 1 滴 $0.1mol·L^{-1}$ $AgNO_3$ 溶液，生成沉淀。检验 AgBr 沉淀、AgI 沉淀对 $2mol·L^{-1}$ 氨水及 $0.1mol·L^{-1}$ $Na_2S_2O_3$ 溶解情况。根据以上实验结果比较 AgCl 沉淀、AgBr 沉淀、AgI 沉淀的颜色及对氨水、

$Na_2S_2O_3$ 的作用有何不同。

在 3 个孔穴中各加入 1 滴 $0.1mol·L^{-1}$ K_2CrO_4 溶液，各加入 1 滴 $0.1mol·L^{-1}$ $AgNO_3$ 溶液，观察沉淀的生成和颜色。在 $1^{\#}$ 孔穴中加入 $2mol·L^{-1}$ $NH_3·H_2O$；在 $2^{\#}$ 孔穴中加入 $0.1mol·L^{-1}$ HNO_3 溶液；在 $3^{\#}$ 孔穴中加入 $0.1mol·L^{-1}$ HAc，观察沉淀的溶解情况。

在两个孔穴中各加入 1 滴 $0.1mol·L^{-1}$ $AgNO_3$ 溶液，加入 $0.1mol·L^{-1}$ HCl 溶液，生成白色沉淀。各加入 $6mol·L^{-1}$ $NH_3·H_2O$ 至沉淀溶解。在 $1^{\#}$ 孔穴中加入 1 滴 $6mol·L^{-1}$ HNO_3，产生 AgCl 沉淀；在 $2^{\#}$ 孔穴中加入 2 滴 $6mol·L^{-1}$ KI，产生 AgI 沉淀。写出反应式。

6. 锌的化合物

Zn^{2+} 的检验：（注意用量）在孔穴中加 1 滴 $0.1mol·L^{-1}$ 的 $ZnSO_4$ 溶液和 1 滴 $0.1mol·L^{-1}$ $K_4[Fe(CN)_6]$ 溶液，观察现象。

7. Hg^{2+} 和 Hg_2^{2+} 的化合物

（1）Hg^{2+} 转化为 Hg_2^{2+}。在 $0.1mol·L^{-1}$ $Hg(NO_3)_2$ 溶液中加入数滴 NaCl 溶液，观察现象。

在少量 $0.1mol·L^{-1}$ $Hg(NO_3)_2$ 溶液中加入 1 滴汞。振荡试管，把清液转移至另一试管中（余下的汞要回收）。将溶液分成两份，在其中一份清液中加入 NaCl 溶液数滴，观察现象，并与上一实验对比，写出反应式。另一份供下一实验用。

（2）Hg^{2+} 的歧化分解。在上一实验制得的 $Hg_2(NO_3)_2$ 溶液中滴加 $2mol·L^{-1}$ KI 溶液，观察现象，写出反应式。

（3）Hg^{2+} 和 Hg_2^{2+} 与 NaOH 的反应。在 $1^{\#}$、$2^{\#}$ 孔穴中分别加入 $0.1mol·L^{-1}$ $Hg(NO_3)_2$ 溶液 1 滴，在 $3^{\#}$、$4^{\#}$ 孔穴中各加入 2 滴 $0.1mol·L^{-1}$ $Hg_2(NO_3)_2$ 溶液，4 个孔穴中各加入 $2mol·L^{-1}$ NaOH 少许，在 $1^{\#}$、$3^{\#}$ 孔穴中各加入 $2mol·L^{-1}$ HNO_3 溶液；在 $2^{\#}$、$4^{\#}$ 孔穴中各加入 $6mol·L^{-1}$ NaOH 溶液，观察 HgO 是否具有两性，写出反应式。

（4）Hg^{2+} 和 Hg_2^{2+} 与 KI 的反应。在两个孔穴中分别加入 1 滴 $0.1mol·L^{-1}$ $Hg(NO_3)_2$ 溶液和 $0.1mol·L^{-1}$ $Hg_2(NO_3)_2$ 溶液，各加入少量 $0.1mol·L^{-1}$ KI 溶液，观察沉淀的生成和颜色，继续加入过量的 $0.5mol·L^{-1}$ KI 溶液，观察现象。

（5）Hg^{2+} 和 Hg_2^{2+} 与氨水的反应。在一个孔穴中加入 $0.1mol·L^{-1}$ $HgCl_2$ 溶液 1 滴，在另一个孔穴中加入少量 Hg_2Cl_2 晶体，分别加入 $NH_3·H_2O$，观察现象。

（6）向盛有 2 滴 $0.2mol·L^{-1}$ $HgCl_2$ 溶液的孔穴中，逐滴加入 $0.5mol·L^{-1}$ $SnCl_2$ 溶液，搅拌，放置 2～3min，观察反应物的颜色。

（7）$[HgI_4]^{2-}$ 配离子的生成和应用。取 1 滴 $0.1mol·L^{-1}$ $Hg(NO_3)_2$ 溶液于孔穴中，

逐滴加入 0.1mol·L^{-1} KI 溶液，直至起初生成的沉淀又发生复溶解，再加 2mol·L^{-1} NaOH 溶液，使溶液呈碱性，在此溶液中加入 1 滴 0.1mol·L^{-1} NH$_4$Cl 溶液，有红棕色沉淀生成，此溶液即为检查 NH$_4^+$ 的奈氏试剂。

四、思考题

（1）本实验中试验 Cu(OH)$_2$ 的什么性质？

（2）锌的氢氧化物是否溶于酸和碱中？

（3）Ag$^+$、Cu^{2+}、Zn^{2+}、Hg^{2+} 与氨水的作用有何不同？

（4）Hg^{2+} 和 Hg$_2^{2+}$ 的性质有什么不同？如何鉴定？

（5）铜、银、锌的硫化物在稀酸中哪些可溶，哪些不溶？

（6）如何分离和鉴定 Cu^{2+} 和 Ag$^+$、Zn^{2+} 和 Al^{3+}？

（7）为什么向 Cu(NO$_3$)$_2$ 溶液中加 KI 就产生 CuI 沉淀而加 KCl 则不出现 CuCl 沉淀？

实验 27　氧化还原反应

一、实验提要

（1）目的：了解氧化还原反应与电极电势的关系；了解影响氧化还原反应的因素；了解原电池装置及其工作原理；掌握一些常见氧化剂、还原剂的氧化、还原性质。

（2）方法：应用点滴板和多用滴管的微型化学实验仪器对氧化还原反应的性质进行实验。

（3）结论：微型化学实验有节省试剂、减少污染、操作安全的优点，适应现代科学环境保护发展的需要。

二、实验原理

1. 氧化还原反应进行的方向

根据热力学原理 $\Delta_r G_m < 0$ 反应自发进行，对于水溶液中进行氧化还原反应

$$\Delta_r G_m = -zFE = -zF(\varphi_+ - \varphi_-)$$

则

$E_+ > E_-$，$\Delta_r G_m < 0$，反应正向自发进行；
$E_+ = E_-$，$\Delta_r G_m = 0$，反应处于平衡状态；
$E_+ < E_-$，$\Delta_r G_m > 0$，反应逆向自发进行。

在通常情况下可直接用标准电极电势 $\varphi^{\ominus}$ 来对反应方向作出判断，即 $\varphi_+^{\ominus} > \varphi_-^{\ominus}$，氧化剂物质电对的标准电极电势代数值大于还原剂物质的标准电极电势的代数值，反应正向自发进行。但如果两电对的标准电极电势相差不太大，则应考虑浓度对电极电势的影响。

2. 酸度对氧化还原反应及其反应产物的影响

有些氧化还原反应受介质酸碱性影响很大，甚至可以使氧化还原反应方向发生逆转；有些反应在不同酸碱条件下，反应产物及方向明显不同。例如

$$H_3AsO_4 + 2I^- + 2H^+ \rightleftharpoons HAsO_2 + I_2 + 2H_2O$$

该反应在酸性条件中，正向进行；在中性或碱性溶液中，反应逆向进行。

对于 $KMnO_4$ 与 Na_2SO_3 的反应：

酸性溶液中，$\varphi^{\ominus}_{MnO_4^-/Mn^{2+}} = 1.51V$

$$2MnO_4^- + 5SO_3^{2-} + 6H^+ \rightleftharpoons 2Mn^{2+}(浅肉色) + 5SO_4^{2-} + 3H_2O$$

中性溶液中，$\varphi^{\ominus}_{MnO_4^-/MnO_2} = 0.59V$

$$2MnO_4^- + 3SO_3^{2-} + H_2O \rightleftharpoons 2MnO_2\downarrow(棕色) + 3SO_4^{2-} + 2OH^-$$

强碱性溶液中，$\varphi^{\ominus}_{MnO_4^-/MnO_4^{2-}} = 0.56V$

$$2MnO_4^- + SO_3^{2-} + 2OH^- \rightleftharpoons 2MnO_4^{2-}\downarrow(深绿色) + SO_4^{2-} + H_2O$$

由此可见，$KMnO_4$ 在不同的酸度条件下被还原后的产物是不同的。

3. 中间价氧化态化合物的氧化、还原性

$$H_2O_2 + 2I^- + 2H^+ \rightleftharpoons I_2 + 2H_2O \qquad 氧化剂$$

$$5H_2O_2 + 2MnO_4^{2-} + 6H^+ \rightleftharpoons 2Mn^{2+} + 5O_2\uparrow + 8H_2O \quad 还原剂$$

4. 沉淀对电极电势的影响

沉淀反应影响氧化还原电对的电极电势，可能引起氧化还原反应方向的改变。$\varphi^{\ominus}_{Cu^{2+}/Cu^+} = 0.17V$，$\varphi^{\ominus}_{I_2/I^-} = 0.54V$，根据标准电极电势，$Cu^{2+}$ 氧化 I^- 的反应是无法进行的，但 Cu^+ 可与 I^- 形成 CuI 沉淀：

$$2Cu^+ + 2I^- \rightleftharpoons 2CuI\downarrow$$

$$\varphi^{\ominus}_{Cu^{2+}/CuI} = 0.86V > E^{\ominus}_{I_2/I^-} = 0.54V$$

$$2Cu^{2+} + 4I^- \rightleftharpoons 2CuI\downarrow + I_2$$

正向进行。

5. 原电池

将化学能转化为电能的装置称为原电池。输出电子的电极构成原电池的负极，输入电子的电极构成原电池的正极。其电动势：$E = \varphi_+ - \varphi_- > 0$。

三、仪器与药品

仪器：电加热板，恒温水浴箱，导线，饱和 KCl 盐桥，红色石蕊试纸，淀粉碘化钾试纸，量筒（10mL）。

药品：H_2SO_4（3.0mol·L^{-1}，6.0mol·L^{-1}），HCl（2.0mol·L^{-1}，浓），H_2O_2（100g·L^{-1}），NaOH（2.0mol·L^{-1}，6.0mol·L^{-1}），Na_3AsO_4（0.1mol·L^{-1}），KI（0.1mol·L^{-1}），KBr（0.1mol·L^{-1}），$K_2Cr_2O_7$（0.1mol·L^{-1}，0.2mol·L^{-1}），$KMnO_4$（0.01mol·L^{-1}），Na_2SO_3（0.2mol·L^{-1}），Na_2CO_3（A.R.），$FeSO_4$（0.1mol·L^{-1}），$FeCl_3$（0.1mol·L^{-1}），$CuSO_4$（0.1mol·L^{-1}，1.0mol·L^{-1}），$ZnSO_4$（1.0mol·L^{-1}），淀粉（10g·L^{-1}），CCl_4（A.R.），HNO_3（2.0mol·L^{-1}），MnO_2（A.R.），$Na_2S_2O_3$（0.1mol·L^{-1}），$NH_3·H_2O$（浓），HNO_3（浓），锌片，铜片，锌粒，饱和溴水，饱和碘水。

四、实验步骤

1. 几种常见的氧化还原反应

1) Fe^{3+} 的氧化性与 Fe^{2+} 的还原性

在试管中加入 5 滴 $0.1mol·L^{-1}$ $FeCl_3$,再逐滴加入 $0.2mol·L^{-1}$ $SnCl_2$,边滴边摇动试管,直到溶液黄色褪去。发生了什么变化?

向上面的无色溶液中滴加 4~5 滴 $100g·L^{-1}$ H_2O_2,观察溶液颜色的变化。写出相应的离子反应方程式。

2) I^- 的还原性与 I_2 的氧化性

在试管中加入 2 滴 $0.1mol·L^{-1}$ KI,再加入 2 滴 $3.0mol·L^{-1}$ H_2SO_4 及 1.0mL 蒸馏水,摇匀。然后逐滴加入 $0.01mol·L^{-1}$ $KMnO_4$ 至溶液变成淡黄色。产物是什么?

在上面的溶液中滴加 $0.1mol·L^{-1}$ $Na_2S_2O_3$,至黄色褪去。写出离子方程式。

3) 氧化性和还原性

氧化性:在试管中加入 2 滴 $0.1mol·L^{-1}$ KI 溶液和 3 滴 $3.0mol·L^{-1}$ H_2SO_4 溶液,然后加入 2~3 滴 $100g·L^{-1}$ H_2O_2 溶液,观察溶液颜色的变化。再加入 15 滴 CCl_4,振荡,观察 CCl_4 层的颜色,解释。

还原性:在试管中加入 5 滴 $0.01mol·L^{-1}$ $KMnO_4$ 和 5 滴 $3.0mol·L^{-1}$ H_2SO_4,然后逐滴加入 10% H_2O_2,直至紫色消失。有气泡放出吗?为什么?写出离子方程式。

4) $K_2Cr_2O_7$ 的氧化性

在试管中加入 2 滴 $0.2mol·L^{-1}$ $K_2Cr_2O_7$,再加入 2 滴 $3.0mol·L^{-1}$ H_2SO_4,然后加入 $0.2mol·L^{-1}$ Na_2SO_3,观察溶液由橙色变绿色。写出反应方程式。

2. 电极电势与氧化还原反应的关系

(1) 将 10 滴 $0.1mol·L^{-1}$ KI 与 5 滴 $0.1mol·L^{-1}$ $FeCl_3$ 在试管中混匀,然后加入 20 滴 CCl_4,振荡后观察 CCl_4 层的颜色。

用 $0.1mol·L^{-1}$ KBr 代替 $0.1mol·L^{-1}$ KI 溶液,进行同样实验,观察现象。

(2) 向试管中加入 1 滴溴水及 5 滴 $0.1mol·L^{-1}$ $FeSO_4$,混匀后加入 1.0mL CCl_4,振荡后观察 CCl_4 层的颜色。

以碘水代替溴水进行同样实验,观察现象。

根据以上四个实验的结果,比较 Br_2、Br^-,I_2、I^-,Fe^{3+}、Fe^{2+} 三对电对标准电极电势的高低,说明电极电势与氧化还原反应方向的关系。

3. 酸度对氧化还原反应及其反应产物的影响

在试管中加入 5 滴 $0.1mol·L^{-1}$ Na_3AsO_4,再加入 2 滴 $0.1mol·L^{-1}$ KI 和 3 滴 $6.0mol·L^{-1}$ H_2SO_4,再加入 2 滴 $10g·L^{-1}$ 淀粉,观察溶液颜色有何变化。然后加入少

许 Na_2CO_3 固体，待停止产生气泡后，观察溶液颜色有何变化，写出反应方程式。

取三支试管分别加入 1 滴 $0.01mol·L^{-1}$ $KMnO_4$，在第一支试管中加入 4 滴 $3.0mol·L^{-1}$ H_2SO_4，第二支试管中加入 4 滴 $6.0mol·L^{-1}$ NaOH，第三支试管中加入 4 滴蒸馏水，然后在三支试管中各加入 2~3 滴 $0.2mol·L^{-1}$ Na_2SO_3，摇匀后观察各试管中有何变化。写出结论及反应离子方程式。

在试管中加入 4 滴 $0.1mol·L^{-1}$ $K_2Cr_2O_7$，再加入 2 滴 $2.0mol·L^{-1}$ NaOH，再加入 6~7 滴 $0.2mol·L^{-1}$ Na_2SO_3，观察溶液颜色变化，为什么？再继续加入数滴 $6.0mol·L^{-1}$ H_2SO_4，观察溶液颜色变化，写出离子方程式。

4. 浓度对氧化还原反应的影响

（1）取少量 MnO_2 固体加入试管中，滴入 5 滴 $2.0mol·L^{-1}$ HCl，观察现象。用淀粉碘化钾试纸检查是否有 Cl_2 产生。

以浓 HCl 代替 $2.0mol·L^{-1}$ HCl 进行试验，结果如何？有 Cl_2 产生吗？此反应宜在通风橱中进行。

（2）向两支分别加入 2.0mL 浓 HNO_3 和 2.0mL $2.0mol·L^{-1}$ HNO_3 的试管中各加入一小粒锌，观察现象，产物有何不同？浓 HNO_3 的还原产物可以从气体颜色上判断，稀 HNO_3 的还原产物可以用气室法检验溶液中有无 NH_4^+ 的方法来确定（回收未反应完的锌粒）。

5. 沉淀对氧化还原反应的影响

在试管中加入 10 滴 $0.1mol·L^{-1}$ $CuSO_4$，再加入 10 滴 $0.1mol·L^{-1}$ KI，观察沉淀的生成。再加入 15 滴 CCl_4 溶液，充分振荡，观察 CCl_4 层的颜色有何变化。写出反应方程式。

6. 原电池

（1）在两个 100mL 烧杯中分别加入 50.0mL $1.0mol·L^{-1}$ $CuSO_4$ 和 50.0mL $1.0mol·L^{-1}$ $ZnSO_4$ 溶液，然后分别加入铜片和锌片，烧杯间用盐桥连接，组成原电池

$$(-)Zn|Zn^{2+}(1.0mol·L^{-1}) \parallel Cu^{2+}(1.0mol·L^{-1})|Cu(+)$$

用电势差计测两极间的电势差。

（2）往正极加入浓 $NH_3·H_2O$ 至沉淀全部溶解：

$$Cu^{2+}+4NH_3 \rightleftharpoons [Cu(NH_3)_4]^{2+}(深蓝色)$$

测量此时电势差，有何变化？

（3）往负极加入浓 $NH_3·H_2O$ 至沉淀全部溶解：

$$Zn^{2+}+4NH_3 \rightleftharpoons [Zn(NH_3)_4]^{2+}(无色)$$

测量此时电势差，有何变化？

五、思考题

（1）常见的氧化剂和还原剂有哪些？反应产物是什么？举例说明。

（2）H_2O_2 在酸性、碱性介质中作氧化剂和还原剂的产物各是什么？

（3）说明 $K_2Cr_2O_7$ 和 K_2CrO_4 在溶液中的转化，比较它们的氧化能力。

（4）水溶液中氧化还原反应进行的方向可用什么判断？影响因素又有哪些？

（5）从 $KMnO_4$、$K_2Cr_2O_7$、浓 HNO_3、H_2O_2、氨水中选一个最佳试剂，实现 PbS 到 $PbSO_4$ 的转化，并说明理由。

（6）为什么稀 HCl 不能与 MnO_2 反应，而浓 HCl 则能反应？其中 H^+ 浓度、Cl^- 浓度的改变对反应各产生什么影响？

六、自学导读

在化学电池中，根据能否用充电方式恢复电池存储电能的特性，可以分为一次电池（也称原电池）和二次电池（又称蓄电池，俗称可充电电池，可以多次重复使用）两大类。

一次电池又可分为普通锌锰（中性锌锰）、碱性锌锰、锌汞、锌空（气）、镁锰和锌银聚电池、铅蓄电池等类型。

1. 锌锰（碳锌）电池

用碳棒作为内部导电体，是目前最普遍使用的干电池，它有价格低廉和使用安全可靠的特点。基于环保因素，由于仍含有镉，因此必须回收。

2. 碱性锌锰电池

碱性锌锰电池（$Zn-MnO_2$）又称碱性干电池，适用于需放电量大及长时间使用的情况。电池内阻较低，因此产生的电流较一般锌锰电池大，其环保型含汞量只有 0.025%，无需回收。

3. 可充式镍氢电池

镍氢电池是镍铬电池的替代产品，不再使用有毒的镉，可以消除重金属元素对环境带来的污染问题。它使用氧化镍作为阳极，以吸收氢的金属合金作为阴极，由于此合金可吸收高达本身体积 100 倍的氢，储存能力极强。

4. 可充式锂离子电池

锂离子电池具有质量轻、容量大、无记忆效应等优点，因而得到了普遍应用。现在的许多数码设备都采用了锂离子电池作电源，其价格相对比较昂贵。市场上所售的锂离子电池大多是以钴酸锂为正极,石墨为负极的电池。锂离子电池与镍氢电池相比,质量较镍氢轻30%~40%,能量密度却高出60%。正因为如此,锂离子电池生产和销售量正逐渐超过镍氢电池。锂离子电池的能量密度很高,它的容量是同质量镍氢电池的1.5~2倍,充放电次数可达500次以上,而且具有很低的自放电率。此外,锂离子电池几乎没有"记忆效应"以及不含有毒物质等优点,也是它广泛应用的重要原因。

5. 燃料电池

燃料是一种将氢和氧的化学能通过电极反应直接转换成电能的装置。实际上,燃料电池是利用水电解逆反应的"发电机"。燃料电池具有能量转换效率高、可靠性高、工作时无噪声、无尘埃、无辐射等优点,是一种清洁能源。

第4章 设计性实验

本章包含 5 个设计性实验题目。学生通过前 3 章的学习,掌握了各种测量含量的分析方法,本章中合理运用这些分析方法并自行设计实验的具体内容,可参考实验 28 的设计步骤。每个实验从查阅文献资料入手,分析所需制备物质的反应步骤,到选择所需药品、仪器实验装置及实验条件。

实验 28　大豆中钙、镁、铁含量的测定

一、实验提要

（1）目的:掌握滴定分析法、分光光度法等分析测定方法的综合运用;了解大豆样品分解处理方法,掌握大豆类样品中钙、镁、铁含量的测定方法;掌握实际试样中干扰排除等实验技术。

（2）方法:综合运用滴定分析法、分光光度法等分析测定方法。

（3）结论:可证实通过分析方法能够得到钙、镁、铁的含量。

二、实验原理

大豆属豆科一年生草本植物,原产于我国,各地均有种植。我国古称菽,其种子含有丰富的蛋白质;根据大豆种皮的颜色和粒型,可分为 5 类:黄大豆、青大豆、黑大豆、饲料豆、其他大豆。我国自古栽培,至今已有 5000 年的种植史。现在全国普遍种植,在东北、华北、西北、西南和长江下游地区均有出产,以长江流域及西南栽培较多,以东北大豆质量最优。世界各国栽培的大豆都是直接或间接由我国传播出去的。由于它的营养价值很高,被称为"豆中之王"、"田中之肉"、"绿色的牛乳"等,是数百种天然食物中最受营养学家推崇的食物。

大豆的发酵制品包括豆豉、豆汁、黄酱及各种腐乳等,都是用大豆或大豆制品接种霉菌发酵后制成的。大豆及其制品经微生物作用后,消除了抑制营养的因子,产生多种具有香味的物质,因而更易被人体消化吸收,更重要的是增加了维生素 B_{12} 的含量。

食疗作用:大豆味甘、性平,入脾、大肠经,能杀乌头、附子毒;具有健脾宽中、润燥消水、清热解毒、益气的功效;主治疳积泻痢、腹胀羸瘦、妊娠中毒、

疮痈肿毒、外伤出血等。黄豆还能抗菌消炎，对咽炎、结膜炎、口腔炎、菌痢、肠炎有效。

大豆中除了含有蛋白质等营养成分外，无机盐的含量也十分丰富，如每100g大豆中含有钙367mg、镁173mg、铁11mg、磷571mg、钾1810mg等。可以看出，大豆（包括大豆和杂豆）还是一种难得的高钾、高镁和低钠食品，有益于补充生命元素。例如，在我国生活条件较差的广大农村常常流行一种低血钾病，轻则四肢酸软，劳动能力减退，重则四肢完全不能动弹呈瘫痪状态，严重的可因呼吸停止而死亡。该病的主要原因是饮食中钾、镁的含量不足而钠（食盐）过高，所以在一些工地的伙食主管部门和其他集体伙食单位都应注意每天搭配一些豆类（如豆饭、豆包、豆汤、豆腐等）以保障劳动者的健康，弥补在日常食物中钾和镁的含量不足的问题。

在测定大豆中无机盐组分前，先将大豆粉碎、灼烧、盐酸提取后，用配位滴定法以EDTA为滴定剂，在碱性条件下，以钙指示剂指示终点，测定其中钙含量。另取一份溶液控制pH = 10，以铬黑T为指示剂，可测定钙镁总量。试样中铁等元素的干扰可用适量的三乙醇胺掩蔽消除。大豆中铁含量可用邻二氮菲光度法进行测定。

三、仪器与药品

仪器：粉碎机，电子分析天平，分光光度计，箱式高温电阻炉，电加热板，蒸发皿，比色管（25mL），烧杯（100mL），表面皿，量筒（10mL，100mL），移液管（20mL），移液器（1mL，5mL），容量瓶（250mL），锥形瓶（250mL），酸式滴定管（25mL）。

药品：EDTA标准溶液（0.005mol·L^{-1}），NaOH（200g·L^{-1}），NH$_3$-NH$_4$Cl缓冲溶液（pH = 10），三乙醇胺（1.5mol·L^{-1}），HCl（6mol·L^{-1}），铁标准溶液（0.1mol·L^{-1}），邻二氮菲（1.5g·L^{-1}），盐酸羟胺（100g·L^{-1}），NaAc（1mol·L^{-1}），CaCO$_3$（基准物质），钙指示剂（按1∶100与固体NaCl混合研成粉末），铬黑T（1g·L^{-1}，称取0.1g铬黑T溶于75.0mL三乙醇胺和25.0mL乙醇混合液中）。

四、实验步骤

1. 大豆试样的处理

在市场上购买的大豆用粉碎机粉碎后，称取10~15g置于蒸发皿中，置于箱式高温电阻炉中650℃灼烧1~2h。取出冷却后，加入10.0mL 6mol·L^{-1} HCl溶液浸泡20min，并不断搅拌，静止沉降，过滤。用蒸馏水洗沉淀、蒸发皿数次，定容至250mL容量瓶中，待用。

2. EDTA 溶液的标定

准确称取 0.1000~0.1200g 基准物质 $CaCO_3$ 于小烧杯中,用少量蒸馏水润湿,盖上表面皿,从烧杯嘴处往烧杯中滴加 5.0mL 6mol·L^{-1} HCl 溶液,使 $CaCO_3$ 完全溶解。加蒸馏水 50.0mL,微沸几分钟以除去 CO_2。冷却后用蒸馏水冲洗烧杯内壁和表面皿,一并转移至 250mL 容量瓶中定容,摇匀。

移取 $CaCO_3$ 标准溶液 20.00mL 于锥形瓶中,加蒸馏水至 100.0mL,加 5~6mL 200g·L^{-1} NaOH 溶液,加少许钙指示剂,用 EDTA 溶液滴定,溶液由紫红色变为蓝色为终点,平行滴定三份,计算 EDTA 的浓度。

3. 大豆试样中钙镁含量的测定

1) 大豆中钙、镁总量的测定

移取"大豆试样的处理"中配制的溶液 20.00mL 于锥形瓶中,加 5.0mL 1.5mol·L^{-1} 三乙醇胺,加水至 100.0mL,再加 15.0mL pH=10 NH_3-NH_4Cl 缓冲溶液、2 滴铬黑 T 指示剂,用 EDTA 标准溶液滴定,溶液由紫红色变为蓝色为终点,平行滴定 3 份。

2) 大豆中钙含量的测定

移取"大豆试样的处理"中配制的溶液 20.00mL 于锥形瓶中,加 5.0mL 1.5mol·L^{-1} 三乙醇胺,加水至 100.0mL,加 5.0mL 200g·L^{-1} NaOH 溶液,加少许钙指示剂,用 EDTA 标准溶液滴定,溶液由红色变为蓝色为终点。平行滴定 3 份,计算大豆试样中钙含量。

计算所得钙镁总量减去钙含量即可得镁的含量。

4. 邻二氮菲光度法测定大豆中铁含量

1) 标准曲线的制作

取 6 个 25mL 比色管,用移液器分别加入 0.0mL、0.2mL、0.4mL、0.6mL、0.8mL、1.0mL 0.1mol·L^{-1} 铁标准溶液,再分别加入 1.0mL 100g·L^{-1} 盐酸羟胺、2.0mL 1.5g·L^{-1} 邻二氮菲、5.0mL 1mol·L^{-1} NaAc 溶液。每加入一种试剂都要摇匀,加蒸馏水稀释至刻度,放置 10min。用 1cm 比色皿,以空白试剂为参比溶液,测量各溶液的吸光度。以铁含量为横坐标,以吸光度为纵坐标绘制工作曲线。

2) 试样中铁含量的测定

准确移取大豆试样溶液 10.00mL 于比色管中,按标准曲线操作步骤显色,测定其吸光度,在工作曲线上查出大豆试样中铁的含量。

五、实验数据记录

（1）$CaCO_3$ 标准溶液的配制。

m_{CaCO_3} /g	m_1	m_2
V_{CaCO_3} /mL		

（2）EDTA 标准溶液的标定。

实验序号	1	2	3
V_{EDTA} 初读数/mL			
V_{EDTA} 终读数/mL			

（3）钙、镁总量的测定。

实验序号	1	2	3
V_{EDTA} 初读数/mL			
V_{EDTA} 终读数/mL			

（4）钙含量的测定。

实验序号	1	2	3
V_{EDTA} 初读数/mL			
V_{EDTA} 终读数/mL			

（5）工作曲线及大豆试样溶液的吸光度的测定。

编号	1	2	3	4	5	6	待测 1
$V_{铁标准溶液}$/mL	0.00	0.20	0.40	0.60	0.80	1.00	10.00
$c_{Fe^{3+}}^{eq}$ /(mol·L^{-1})							
吸光度 A							

六、思考题

（1）测量前为什么要将大豆粉碎？

（2）测量钙的含量和钙镁总量时应如何控制溶液的 pH？

（3）标定 EDTA 标准溶液时，还可用什么物质作基准物？

实验 29 食盐中碘含量测定

一、实验目的

（1）通过实验设计，培养学生独立分析问题和解决问题的能力。

（2）巩固一些常用实验仪器的使用与熟练程度。

二、实验原理

三、仪器与药品（自行计划）

四、实验步骤（指明实验中应注意的事项，自拟）

五、指导建议

（1）采用间接碘量法，选择合适的滴定剂，指示剂为淀粉溶液。

（2）标准溶液的浓度可按 $0.1\text{mol}\cdot\text{L}^{-1}$ 来设计和取量。待测物溶液的浓度可按 $0.05\text{mol}\cdot\text{L}^{-1}$ 来设计和取量。

（3）写明参考资料。

（4）实验方案需经教师同意，独立完成实验。

（5）写出实验报告。

（6）教师根据学生的设计方案、实际操作、实验报告和实验结果的准确度及精确度，给出实验考核成绩。

实验 30 虾皮、海带、紫菜等海产品中钙、镁、铁含量的测定

一、实验目的

(1) 培养学生查阅参考资料的能力。

(2) 培养运用所学知识及参考资料写出实验路线和拟定实验条件的能力。

(3) 培养学生独立思考和分析、解决问题的能力。

二、实验要求

试拟定一实验方案测定虾皮、海带、紫菜等海产品中钙、镁、铁的含量。

三、实验原理

(1) 海产品试样应经高温炉 650℃灼烧 1h，用 10.0mL 6mol·L^{-1}HCl 提取，过滤，洗涤，定容后进行测定。在新鲜状态下称取 100g，在烘干箱内于 120℃温度下烘干后经上述处理。

(2) 海产品试样中 Ca、Mg 的含量测定，应选择合适的指示剂和 pH，先用 EDTA 滴定出 Ca、Mg 的总量，再用 EDTA 滴出 Ca 含量，则可求出 Mg 含量。实验过程中需选择合适的掩蔽剂，三乙醇胺用于在碱性溶液中掩蔽 Fe^{3+}、Al^{3+} 和少量的 Mn^{2+} 等。

(3) 分析测试结果 w_A 用 mg·$100g^{-1}$ 形式表达。

实验 31 茶叶中微量元素的鉴定与分析

一、实验目的

（1）培养学生查阅参考资料的能力。
（2）培养运用所学知识及参考资料写出实验路线和拟定实验条件的能力。
（3）学会采样和试样前处理方法。
（4）通过实验了解茶叶中重要元素的简单检出方法。

二、实验要求

鉴定并分析茶叶中 Ca、Mg、Al、Fe、Mn 和 P 几种微量元素。

三、实验原理

茶叶是有机体，主要由 C、H、N、O 等元素组成，还含有微量的 P 和 Ca、Mg、Fe、Al、Mn 等金属元素。把茶叶"干灰化"后用酸浸提，通过特征的定性实验，即可鉴定是否存在这些金属元素。

茶叶中 Ca、Mg 的含量都较大，且二者性质接近，故 Mg 不可能直接滴定。选择合适的指示剂和 pH，先用 EDTA 滴定出 Ca、Mg 的总量，再用 EDTA 滴出 Ca 含量，则可求出 Mg 的含量。实验过程中需选择合适的掩蔽剂，三乙醇胺用于在碱性溶液中掩蔽 Fe^{3+}、Al^{3+} 和少量的 Mn^{2+} 等。

茶叶中 Al、Fe、Mn 和 P 的含量可以采用分光光度法进行测定。样品经灼烧后，灰分中残留的微量 Al 在微酸性介质中与铝试剂共热，形成稳定的红色络合物。茶叶中的 Fe^{3+} 可以还原为 Fe^{2+}，Fe^{2+} 与邻二氮菲在 pH 为 3~9 的介质中反应生成橘红色络合物。Mn 的测定可以采用强氧化剂过硫酸铵把 Mn^{2+} 氧化为 MnO_4^- 生成紫红色溶液。磷酸盐在酸性条件及铵盐存在下与钼酸铵结合为磷钼酸铵黄色结晶，但其水溶性游离磷钼酸遇到还原剂则产生蓝色的磷钼蓝。在各种配合物的最大吸收波长处测定吸光度，并与标准曲线相比较，可以分别测定 Al、Fe、Mn、P 的含量。由于吸收曲线的制作、显色反应酸度、显色剂用量、显色时间和其他离子的干扰等因素影响测定灵敏度和准确度，因此样品测定前应进行条件实验。

四、思考题

（1）应如何选择灰化茶叶的温度？
（2）Ca、Mg 总量测定以及 Ca 含量的测定时 pH 为多少？
（3）Ca、Mg、Fe、Al、Mn 和 P 的测定时各需要考虑哪些离子的干扰？

实验 32　蔬菜、果汁中维生素 C 含量的测定

一、实验目的

（1）掌握直接碘量法测定维生素 C 含量的原理和方法。
（2）掌握直接碘量法的基本操作。

二、实验要求

（1）查阅有关资料，设计测定固体试样中维生素 C 含量的实验方案。
（2）确定分析方法及滴定方式。
（3）考虑实验中的干扰因素的排除。
（4）试剂及指示剂主要采用实验室已有的，如需其他试剂应事先报告指导教师。
（5）写出预习报告。
（6）实验方案需经教师审阅同意，独立完成实验。
（7）实验结束后，写出实验报告，包含对自己设计的实验方案的评价及问题的讨论。

三、思考题

（1）测定维生素 C 含量时为什么要在酸介质中进行？
（2）什么是碘量法？

参 考 文 献

慕慧. 2013. 无机化学. 3 版. 北京：科学出版社

王宝珍. 2011. 医药学基础化学实验. 长春：吉林科学技术出版社

文利柏，虎玉森，白红进. 2015. 无机化学实验. 北京：化学工业出版社

徐家宁，门瑞芝，张寒琦. 2006. 基础化学实验（上册，无机化学和化学分析实验）. 北京：高等教育出版社

殷雪峰. 2002. 新编大学化学实验. 北京：高等教育出版社

张大伟. 2010. 大学综合化学实验指导. 长春：吉林大学出版社

赵新华. 2016. 无机化学实验. 4 版. 北京：高等教育出版社

中山大学等. 2003. 无机化学实验. 3 版. 北京：高等教育出版社

周祖新. 2014. 无机化学实验. 北京：化学工业出版社

朱湛，傅引霞. 2007. 无机化学实验. 北京：北京理工大学出版社

附　录

附录1　化合物的摩尔质量

化合物	$M/(\text{g·mol}^{-1})$	化合物	$M/(\text{g·mol}^{-1})$
Ag_2CrO_4	331.73	$C_4H_8N_2O_2$（丁二酮肟）	116.12
Ag_3AsO_4	462.52	$C_6H_4\cdot COOH\cdot COOK$	204.23
$AgBr$	187.77	$Ca(NO_3)_2\cdot 4H_2O$	236.15
$AgCl$	143.32	$Ca(OH)_2$	74.09
$AgCN$	133.89	$Ca_3(PO_4)_2$	310.18
AgI	234.77	CaC_2O_4	128.10
$AgNO_3$	169.87	$CaCl_2$	110.99
$AgSCN$	165.95	$CaCl_2\cdot 6H_2O$	219.08
$Al(NO_3)_3$	213.00	$CaCO_3$	100.09
$Al(NO_3)_3\cdot 9H_2O$	375.13	CaO	56.08
$Al(OH)_3$	78.00	$CaSO_4$	136.14
$Al_2(SO_4)_3$	342.14	$CdCl_2$	183.32
$Al_2(SO_4)_3\cdot 18H_2O$	666.41	$CdCO_3$	172.42
Al_2O_3	101.96	CdS	144.47
$AlCl_3$	133.34	$Ce(SO_4)_2$	332.24
$AlCl_3\cdot 6H_2O$	241.43	$Ce(SO_4)_2\cdot 4H_2O$	404.30
As_2O_3	197.84	CH_3COOH	60.05
As_2O_5	229.84	CH_3COONa	82.03
As_2S_3	246.02	$CH_3COONa\cdot 3H_2O$	136.08
$Ba(OH)_2$	171.34	CH_3COONH_4	77.08
BaC_2O_4	225.35	$CO(NH_2)_2$	60.06
$BaCl_2$	208.24	CO_2	44.01
$BaCl_2\cdot 2H_2O$	244.27	$Co(NO_3)_2\cdot 6H_2O$	291.03
$BaCO_3$	197.34	$Co(NO_3)_2$	182.94
$BaCrO_4$	253.32	$CoCl_2$	129.84
BaO	153.33	$CoCl_2\cdot 6H_2O$	237.93
$BaSO_4$	233.39	CoS	90.99
$BiCl_3$	315.34	$CoSO_4$	154.99
$BiOCl$	260.43	$CoSO_4\cdot 7H_2O$	281.10

续表

化合物	$M/(\text{g·mol}^{-1})$	化合物	$M/(\text{g·mol}^{-1})$
$Cr(NO_3)_3$	238.01	H_2O	18.02
Cr_2O_3	151.99	H_2O_2	34.02
$CrCl_3$	158.35	H_2S	34.08
$CrCl_3·6H_2O$	266.45	H_2SO_3	82.07
$Cu(NO_3)_2$	187.56	H_2SO_4	98.07
$Cu(NO_3)_2·3H_2O$	241.60	H_3AsO_3	125.94
Cu_2O	143.09	H_3AsO_4	141.94
$CuCl$	99.00	H_3BO_3	61.83
$CuCl_2$	134.45	H_3PO_4	98.00
$CuCl_2·2H_2O$	170.48	HBr	80.91
CuI	190.45	HCl	36.46
CuO	79.54	HCN	27.03
CuS	95.61	$HCOOH$	46.03
$CuSCN$	121.62	HF	20.01
$CuSO_4$	159.60	$Hg(CN)_2$	252.63
$CuSO_4·5H_2O$	249.68	$Hg(NO_3)_2$	324.60
$Fe(NO_3)_3$	241.86	$Hg_2(NO_3)_2$	525.19
$Fe(NO_3)_3·9H_2O$	404.00	$Hg_2(NO_3)_2·2H_2O$	561.22
$Fe(OH)_3$	106.87	Hg_2Cl_2	472.09
Fe_2O_3	159.69	Hg_2SO_4	497.24
Fe_2S_3	207.87	$HgCl_2$	271.50
Fe_3O_4	231.54	HgI_2	454.40
$FeCl_2$	126.75	HgO	216.59
$FeCl_2·4H_2O$	198.81	HgS	232.65
$FeCl_3$	162.21	$HgSO_4$	296.65
$FeCl_3·6H_2O$	270.30	HI	127.91
FeO	71.85	HIO_3	175.91
FeS	87.91	HNO_2	47.01
$FeSO_4$	151.90	HNO_3	63.01
$FeSO_4·(NH_4)_2SO_4·6H_2O$	392.13	K_2CO_3	138.21
$FeSO_4·7H_2O$	278.01	$K_2Cr_2O_7$	294.18
$H_2C_2O_4$	90.04	K_2CrO_4	194.19
$H_2C_2O_4·2H_2O$	126.07	K_2O	94.20
H_2CO_3	62.02	K_2SO_4	174.25

化合物	$M/(\text{g·mol}^{-1})$	化合物	$M/(\text{g·mol}^{-1})$
$K_3Fe(CN)_6$	329.25	$MnCl_2·4H_2O$	197.91
$K_4Fe(CN)_6$	368.35	$MnCO_3$	114.95
$KAl(SO_4)_2·12H_2O$	474.38	MnO	70.94
KBr	119.00	MnO_2	86.94
$KBrO_3$	167.00	MnS	87.00
KCl	74.55	$MnSO_4$	151.00
$KClO_3$	122.55	$MnSO_4·4H_2O$	223.06
$KClO_4$	138.55	$Na_2B_4O_7$	201.22
KCN	65.12	$Na_2B_4O_7·10H_2O$	381.37
$KFe(SO_4)_2·12H_2O$	503.24	$Na_2C_2O_4$	134.00
$KHC_2O_4·H_2C_2O_4·2H_2O$	254.19	Na_2CO_3	105.99
$KHC_2O_4·H_2O$	146.14	$Na_2CO_3·10H_2O$	286.14
$KHC_4H_4O_3$	188.18	$Na_2H_2Y·2H_2O$	372.24
$KHSO_4$	136.16	$Na_2HPO_4·12H_2O$	358.14
KI	166.00	Na_2O	61.98
KIO_3	214.00	Na_2O_2	77.98
$KIO_3·HIO_3$	389.91	Na_2S	78.04
$KMnO_4$	158.03	$Na_2S·9H_2O$	240.18
$KNaC_4H_4O_6·4H_2O$	282.22	$Na_2S_2O_3$	158.10
KNO_2	85.10	$Na_2S_2O_3·5H_2O$	248.17
KNO_3	101.10	Na_2SO_3	126.04.
KOH	56.11	Na_2SO_4	142.04
$KSCN$	97.18	Na_3AsO_3	191.89
$Mg(NO_3)_2·6H_2O$	256.41	Na_3PO_4	163.94
$Mg(OH)_2$	58.32	$NaBiO_3$	279.97
$Mg_2P_2O_7$	222.55	$NaCl$	58.44
MgC_2O_4	112.33	$NaClO$	74.44
$MgCl_2$	95.21	$NaCN$	49.01
$MgCl_2·6H_2O$	203.30	$NaHCO_3$	84.01
$MgCO_3$	84.31	$NaNO_2$	69.00
$MgNH_4PO_4$	137.32	$NaNO_3$	85.00
MgO	40.30	$NaOH$	40.00
$MgSO_4·7H_2O$	246.47	$NaSCN$	81.07
$Mn(NO_3)_2·6H_2O$	287.04	NH_3	17.03

续表

化合物	$M/(\text{g·mol}^{-1})$	化合物	$M/(\text{g·mol}^{-1})$
NH_4Cl	53.49	$PbSO_4$	303.30
$NH_4Fe(SO_4)_2 \cdot 12H_2O$	482.18	Sb_2O_3	291.50
NH_4HCO_3	79.06	Sb_2S_3	339.68
NH_4NO_3	80.04	$SbCl_3$	228.11
NH_4SCN	76.12	$SbCl_5$	299.02
NH_4VO_3	116.98	SiF_4	104.08
$(NH_4)_2C_2O_4$	124.10	SiO_2	60.08
$(NH_4)_2C_2O_4 \cdot H_2O$	142.11	$SnCl_2$	189.60
$(NH_4)_2CO_3$	96.09	$SnCl_2 \cdot 2H_2O$	225.63
$(NH_4)_2HPO_4$	132.06	$SnCl_4$	260.50
$(NH_4)_2MoO_4$	196.01	$SnCl_4 \cdot 5H_2O$	350.58
$(NH_4)_2S$	68.14	SnO_2	150.69
$(NH_4)_2SO_4$	132.13	SnS	150.75
$Ni(NO_3)_2 \cdot 6H_2O$	290.79	SO_2	64.06
$NiCl_2 \cdot 6H_2O$	237.69	SO_3	80.06
NiO	74.69	$Sr(NO_3)_2$	211.63
NiS	90.75	$Sr(NO_3)_2 \cdot 4H_2O$	283.69
$NiSO_4 \cdot 7H_2O$	280.85	SrC_2O_4	175.64
NO	30.01	$SrCO_3$	147.63
NO_2	46.01	$SrCrO_4$	203.61
P_2O_5	141.94	$SrSO_4$	183.68
$Pb(CH_3COO)_2$	325.30	$UO_2(CH_3COO)_2 \cdot 2H_2O$	424.15
$Pb(CH_3COO)_2 \cdot 3H_2O$	379.30	$Zn(CH_3COO)_2$	183.47
$Pb(NO_3)_2$	331.20	$Zn(CH_3COO)_2 \cdot 2H_2O$	219.50
$Pb_3(PO_4)_2$	811.54	$Zn(NO_3)_2$	189.39
PbC_2O_4	295.22	$Zn(NO_3)_2 \cdot 6H_2O$	297.48
$PbCl_2$	278.10	ZnC_2O_4	153.40
$PbCO_3$	267.20	$ZnCl_2$	136.29
$PbCrO_4$	323.20	$ZnCO_3$	125.39
PbI_2	461.00	ZnO	81.38
PbO	223.20	ZnS	97.44
PbO_2	239.20	$ZnSO_4$	161.44
PbS	239.30	$ZnSO_4 \cdot 7H_2O$	287.54

附录2 常用弱酸和弱碱的解离常数（298K）

中文名称	英文名称	分子式	级数	$K_a^\ominus$	$pK_a^\ominus$
砷酸	arsenic acid	H_3AsO_4	1	6.00×10^{-3}	2.22
			2	1.73×10^{-7}	6.76
亚砷酸	arsenious acid	H_2AsO_3		5.13×10^{-10}	9.28
硼酸	boric acid	H_3BO_3		5.81×10^{-4}	9.24
碳酸	carbonic acid	H_2CO_3	1	4.46×10^{-7}	6.35
			2	4.68×10^{-11}	10.33
叠氮酸	hydrazoic acid	HN_3		2.51×10^{-5}	4.62
氰酸	hydrogen cyanate	HOCN		3.47×10^{-6}	3.46
氢氰酸	hydrocyanic acid	HCN		6.17×10^{-10}	9.21
氢氟酸	hydrofluoric acid	HF		6.31×10^{-4}	3.20
过氧化氢	hydrogen peroxide	H_2O_2		2.40×10^{-12}	11.64
硒化氢	hydrogen selenide	H_2Se	1	1.29×10^{-4}	3.89
			2	1.00×10^{-11}	11.0
硫化氢	hydrogen sulfide	H_2S	1	1.07×10^{-7}	6.97
			2	1.26×10^{-13}	12.90
溴酸	hydrogen bormate	$HBrO_3$		0.10×10^{-2}	1.02
氯酸	hydrogen chlorate	$HClO_3$		5.01×10^2	−2.7
次碘酸	hypoiodous acid	HIO		3.16×10^{-11}	10.55
碘酸	iodic acid	HIO_3		1.58×10^{-1}	0.80
亚硝酸	nitrous acid	HNO_2		7.24×10^{-4}	3.14
高氯酸	perchloric acid	$HClO_4$		3.98×10	−1.60
高碘酸	periodic acid	HIO_4		2.29×10^{-2}	1.64
磷酸	phosphoric acid	H_3PO_4	1	6.92×10^{-3}	2.15
			2	6.10×10^{-8}	7.20
			3	4.79×10^{-13}	12.32
亚磷酸	phosphorous acid	H_3PO_3	1	3.72×10^{-2}	1.43
			2	2.09×10^{-7}	6.68
焦磷酸	pyrophosphoric acid	$H_4P_2O_7$	1	1.23×10^{-1}	0.91
			2	7.94×10^{-3}	2.10
			3	1.99×10^{-7}	6.70
			4	4.47×10^{-10}	9.35
硒酸	selenic acid	H_2SeO_4	2	2.19×10^{-2}	1.66

续表

中文名称	英文名称	分子式	级数	$K_a^\ominus$	$pK_a^\ominus$
亚硒酸	selenious acid	H_2SeO_3	1	2.40×10^{-3}	2.62
			2	5.01×10^{-9}	8.30
硅酸	silicic acid	H_4SiO_4	1	2.51×10^{-10}	9.60
			2	1.55×10^{-12}	11.81
硫酸	sulfuric acid	H_2SO_4		1.0×10^{-2}	1.99
亚硫酸	sulfurous acid	H_2SO_3	1	1.29×10^{-2}	1.89
			2	6.17×10^{-8}	7.21
碲酸	telluric acid	H_2TeO_4	1	2.19×10^{-8}	7.66
			2	9.77×10^{-12}	11.01
亚碲酸	tellurous acid	H_2TeO_3	1	5.4×10^{-7}	6.27
			2	3.0×10^{-9}	8.43
四氟硼酸	tetrafluoroboric acid	HBF_4		3.2×10^{-1}	0.50
硫氰酸	thiocyanic acid	HSCN		6.31×10^{1}	−1.80
甲酸	formic acid	HCOOH		1.78×10^{-4}	3.75
乙酸	acetic acid	CH_3COOH		1.75×10^{-5}	4.756
乳酸	lactic acid	$CH_3CHOHCOOH$		1.38×10^{-4}	3.86
草酸	oxalic acid	$H_2C_2O_4$	1	5.37×10^{-2}	1.27
			2	5.37×10^{-5}	4.27
α-酒石酸	tartaric acid	$C_4H_6O_6$	1	9.12×10^{-4}	3.04
			2	4.26×10^{-5}	4.37
柠檬酸（枸橼酸）	citric acid	$C_6H_8O_7$	1	7.41×10^{-4}	3.13
			2	1.74×10^{-5}	4.76
			3	3.98×10^{-7}	6.40
苯酚	phenol	C_6H_5OH		1.02×10^{-10}	9.99
乙二胺四乙酸	ethylenediamine-N, N, N', N'-tetra-acetic acid	EDTA	1	1.02×10^{-2}	1.99
			2	2.14×10^{-3}	2.67
			3	6.92×10^{-7}	6.16
			4	5.50×10^{-11}	10.26
氨	ammonia（+1）	NH_3		5.62×10^{-10}	9.25
肼	hydrazine（+2）	N_2H_4	1	5.37×10^{-1}	0.27
			2	1.15×10^{-8}	7.94
乙胺	ethylamine（+1）	$C_2H_5NH_2$		2.34×10^{-11}	10.63

续表

中文名称	英文名称	分子式	级数	$K_a^{\ominus}$	$pK_a^{\ominus}$
二甲胺	dimethylamine（+1）	$(CH_3)_2NH$		1.70×10^{-11}	10.77
二乙胺	diethylamine（+1）	$(C_2H_5)_2NH$		1.55×10^{-12}	10.81
吡啶	pyridine（+1）	C_5H_5N		6.76×10^{-6}	5.17
丁二胺	1,4-butane-diamine（+2）	$H_2N(CH_2)_4NH_2$	1	4.47×10^{-10}	9.35
			2	1.51×10^{-11}	10.82
己二胺	1,6-hexane-diamine（+2）	$H_2N(CH_2)_6NH_2$	1	1.48×10^{-10}	9.83
			2	1.17×10^{-11}	10.93

附录3 常用配位化合物的稳定常数

序号	配位体	金属离子	配位体数目 n	$\lg\beta_n$
1	NH_3	Ag^+	1, 2	3.24, 7.05
		Au^{3+}	4	10.3
		Cd^{2+}	1, 2, 3, 4, 5, 6	2.65, 4.75, 6.19, 7.12, 6.80, 5.14
		Co^{2+}	1, 2, 3, 4, 5, 6	2.11, 3.74, 4.79, 5.55, 5.73, 5.11
		Co^{3+}	1, 2, 3, 4, 5, 6	6.7, 14.0, 20.1, 25.7, 30.8, 35.2
		Cu^+	1, 2	5.93, 10.86
		Cu^{2+}	1, 2, 3, 4, 5	4.31, 7.98, 11.02, 13.32, 12.86
		Fe^{2+}	1, 2	1.4, 2.2
		Hg^{2+}	1, 2, 3, 4	8.8, 17.5, 18.5, 19.28
		Mn^{2+}	1, 2	0.8, 1.3
		Ni^{2+}	1, 2, 3, 4, 5, 6	2.80, 5.04, 6.77, 7.96, 8.71, 8.74
		Pd^{2+}	1, 2, 3, 4	9.6, 18.5, 26.0, 32.8
		Pt^{2+}	6	35.3
		Zn^{2+}	1, 2, 3, 4	2.37, 4.81, 7.31, 9.46
2	Br^-	Ag^+	1, 2, 3, 4	4.38, 7.33, 8.00, 8.73
		Bi^{3+}	1, 2, 3, 4, 5, 6	2.37, 4.20, 5.90, 7.30, 8.20, 8.30
		Cd^{2+}	1, 2, 3, 4	1.75, 2.34, 3.32, 3.70
		Ce^{3+}	1	0.42
		Cu^+	2	5.89
		Cu^{2+}	1	0.30
		Hg^{2+}	1, 2, 3, 4	9.05, 17.32, 19.74, 21.00
		In^{3+}	1, 2	1.30, 1.88

续表

序号	配位体	金属离子	配位体数目 n	$\lg\beta_n$
2	Br^-	Pb^{2+}	1, 2, 3, 4	1.77, 2.60, 3.00, 2.30
		Pd^{2+}	1, 2, 3, 4	5.17, 9.42, 12.70, 14.90
		Rh^{3+}	2, 3, 4, 5, 6	14.3, 16.3, 17.6, 18.4, 17.2
		Sc^{3+}	1, 2	2.08, 3.08
		Sn^{2+}	1, 2, 3	1.11, 1.81, 1.46
		Tl^{3+}	1, 2, 3, 4, 5, 6	9.7, 16.6, 21.2, 23.9, 29.2, 31.6
		U^{4+}	1	0.18
		Y^{3+}	1	1.32
3	Cl^-	Ag^+	1, 2, 4	3.04, 5.04, 5.30
		Bi^{3+}	1, 2, 3, 4	2.44, 4.7, 5.0, 5.6
		Cd^{2+}	1, 2, 3, 4	1.95, 2.50, 2.60, 2.80
		Co^{3+}	1	1.42
		Cu^+	2, 3	5.5, 5.7
		Cu^{2+}	1, 2	0.1, −0.6
		Fe^{2+}	1	1.17
		Fe^{3+}	2	9.8
		Hg^{2+}	1, 2, 3, 4	6.74, 13.22, 14.07, 15.07
		In^{3+}	1, 2, 3, 4	1.62, 2.44, 1.70, 1.60
		Pb^{2+}	1, 2, 3	1.42, 2.23, 3.23
		Pd^{2+}	1, 2, 3, 4	6.1, 10.7, 13.1, 15.7
		Pt^{2+}	2, 3, 4	11.5, 14.5, 16.0
		Sb^{3+}	1, 2, 3, 4	2.26, 3.49, 4.18, 4.72
		Sn^{2+}	1, 2, 3, 4	1.51, 2.24, 2.03, 1.48
		Tl^{3+}	1, 2, 3, 4	8.14, 13.60, 15.78, 18.00
		Th^{4+}	1, 2	1.38, 0.38
		Zn^{2+}	1, 2, 3, 4	0.43, 0.61, 0.53, 0.20
		Zr^{4+}	1, 2, 3, 4	0.9, 1.3, 1.5, 1.2
4	CN^-	Ag^+	2, 3, 4	21.1, 21.7, 20.6
		Au^+	2	38.3
		Cd^{2+}	1, 2, 3, 4	5.48, 10.60, 15.23, 18.78
		Cu^+	2, 3, 4	24.0, 28.59, 30.30
		Fe^{2+}	6	35.0
		Fe^{3+}	6	42.0

续表

序号	配位体	金属离子	配位体数目 n	$\lg\beta_n$
4	CN^-	Hg^{2+}	4	41.4
		Ni^{2+}	4	31.3
		Zn^{2+}	1, 2, 3, 4	5.3, 11.70, 16.70, 21.60
5	F^-	Al^{3+}	1, 2, 3, 4, 5, 6	6.11, 11.12, 15.00, 18.00, 19.40, 19.80
		Be^{2+}	1, 2, 3, 4	4.99, 8.80, 11.60, 13.10
		Bi^{3+}	1	1.42
		Co^{2+}	1	0.4
		Cr^{3+}	1, 2, 3	4.36, 8.70, 11.20
		Cu^{2+}	1	0.9
		Fe^{2+}	1	0.8
		Fe^{3+}	1, 2, 3, 5	5.28, 9.30, 12.06, 15.77
		Ga^{3+}	1, 2, 3	4.49, 8.00, 10.50
		Hf^{4+}	1, 2, 3, 4, 5, 6	9.0, 16.5, 23.1, 28.8, 34.0, 38.0
		Hg^{2+}	1	1.03
		In^{3+}	1, 2, 3, 4	3.70, 6.40, 8.60, 9.80
		Mg^{2+}	1	1.30
		Mn^{2+}	1	5.48
		Ni^{2+}	1	0.50
		Pb^{2+}	1, 2	1.44, 2.54
		Sb^{3+}	1, 2, 3, 4	3.0, 5.7, 8.3, 10.9
		Sn^{2+}	1, 2, 3	4.08, 6.68, 9.50
		Th^{4+}	1, 2, 3, 4	8.44, 15.08, 19.80, 23.20
		TiO^{2+}	1, 2, 3, 4	5.4, 9.8, 13.7, 18.0
		Zn^{2+}	1	0.78
		Zr^{4+}	1, 2, 3, 4, 5, 6	9.4, 17.2, 23.7, 29.5, 33.5, 38.3
6	I^-	Ag^+	1, 2, 3	6.58, 11.74, 13.68
		Bi^{3+}	1, 4, 5, 6	3.63, 14.95, 16.80, 18.80
		Cd^{2+}	1, 2, 3, 4	2.10, 3.43, 4.49, 5.41
		Cu^+	2	8.85
		Fe^{3+}	1	1.88
		Hg^{2+}	1, 2, 3, 4	12.87, 23.82, 27.60, 29.83
		Pb^{2+}	1, 2, 3, 4	2.00, 3.15, 3.92, 4.47
		Pd^{2+}	4	24.5

续表

序号	配位体	金属离子	配位体数目 n	$\lg\beta_n$
6	I^-	Tl^+	1, 2, 3	0.72, 0.90, 1.08
		Tl^{3+}	1, 2, 3, 4	11.41, 20.88, 27.60, 31.82
7	OH^-	Ag^+	1, 2	2.0, 3.99
		Al^{3+}	1, 4	9.27, 33.03
		As^{3+}	1, 2, 3, 4	14.33, 18.73, 20.60, 21.20
		Be^{2+}	1, 2, 3	9.7, 14.0, 15.2
		Bi^{3+}	1, 2, 4	12.7, 15.8, 35.2
		Ca^{2+}	1	1.3
		Cd^{2+}	1, 2, 3, 4	4.17, 8.33, 9.02, 8.62
		Ce^{3+}	1	4.6
		Ce^{4+}	1, 2	13.28, 26.46
		Co^{2+}	1, 2, 3, 4	4.3, 8.4, 9.7, 10.2
		Cr^{3+}	1, 2, 4	10.1, 17.8, 29.9
		Cu^{2+}	1, 2, 3, 4	7.0, 13.68, 17.00, 18.5
		Fe^{2+}	1, 2, 3, 4	5.56, 9.77, 9.67, 8.58
		Fe^{3+}	1, 2, 3	11.87, 21.17, 29.67
		Hg^{2+}	1, 2, 3	10.6, 21.8, 20.9
		In^{3+}	1, 2, 3, 4	10.0, 20.2, 29.6, 38.9
		Mg^{2+}	1	2.58
		Mn^{2+}	1, 3	3.9, 8.3
		Ni^{2+}	1, 2, 3	4.97, 8.55, 11.33
		Pa^{4+}	1, 2, 3, 4	14.04, 27.84, 40.7, 51.4
		Pb^{2+}	1, 2, 3	7.82, 10.85, 14.58
		Pd^{2+}	1, 2	13.0, 25.8
		Sb^{3+}	2, 3, 4	24.3, 36.7, 38.3
		Sc^{3+}	1	8.9
		Sn^{2+}	1	10.4
		Th^{4+}	1, 2	12.86, 25.37
		Tl^{3+}	1	12.71
		Zn^{2+}	1, 2, 3, 4	4.40, 11.30, 14.14, 17.66
		Zr^{4+}	1, 2, 3, 4	14.3, 28.3, 41.9, 55.3
8	NO_3^-	Ba^{2+}	1	0.92
		Bi^{3+}	1	1.26

续表

序号	配位体	金属离子	配位体数目 n	$\lg\beta_n$
8	NO_3^-	Ca^{2+}	1	0.28
		Cd^{2+}	1	0.40
		Fe^{3+}	1	1.0
		Hg^{2+}	1	0.35
		Pb^{2+}	1	1.18
		Tl^+	1	0.33
		Tl^{3+}	1	0.92
9	$P_2O_7^{4-}$	Ba^{2+}	1	4.6
		Ca^{2+}	1	4.6
		Cd^{3+}	1	5.6
		Co^{2+}	1	6.1
		Cu^{2+}	1, 2	6.7, 9.0
		Hg^{2+}	2	12.38
		Mg^{2+}	1	5.7
		Ni^{2+}	1, 2	5.8, 7.4
		Pb^{2+}	1, 2	7.3, 10.15
		Zn^{2+}	1, 2	8.7, 11.0
10	SCN^-	Ag^+	1, 2, 3, 4	4.6, 7.57, 9.08, 10.08
		Bi^{3+}	1, 2, 3, 4, 5, 6	1.67, 3.00, 4.00, 4.80, 5.50, 6.10
		Cd^{2+}	1, 2, 3, 4	1.39, 1.98, 2.58, 3.6
		Cr^{3+}	1, 2	1.87, 2.98
		Cu^+	1, 2	12.11, 5.18
		Cu^{2+}	1, 2	1.90, 3.00
		Fe^{3+}	1, 2, 3, 4, 5, 6	2.21, 3.64, 5.00, 6.30, 6.20, 6.10
		Hg^{2+}	1, 2, 3, 4	9.08, 16.86, 19.70, 21.70
		Ni^{2+}	1, 2, 3	1.18, 1.64, 1.81
		Pb^{2+}	1, 2, 3	0.78, 0.99, 1.00
		Sn^{2+}	1, 2, 3	1.17, 1.77, 1.74
		Th^{4+}	1, 2	1.08, 1.78
		Zn^{2+}	1, 2, 3, 4	1.33, 1.91, 2.00, 1.60
11	$S_2O_3^{2-}$	Ag^+	1, 2	8.82, 13.46
		Cd^{2+}	1, 2	3.92, 6.44
		Cu^+	1, 2, 3	10.27, 12.22, 13.84

续表

序号	配位体	金属离子	配位体数目 n	$\lg\beta_n$
11	$S_2O_3^{2-}$	Fe^{3+}	1	2.10
		Hg^{2+}	2, 3, 4	29.44, 31.90, 33.24
		Pb^{2+}	2, 3	5.13, 6.35
12	SO_4^{2-}	Ag^+	1	1.3
		Ba^{2+}	1	2.7
		Bi^{3+}	1, 2, 3, 4, 5	1.98, 3.41, 4.08, 4.34, 4.60
		Fe^{3+}	1, 2	4.04, 5.38
		Hg^{2+}	1, 2	1.34, 2.40
		In^{3+}	1, 2, 3	1.78, 1.88, 2.36
		Ni^{2+}	1	2.4
		Pb^{2+}	1	2.75
		Pr^{3+}	1, 2	3.62, 4.92
		Th^{4+}	1, 2	3.32, 5.50
		Zr^{4+}	1, 2, 3	3.79, 6.64, 7.77

附录 4　常见难溶化合物的溶度积常数

分子式	$K_{sp}^{\ominus}$	$pK_{sp}^{\ominus}$ ($-\lg K_{sp}^{\ominus}$)	分子式	$K_{sp}^{\ominus}$	$pK_{sp}^{\ominus}$ ($-\lg K_{sp}^{\ominus}$)
Ag_3AsO_4	1.0×10^{-22}	22.0	AgSCN	1.0×10^{-12}	12.00
AgBr	5.0×10^{-13}	12.3	Ag_2SO_3	1.5×10^{-14}	13.82
$AgBrO_3$	5.50×10^{-5}	4.26	Ag_2SO_4	1.4×10^{-5}	4.84
AgCl	1.8×10^{-10}	9.75	Ag_2Se	2.0×10^{-64}	63.7
AgCN	1.2×10^{-16}	15.92	Ag_2SeO_3	1.0×10^{-15}	15.00
Ag_2CO_3	8.1×10^{-12}	11.09	Ag_2SeO_4	5.7×10^{-8}	7.25
$Ag_2C_2O_4$	3.5×10^{-11}	10.46	$AgVO_3$	5.0×10^{-7}	6.3
Ag_2CrO_4	1.2×10^{-12}	11.92	Ag_2WO_4	5.5×10^{-12}	11.26
$Ag_2Cr_2O_7$	2.0×10^{-7}	6.70	$Al(OH)_3$①	4.57×10^{-33}	32.34
AgI	8.3×10^{-17}	16.08	$AlPO_4$	6.3×10^{-19}	18.24
$AgIO_3$	3.1×10^{-8}	7.51	Al_2S_3	2.0×10^{-7}	6.7
AgOH	2.0×10^{-8}	7.71	$Au(OH)_3$	5.5×10^{-46}	45.26
Ag_2MoO_4	2.8×10^{-12}	11.55	$AuCl_3$	3.2×10^{-25}	24.5
Ag_3PO_4	1.4×10^{-16}	15.84	AuI_3	1.0×10^{-46}	46.0
Ag_2S	6.3×10^{-50}	49.2	$Ba_3(AsO_4)_2$	8.0×10^{-51}	50.1

分子式	$K_{sp}^{\ominus}$	$pK_{sp}^{\ominus}$ ($-\lg K_{sp}^{\ominus}$)	分子式	$K_{sp}^{\ominus}$	$pK_{sp}^{\ominus}$ ($-\lg K_{sp}^{\ominus}$)
$BaCO_3$	5.1×10^{-9}	8.29	CoC_2O_4	6.3×10^{-8}	7.2
BaC_2O_4	1.6×10^{-7}	6.79	$Co(OH)_2$（蓝）	6.31×10^{-15}	14.2
$BaCrO_4$	1.2×10^{-10}	9.93	$Co(OH)_2$（粉红，新沉淀）	1.58×10^{-15}	14.8
$Ba_3(PO_4)_2$	3.4×10^{-23}	22.44	$Co(OH)_2$（粉红，陈化）	2.00×10^{-16}	15.7
$BaSO_4$	1.1×10^{-10}	9.96	$CoHPO_4$	2.0×10^{-7}	6.7
BaS_2O_3	1.6×10^{-5}	4.79	$Co_3(PO_4)_3$	2.0×10^{-35}	34.7
$BaSeO_3$	2.7×10^{-7}	6.57	$CrAsO_4$	7.7×10^{-21}	20.11
$BaSeO_4$	3.5×10^{-8}	7.46	$Cr(OH)_3$	6.3×10^{-31}	30.2
$Be(OH)_2$②	1.6×10^{-22}	21.8	$CrPO_4 \cdot 4H_2O$（绿）	2.4×10^{-23}	22.62
$BiAsO_4$	4.4×10^{-10}	9.36	$CrPO_4 \cdot 4H_2O$（紫）	1.0×10^{-17}	17.0
$Bi_2(C_2O_4)_3$	3.98×10^{-36}	35.4	$CuBr$	5.3×10^{-9}	8.28
$Bi(OH)_3$	4.0×10^{-31}	30.4	$CuCl$	1.2×10^{-6}	5.92
$BiPO_4$	1.26×10^{-23}	22.9	$CuCN$	3.2×10^{-20}	19.49
$CaCO_3$	2.8×10^{-9}	8.54	$CuCO_3$	2.34×10^{-10}	9.63
$CaC_2O_4 \cdot H_2O$	4.0×10^{-9}	8.4	CuI	1.1×10^{-12}	11.96
CaF_2	2.7×10^{-11}	10.57	$Cu(IO_3)_2$	7.4×10^{-8}	7.13
$CaMoO_4$	4.17×10^{-8}	7.38	$Cu(OH)_2$	4.8×10^{-20}	19.32
$Ca(OH)_2$	5.5×10^{-6}	5.26	$Cu_3(PO_4)_2$	1.3×10^{-37}	36.9
$Ca_3(PO_4)_2$	2.0×10^{-29}	28.70	Cu_2S	2.5×10^{-48}	47.6
$CaSO_4$	3.16×10^{-7}	5.04	Cu_2Se	1.58×10^{-61}	60.8
$CaSiO_3$	2.5×10^{-8}	7.60	CuS	6.3×10^{-36}	35.2
$CaWO_4$	8.7×10^{-9}	8.06	$CuSe$	7.94×10^{-49}	48.1
$CdCO_3$	5.2×10^{-12}	11.28	$Dy(OH)_3$	1.4×10^{-22}	21.85
$CdC_2O_4 \cdot 3H_2O$	9.1×10^{-8}	7.04	$Er(OH)_3$	4.1×10^{-24}	23.39
$Cd_3(PO_4)_2$	2.5×10^{-33}	32.6	$Eu(OH)_3$	8.9×10^{-24}	23.05
CdS	8.0×10^{-27}	26.1	$FeAsO_4$	5.7×10^{-21}	20.24
$CdSe$	6.31×10^{-36}	35.2	$FeCO_3$	3.2×10^{-11}	10.50
$CdSeO_3$	1.3×10^{-9}	8.89	$Fe(OH)_2$	8.0×10^{-16}	15.1
CeF_3	8.0×10^{-16}	15.1	$Fe(OH)_3$	4.0×10^{-38}	37.4
$CePO_4$	1.0×10^{-23}	23.0	$FePO_4$	1.3×10^{-22}	21.89
$Co_3(AsO_4)_2$	7.6×10^{-29}	28.12	FeS	6.3×10^{-18}	17.2
$CoCO_3$	1.4×10^{-13}	12.84	$Ga(OH)_3$	7.0×10^{-36}	35.15

续表

分子式	$K_{sp}^{\ominus}$	$pK_{sp}^{\ominus}$ ($-\lg K_{sp}^{\ominus}$)	分子式	$K_{sp}^{\ominus}$	$pK_{sp}^{\ominus}$ ($-\lg K_{sp}^{\ominus}$)
$GaPO_4$	1.0×10^{-21}	21.0	$Mn(OH)_4$	1.9×10^{-13}	12.72
$Gd(OH)_3$	1.8×10^{-23}	22.74	MnS（粉红）	2.5×10^{-10}	9.6
$Hf(OH)_4$	4.0×10^{-26}	25.4	MnS（绿）	2.5×10^{-13}	12.6
Hg_2Br_2	5.6×10^{-23}	22.24	$Ni_3(AsO_4)_2$	3.1×10^{-26}	25.51
Hg_2Cl_2	1.3×10^{-18}	17.88	$NiCO_3$	6.6×10^{-9}	8.18
HgC_2O_4	1.0×10^{-7}	7.0	NiC_2O_4	4.0×10^{-10}	9.4
Hg_2CO_3	8.9×10^{-17}	16.05	$Ni(OH)_2$（新）	2.0×10^{-15}	14.7
$Hg_2(CN)_2$	5.0×10^{-40}	39.3	$Ni_3(PO_4)_2$	5.0×10^{-31}	30.3
Hg_2CrO_4	2.0×10^{-9}	8.70	α-NiS	3.2×10^{-19}	18.5
Hg_2I_2	4.5×10^{-29}	28.35	β-NiS	1.0×10^{-24}	24.0
HgI_2	2.82×10^{-29}	28.55	γ-NiS	2.0×10^{-26}	25.7
$Hg_2(IO_3)_2$	2.0×10^{-14}	13.71	$Pb_3(AsO_4)_2$	4.0×10^{-36}	35.39
$Hg_2(OH)_2$	2.0×10^{-24}	23.7	$PbBr_2$	4.0×10^{-5}	4.41
HgSe	1.0×10^{-59}	59.0	$PbCl_2$	1.6×10^{-5}	4.79
HgS（红）	4.0×10^{-53}	52.4	$PbCO_3$	7.4×10^{-14}	13.13
HgS（黑）	1.6×10^{-52}	51.8	$PbCrO_4$	2.8×10^{-13}	12.55
Hg_2WO_4	1.1×10^{-17}	16.96	PbF_2	2.7×10^{-8}	7.57
$Ho(OH)_3$	5.0×10^{-23}	22.30	$PbMoO_4$	1.0×10^{-13}	13.0
$In(OH)_3$	1.3×10^{-37}	36.9	$Pb(OH)_2$	1.2×10^{-15}	14.93
$InPO_4$	2.3×10^{-22}	21.63	$Pb(OH)_4$	3.2×10^{-66}	65.49
In_2S_3	5.7×10^{-74}	73.24	$Pb_3(PO_4)_2$	8.0×10^{-43}	42.10
$La_2(CO_3)_3$	3.98×10^{-34}	33.4	PbS	1.0×10^{-28}	28.00
$LaPO_4$	3.98×10^{-23}	22.43	$PbSO_4$	1.6×10^{-8}	7.79
$Lu(OH)_3$	1.9×10^{-24}	23.72	PbSe	7.94×10^{-43}	42.1
$Mg_3(AsO_4)_2$	2.1×10^{-20}	19.68	$PbSeO_4$	1.4×10^{-7}	6.84
$MgCO_3$	3.5×10^{-8}	7.46	$Pd(OH)_2$	1.0×10^{-31}	31.0
$MgCO_3\cdot3H_2O$	2.14×10^{-5}	4.67	$Pd(OH)_4$	6.3×10^{-71}	70.2
$Mg(OH)_2$	1.8×10^{-11}	10.74	PdS	2.03×10^{-58}	57.69
$Mg_3(PO_4)_2\cdot8H_2O$	6.31×10^{-26}	25.2	$Pm(OH)_3$	1.0×10^{-21}	21.0
$Mn_3(AsO_4)_2$	1.9×10^{-29}	28.72	$Pr(OH)_3$	6.8×10^{-22}	21.17
$MnCO_3$	1.8×10^{-11}	10.74	$Pt(OH)_2$	1.0×10^{-35}	35.0
$Mn(IO_3)_2$	4.37×10^{-7}	6.36	$Pu(OH)_3$	2.0×10^{-20}	19.7

续表

分子式	$K_{sp}^{\ominus}$	$pK_{sp}^{\ominus}$ ($-\lg K_{sp}^{\ominus}$)	分子式	$K_{sp}^{\ominus}$	$pK_{sp}^{\ominus}$ ($-\lg K_{sp}^{\ominus}$)
Pu(OH)$_4$	1.0×10^{-55}	55.0	Th(C$_2$O$_4$)$_2$	1.0×10^{-22}	22.0
RaSO$_4$	4.2×10^{-11}	10.37	Th(IO$_3$)$_4$	2.5×10^{-15}	14.6
Rh(OH)$_3$	1.0×10^{-23}	23.0	Th(OH)$_4$	4.0×10^{-45}	44.4
Ru(OH)$_3$	1.0×10^{-36}	36.0	Ti(OH)$_3$	1.0×10^{-40}	40.0
Sb$_2$S$_3$	1.5×10^{-93}	92.8	TlBr	3.4×10^{-6}	5.47
ScF$_3$	4.2×10^{-18}	17.37	TlCl	1.7×10^{-4}	3.76
Sc(OH)$_3$	8.0×10^{-31}	30.1	Tl$_2$CrO$_4$	9.77×10^{-13}	12.01
Sm(OH)$_3$	8.2×10^{-23}	22.08	TlI	6.5×10^{-8}	7.19
Sn(OH)$_2$	1.4×10^{-28}	27.85	TlN$_3$	2.2×10^{-4}	3.66
Sn(OH)$_4$	1.0×10^{-56}	56.0	Tl$_2$S	5.0×10^{-21}	20.3
SnO$_2$	3.98×10^{-65}	64.4	TlSeO$_3$	2.0×10^{-39}	38.7
SnS	1.0×10^{-25}	25.0	UO$_2$(OH)$_2$	1.1×10^{-22}	21.95
SnSe	3.98×10^{-39}	38.4	VO(OH)$_2$	5.9×10^{-23}	22.13
Sr$_3$(AsO$_4$)$_2$	8.1×10^{-19}	18.09	Y(OH)$_3$	8.0×10^{-23}	22.1
SrCO$_3$	1.1×10^{-10}	9.96	Yb(OH)$_3$	3.0×10^{-24}	23.52
SrC$_2$O$_4$·H$_2$O	1.6×10^{-7}	6.80	Zn$_3$(AsO$_4$)$_2$	1.3×10^{-28}	27.89
SrF$_2$	2.5×10^{-9}	8.61	ZnCO$_3$	1.4×10^{-11}	10.84
Sr$_3$(PO$_4$)$_2$	4.0×10^{-28}	27.39	Zn(OH)$_2$[③]	2.09×10^{-16}	15.68
SrSO$_4$	3.2×10^{-7}	6.49	Zn$_3$(PO$_4$)$_2$	9.0×10^{-33}	32.04
SrWO$_4$	1.7×10^{-10}	9.77	α-ZnS	1.6×10^{-24}	23.8
Tb(OH)$_3$	2.0×10^{-22}	21.7	β-ZnS	2.5×10^{-22}	21.6
Te(OH)$_4$	3.0×10^{-54}	53.52	ZrO(OH)$_2$	6.3×10^{-49}	48.2

①~③：形态均为无定形。

附录 5　不同温度下水的饱和蒸气压和密度（1atm）

温度/K	饱和蒸气压/($\times10^2$Pa)	饱和蒸气压/mmHg	密度 $\rho/(g\cdot L^{-1})$
273	6.105	4.579	0.9998395
274	6.567	4.926	0.9998985

续表

温度/K	饱和蒸气压/($\times 10^2$Pa)	饱和蒸气压/mmHg	密度 ρ/(g·L^{-1})
275	7.058	5.294	0.9999399
276	7.579	5.685	0.9999642
277	8.134	6.101	0.9999720
278	8.723	6.543	0.9999638
279	9.350	7.013	0.9999402
280	10.017	7.513	0.9999015
281	10.726	8.045	0.9998482
282	11.478	8.609	0.9997808
283	12.278	9.209	0.9996996
284	13.124	9.844	0.9996051
285	14.023	10.518	0.9994947
286	14.973	11.231	0.9993771
287	15.981	11.987	0.9992444
288	17.049	12.788	0.9990996
289	18.177	13.634	0.9989430
290	19.372	14.530	0.9987749
291	20.634	15.477	0.9985956
292	21.968	16.477	0.9984052
293	23.378	17.535	0.9982041
294	24.865	18.650	0.9979925
295	26.434	19.827	0.9977705
296	28.088	21.068	0.9975385
297	29.834	22.377	0.9972965
298	31.672	23.756	0.9970449
299	33.609	25.209	0.9967837
300	35.649	26.739	0.9965132
301	37.796	28.349	0.9962335
302	40.054	30.043	0.9959448
303	42.429	31.824	0.9956473
304	44.923	33.695	0.9953410
305	47.547	35.663	0.9950262
306	50.301	37.729	0.9947030
307	53.193	39.898	0.9943715
308	56.229	41.175	0.9940319

续表

温度/K	饱和蒸气压/($\times 10^2$Pa)	饱和蒸气压/mmHg	密度 ρ/(g·L^{-1})
309	59.412	44.563	0.9936842
310	62.751	47.067	0.9933287
311	66.251	49.692	0.9929653
312	69.917	52.442	0.9925943
313	73.759	55.324	0.9922158
314	77.780	58.34	0.9918298
315	81.990	61.50	0.9914364
316	86.390	64.80	0.9910358
317	91.000	68.26	0.9906280
318	95.830	71.88	0.9902132
319	100.86	75.65	0.9897914
320	106.12	79.60	0.9893628
321	111.60	93.71	0.9889273
322	117.35	88.02	0.9884851
323	123.34	92.51	0.9880363
373	1013.25	760.00	0.9583637

附录6 特殊试剂的配制

（1）酚酞（$w = 0.01$）指示剂：溶解 1g 酚酞于 90.0mL 乙醇与 10.0mL 水的混合液中。

（2）百里酚蓝和甲酚红混合指示剂：取 3 份 $w = 0.001$ 的百里酚蓝乙醇溶液与 1 份 $w = 0.001$ 的甲酚红溶液混合均匀（在混合前一定要溶解完全）。

（3）淀粉（$w = 0.005$）溶液：在盛有 5.0g 可溶性淀粉与 100.0mg $ZnCl_2$ 的烧杯中，加入少量水，搅匀。把得到的糊状物倒入约 1.0mL 正在沸腾的水中，搅匀并煮沸至完全透明。淀粉溶液最好现用现配。

（4）二苯胺磺酸钠（$w = 0.005$）：称取 0.5g 二苯胺磺酸钠溶解于 100.0mL 水中，如溶液浑浊，可滴加少量 HCl 溶液。

（5）铬黑T指示剂：1.0g 铬黑T 与 100.0g 无水 Na_2SO_4 固体混合，研磨均匀，放入干燥的磨口瓶中，保存于干燥器内。该指示剂也可配成 $w = 0.005$ 的溶液使用，配制方法如下：0.5g 铬黑T 加 10.0mL 三乙醇胺和 90.0mL 乙醇，充分搅拌使其溶解完全。配制的溶液不宜久放。

（6）钙指示剂：钙指示剂与固体无水 Na_2SO_4 以 2∶100（质量比）混合，研磨均匀，放入干燥棕色瓶中，保存于干燥器内，或配成 $w = 0.005$ 的溶液使用（最好用新配制的），配制方法与铬黑 T 类似。

（7）甲基红（$w = 0.001$）指示剂：溶解 0.1g 甲基红于 60.0mL 乙醇中，加水稀释至 100.0mL。

（8）镁试剂：溶解 0.001g 对硝基苯偶氮间苯二酚于 100.0mL 1mol·L^{-1} NaOH 溶液中。

（9）铝试剂（$w = 0.002$）：溶解 0.2g 铝试剂于 100.0mL 水中。

（10）奈斯勒试剂：将 11.5g HgI_2 和 8.0g KI 溶于水中，稀释至 50.0mL，加入 6mol·L^{-1} NaOH 溶液 50.0mL，静置后取清液储存于棕色瓶中。

（11）乙酸铀酰锌：溶解 10.0g $UO_2(Ac)_2·2H_2O$ 于 6.0mL $w = 0.30$ 的 HAc 溶液中，略微加热使其溶解，稀释至 50.0mL（溶液 A）；另溶解 30.0g $Zn(Ac)_2·2H_2O$ 于 6.0mL $w = 0.30$ 的 HAc 溶液中，搅动后稀释到 50.0mL（溶液 B）。将这两种溶液加热至 70℃后混合，静置 24h，取其澄清溶液储于棕色瓶中。

（12）钼酸铵试剂（$w = 0.05$）：称取 5.0g $(NH_4)_2MoO_4$，加 5.0mL 浓 HNO_3 溶液，加水至 100.0mL。

（13）磺基水杨酸（$w = 0.10$）：10.0g 磺基水杨酸溶于 65.0mL 水中，加入 35.0mL 2mol·L^{-1} NaOH 溶液，摇匀。

（14）铁铵矾（$w = 0.40$）：铁铵矾[$(NH_4)Fe(SO_4)_2·12H_2O$]的饱和水溶液加浓 HNO_3 至溶液变清。

（15）硫代乙酰胺（$w = 0.05$）：溶解 5.0g 硫代乙酰胺于 100.0mL 水中，如浑浊须过滤。

（16）二乙酰二肟：溶解 1.0g 二乙酰二肟于 100.0mL $w = 0.95$ 的乙醇中。

（17）钴亚硝酸钠试剂：溶解 23.0g NaOH 于 500.0mL 水中，加 6 mol·L^{-1} HAc 溶液 16.5mL 及 3.0g $Co(NO_3)_2·6H_2O$，静置过夜，过滤或取其清液，稀释至 100.0mL，储存于棕色瓶中。每隔 4 周重新配制，或直接加六硝基合钴酸钠固体于水中，至溶液为深红色即可使用。

（18）亚硝酰铁氰化钠：溶解 1.0g 亚硝酰铁氰化钠于 100.0mL 水中，每隔数日，即需重新配制。

（19）硝胺指示剂（$w = 0.001$）：取 0.1g 硝胺，溶于 100.0mL $w = 0.70$ 的乙醇溶液中。

（20）邻菲咯啉指示剂（$w = 0.0025$）：0.25g 邻菲咯啉加几滴 6mol·L^{-1} H_2SO_4 溶液，溶于 100.0mL 水中。

（21）硫氰酸汞铵$(NH_4)_2[Hg(SCN)_4]$：溶解 8.0g $HgCl_2$ 和 9.0g NH_4SCN 于 100.0mL 水中。

（22）氯化亚锡（1mol·L^{-1}）：溶解 23.0g $SnCl_2·2H_2O$ 于 34.0mL 浓 HCl 溶液中，

加水稀释至 100.0mL，临用时配制。

（23）二苯硫腙：溶解 0.1g 二苯硫腙于 1000.0mL CCl_4 或 $CHCl_3$ 中。

（24）甲基橙（$w = 0.001$）指示剂：溶解 0.1g 甲基橙于 100.0mL 水中，必要时过滤。

（25）银氨溶液：溶解 1.7g $AgNO_3$ 于 17.0mL 浓氨水中，再用蒸馏水稀释至 1.0L。

（26）碘化钾-亚硫酸钠溶液：50.0g KI 和 200.0g $Na_2SO_4·7H_2O$ 溶于 1000.0mL 水中。

（27）$α$-萘胺：0.3g $α$-萘胺与 20.0mL 煮沸，在所得溶液中加 150.0mL $2mol·L^{-1}$ HAc 溶液。